本书系作者主持的国家社会科学基金青年项目"高质量共建'一带一路'背景下中阿贸易提质升级路径研究"(22CGJ025)阶段性研究成果

复旦大学中东研究系列丛书

非正式制度视角下中国对中东出口与投资研究

王晓宇 著

Research on China's Export
and Investment Activities in the Middle East
from the Perspective of Informal Institution

中国社会科学出版社

图书在版编目（CIP）数据

非正式制度视角下中国对中东出口与投资研究／王晓宇著. -- 北京：中国社会科学出版社，2024.10. （复旦大学中东研究系列丛书）. -- ISBN 978-7-5227-3445-3

Ⅰ．F752.737

中国国家版本馆 CIP 数据核字第 2024KU7224 号

出 版 人	赵剑英	
责任编辑	赵　丽	
责任校对	王　晗	
责任印制	郝美娜	

出　版	中国社会科学出版社	
社　址	北京鼓楼西大街甲 158 号	
邮　编	100720	
网　址	http://www.csspw.cn	
发行部	010-84083685	
门市部	010-84029450	
经　销	新华书店及其他书店	
印　刷	北京君升印刷有限公司	
装　订	廊坊市广阳区广增装订厂	
版　次	2024 年 10 月第 1 版	
印　次	2024 年 10 月第 1 次印刷	
开　本	710×1000　1/16	
印　张	17.75	
插　页	2	
字　数	261 千字	
定　价	98.00 元	

凡购买中国社会科学出版社图书，如有质量问题请与本社营销中心联系调换
电话：010-84083683
版权所有　侵权必究

复旦大学中东研究系列丛书
编委会

孙德刚　邹志强　张楚楚　廖　静　张屹峰

殷之光　王新生　张家栋　徐以骅　邱轶皓

孙遇洲　严立新　王晓宇　李安风　武桐雨

总　序

中东处于印度文明、中华文明、斯拉夫文明、欧洲文明和非洲文明的交汇地带，是世界三大一神教的发祥地，也是世界文明的摇篮，与国际体系转型和大国兴衰结下了不解之缘。21世纪以来，美国和欧洲大国在中东事务中仍发挥主导作用，非西方大国日益走近中东舞台的中央，打破了西方对中东事务的垄断，中东地区多极化进一步发展。

域外大国站在全球看中东，地区国家站在中东看全球，域内外国家频繁互动，形成了千丝万缕的安全、政治、经贸和文化联系。变化的世界、变化的中东和变化的中国呼唤国内外中东区域与国别研究者从重大现实问题出发，而不是从抽象的概念出发，探索学术真理，形成新的知识谱系。

在数千年的历史长河中，中国与中东各民族往来密切，是一种"面对面"的交流；近代西方海洋强国崛起后，西方成为世界权力的中心，中国与中东各民族都把与西方的关系放在首位，由"面对面"到"背靠背"。"中东"是近代西方的概念，由英国人提出，美国海军上校阿尔弗雷德·塞耶·马汉在《海权对历史的影响1660—1783》中较早使用了"中东"概念，体现出西方中心主义。站在新的历史起点，中国中东学者既要传承知识，也要生产知识；既要吸收国外的优秀成果，又要形成中国中东研究的叙事话语。

"一带一路"倡议提出以来，中国与中东政治、经贸、文化和安全联系日益密切，中东在中国整体外交中地位不断上升。中国政府高度重视中东区域与国别研究，支持中东研究者紧跟学术前沿，大胆探索新领域，尝试新方法。中国在中东推进"一带一路"，中东国家"向东看"，双方再次从"背靠背"到"面对面"，迫切需要中国中东研究者把论文写在祖国大地

总　序

上,写在中东大地上。

在中国中东学会、国内外中东研究机构和复旦大学的共同支持下,复旦大学中东研究中心于2020年成立。"中心"发挥我校政治学、哲学、宗教学、历史学、社会学、外国语言文学、经济学等学科群优势,对接复旦大学国际问题研究院中长期发展规划,利用学科点现有平台和队伍优势,培养掌握对象国语言、了解当地国家社情、具有世界情怀的中东研究专业化人才,为学科建设、人才建设和智库建设贡献力量。"中心"与国内外中东研究机构密切合作,推动中国特色中东学建设,构建中东研究跨学科知识体系,打造上海、"长三角"、全国及全球中东研究学术共同体。

为此,我们推出"复旦大学中东研究系列丛书"。"丛书"突显中国眼光,重视对中东的本地关怀,在中东政治与军事、民族与宗教、历史与社会、能源与经济、科技与法律、中东区域组织、伊斯兰国际关系、大国中东战略、中国中东外交等领域探讨中东重大理论与现实问题,为中东和平与发展贡献真知灼见,为中国特色中东学建设贡献复旦的力量。恳请国内外专家学者和广大读者一如既往关心和支持复旦大学中东研究中心,积极为"丛书"赐稿,共同推动中东研究学术共同体建设。

"丛书"的著作只代表作者本人的观点,不代表复旦大学中东研究中心的观点。

孙德刚　研究员
复旦大学中东研究中心主任
复旦大学中东研究系列丛书主编

目　录

导　论 ……………………………………………………（1）
　　第一节　研究样本 ……………………………………（3）
　　第二节　研究方法 ……………………………………（9）
　　第三节　研究意义 ……………………………………（11）
　　第四节　章节安排 ……………………………………（15）

第一章　非正式制度理论阐释 ………………………（18）
　　第一节　"制度"概念维度厘定 ………………………（18）
　　第二节　"制度"概念维度辨析 ………………………（25）
　　第三节　非正式制度的研究缘起 ……………………（29）
　　第四节　非正式制度的内涵特征 ……………………（32）

第二章　非正式制度距离维度及指标厘定 …………（35）
　　第一节　制度距离的提出及测度指标分析 …………（35）
　　第二节　非正式制度距离的测度指标分析 …………（39）
　　第三节　非正式制度距离指标的内涵属性 …………（44）
　　第四节　研究非正式制度距离的学科属性 …………（48）

第三章　非正式制度距离视角下中国对中东出口与
　　　　　OFDI研究基础 ……………………………（53）
　　第一节　中国与中东经贸合作发展研究的内容演进 ………（53）
　　第二节　制度距离对出口贸易和对外投资影响研究 ………（58）

1

目 录

  第三节 文化距离对出口贸易和对外投资影响研究 ……… (63)
  第四节 语言距离对出口贸易和对外投资影响研究 ……… (66)

第四章 中国对中东出口贸易与直接投资发展现状 ………… (70)
  第一节 中国与中东经贸关系发展历程 ……………………… (70)
  第二节 中国对中东出口贸易发展现状 …………………… (79)
  第三节 中国对中东直接投资发展现状 …………………… (84)
  第四节 中国与中东经贸合作发展挑战 …………………… (90)

第五章 中国与中东非正式制度距离测度 ……………………… (94)
  第一节 对中东国家语言情况剖析 ………………………… (94)
  第二节 中国与中东语言距离测度 ………………………… (99)
  第三节 对中东国家文化情况剖析 ………………………… (106)
  第四节 中国与中东价值观距离测度 ……………………… (109)

第六章 非正式制度距离对中国向中东出口贸易影响分析 …… (118)
  第一节 非正式制度距离对出口贸易的影响机理 ………… (118)
  第二节 计量模型构建、变量解释及其数据说明 ………… (119)
  第三节 描述性统计、相关系数矩阵与 VIF 检验 ………… (122)
  第四节 回归分析、稳健性检验与出口潜力测算 ………… (124)

第七章 非正式制度距离对中国向中东直接投资影响分析 …… (130)
  第一节 非正式制度距离对跨国投资的影响机理 ………… (130)
  第二节 计量模型构建、变量解释及其数据说明 ………… (131)
  第三节 描述性统计、相关系数矩阵与 VIF 检验 ………… (133)
  第四节 回归分析、稳健性检验与投资潜力测算 ………… (136)

第八章 制度距离框架下的实证拓展与分析 …………………… (141)
  第一节 中国与中东国家制度距离指标构建 ……………… (142)
  第二节 中国与中东国家正式制度距离测度 ……………… (143)

第三节　中国对中东出口贸易实证研究拓展……………（144）
　　第四节　中国对中东直接投资实证研究拓展……………（148）

第九章　非正式制度促进中国与中东经贸合作的启示…………（154）
　　第一节　对增进中国与中东文化认同的启示……………（155）
　　第二节　案例启示：宁夏与中阿博览会机制……………（159）
　　第三节　对促进中国与中东语言互通的启示……………（166）
　　第四节　案例启示：义乌与当代阿拉伯蕃客……………（167）

**第十章　增进中国与中东文化价值观认同路径：人文
　　　　　交流视角**………………………………………………（179）
　　第一节　高等教育合作增进青年间人文交流……………（180）
　　第二节　提升媒体"能言会道"传播影响力 ……………（183）
　　第三节　经典翻译"走出去"更要"走进去" ……………（187）
　　第四节　释放旅游合作的"互联互通"效应……………（193）

**第十一章　促进中国与中东语言互通路径：国家语言
　　　　　　能力视角** ……………………………………………（200）
　　第一节　培育新型中东外语人才…………………………（202）
　　第二节　加强汉语在中东的推广…………………………（204）
　　第三节　优化健全语言服务体系…………………………（206）
　　第四节　提升区域国别研究能力…………………………（210）

结　论 ………………………………………………………………（214）
　　第一节　研究发现 …………………………………………（214）
　　第二节　边际贡献 …………………………………………（216）
　　第三节　研究不足 …………………………………………（218）
　　第四节　研究展望 …………………………………………（219）

目 录

附　录 ···（221）
　　附录一　样本国自然政经基本概况及投资政策速查 ·········（221）
　　附录二　《世界语言结构地图》语言特征条目整理 ·········（239）

参考文献 ···（248）

导　　论

21世纪初，中国加入世界贸易组织，打开了对外开放的崭新局面；2013年，中国提出"一带一路"倡议，进一步推动了其对外贸易和对外投资的高速增长。出口方面，中国是传统的贸易大国，据世界贸易组织的统计数据，中国在2009年首次成为全球最大的货物出口国，2013年取代美国成为全球货物贸易第一大国。对外投资方面，据《中国对外投资公报》数据显示，2015年中国对外投资额达1456.7亿美元，首次实现资本净输出，正式成为资本对外输出国，其存量首次突破万亿美元大关，2016年其流量突破1812.3亿美元创下历史最高，首次成为全球第二大对外投资国。出口贸易和对外直接投资作为中国推进高水平对外开放的重要内容，其相关课题具有重要的研究价值。

中国"一带一路"倡议内涵丰富，经济内涵是"一带一路"的优先属性，文化内涵才是"一带一路"的核心属性。[①] "一带一路"对象国家自然环境条件迥异，在政治、经济、文化等方面社会发展水平参差不齐，与从属不同文明的多个国家都要扩大贸易规模、提高合作，遇到的障碍难以估量，如何找到克服有形和无形贸易壁垒的办法途径，对"高质量"共建"一带一路"至关重要。自跨国贸易开展以来，越来越多的调查显示，国与国之间的文化差异是阻碍全球市场生意的首要障碍和导致跨国经营失败的重要根源之一。[②] 然而，尽管

[①] 赵磊：《文化经济学的"一带一路"》，大连理工大学出版社2016年版，第4—5页。
[②] 有关海外经历失败率的一项调查研究显示，美国人在英国比较适应，失败率为18%，在比利时为27%，在日本为36%，而在沙特每100个美国人中就有68个因不适应国家文化差异而提前回国，导致美国企业界为此付出了巨大的商业代价。请参见何曼青《超级竞争力：经济全球化潮流中跨国经营的文化支持》，国际文化出版公司2002年版，第52页。

地缘差异、文化联系难以改变，但制度差异却可以通过行之有效的工作加以改善。[①] 其中，"政策沟通"作为"一带一路"建设的"五通"（政策沟通、设施联通、贸易畅通、资金融通、民心相通）之首，代表"一带一路"倡议中的正式制度合作，旨在通过构建中国与参与国之间的多层协商机制，减少双方开展经贸合作的制度壁垒；"民心相通"作为最基础、最坚实、最持久的互联互通，更多体现出"一带一路"倡议中的非正式制度合作，以共建国家人民之间的心联通为重要根基。

加强语言和价值观等"软联通"层面的沟通和交流，既能有效保障政策沟通、民心相通的实现，又能切实推动中国与各国之间实现设施沟通、贸易畅通和资金融通等"硬联通"层面的融通，因为每一项"联通"的落实与推进都需要强有力的语言交流和文化沟通。所以只有将非正式制度因素考虑在内，才能保证制度作为一个系统的多元性和完整性，从而发挥"政策沟通"与"民心相通"共同带动"贸易畅通"和"资金融通"的双效作用。目前学界有关"文化距离""制度距离"等议题的研究成果丰富，但是关注非正式制度因素对经济活动影响的相关研究较少，其中，囿于非正式制度因素难以衡量，现有的经济学研究或忽视，或仅仅采用文化、语言、宗教等单维度因素作为非正式制度距离的替代变量，并且对这些变量的刻画较为简单，而语言学、文化学研究中虽然有一定量的研究文献肯定了语言和文化在经济活动中的重要性，但缺乏实证研究。事实上，非正式制度及其核心内涵才是新制度主义最显著的特征，对非正式制度因素的忽视，制约了制度距离在国际贸易和国际商务研究中的应用价值，导致研究的理论与现实意义均受到一定限制，破坏了制度作为一个系统的多元性和完整性。[②] 因此，将语言、价值观等因素纳入国际贸易和国际商务议题，既增加了相关研究的跨学科特色，还有助于深入、系统地认识语言、价值观等"软变量"因素，更好地指导经济发展实践，对完善制度距离指标体系兼具理论与实践意义。

---

① 潘镇：《制度质量、制度距离与双边贸易》，《中国工业经济》2006年第7期。
② 严若森、钱晶晶：《中国企业国际化背景下的制度距离文献计量分析》，《管理学报》2016年第3期。

导 论

新时代中国的区域国别研究为"一带一路"倡议推进和落实提供智力支撑。当前,中国"一带一路"倡议已取得显著成效,在未来走深走实的过程中还会遇到一系列挑战,迫切需要区域国别研究领域学者从中国"一带一路"倡议发展的重点区域切入,探究本领域的新问题。中东地区覆盖"一带一路"沿线17个国家,占比超过沿线国家总数的1/4,是中国连接欧洲、深入非洲大陆的枢纽地带和"海上丝绸之路"直达欧洲的最便捷通道,亦是"陆上丝路"与"海上丝路"的交汇处。该地区拥有丰富的石油和矿产资源,与中国在资源、资金和市场潜力方面高度互补,是中国重要的海外投资潜在地区,也是保障中国国内能源安全的重点区域。分析发现,国内现有研究多以世界贸易大国或中国重要贸易对象国作为研究对象,少有研究以具有相似文化环境、地缘政治特征的地区或国家作为研究样本,涉及中东国家的研究更是鲜见。

综上,中国"一带一路"倡议以"五通"为主要建设内容,每一项互联互通背后都需要构建中国与参与国之间的多层协商机制,克服双边的制度壁垒;每一项互联互通的落实推进也都需要语言和文化的交流与沟通,增进相互理解和认同。探索国与国之间正式制度距离对国际经贸合作的影响,是对经济制度、政治制度等正式制度因素的考量,已成为经济学研究比较成熟的命题;研究语言、文化等因素对经贸活动的影响,是考察基于语言、价值观等因素的非正式制度距离对国际经贸活动的影响,正在成为跨学科研究领域的新命题。本书尝试采用语言学、文化学和制度理论,结合国际贸易学和对外直接投资等经济学知识,采用跨学科研究方法,系统研究以语言、价值观等因素为代表的非正式制度距离,对中国向中东国家出口贸易与直接投资的作用机制与影响效应。

第一节 研究样本

一 研究样本的名词概念辨析

"阿拉伯",一般指阿拉伯民族,亦可指阿拉伯世界。从地理角度上讲，阿拉伯世界位于亚、非两大洲的接合部：西起北非，东至伊朗西境，北自土耳其南界，南迄非洲之角，其中非洲部分面积占72%，亚洲部分面积占28%。阿拉伯世界共有22个国家，包括北非的毛里塔尼亚、摩洛哥、阿尔及利亚、突尼斯、利比亚、埃及、苏丹和西亚的巴林、伊拉克、约旦、科威特、黎巴嫩、阿曼、卡塔尔、沙特、叙利亚、阿联酋、也门、巴勒斯坦以及东北非的吉布提、索马里和科摩罗。这些国家居民以阿拉伯语为最主要语言，以"阿拉伯世界"为共同称谓，区别于其他地区和国家的社会文化。①

"中东"也称"中东北非"，不是正式的地理术语，是近代以来开始出现的政治地理概念。这个概念是"欧洲中心论"的产物，意指欧洲以东、介于远东和近东之间的地区，产生于欧洲中世纪后期的西欧国家。在世界政治经济全球化影响下，逐渐混为一体的"近东"和"中东"，今被统称为"中东"。② 中东地区自古以来是东西方交通枢纽，其沟通大西洋和印度洋，濒临地中海、黑海、阿拉伯海、红海和里海，连接直布罗陀海峡、黑海海峡、曼德海峡和霍尔木兹海峡以及苏伊士运河等重要国际航道，因此被认为是"两洋三洲五海"之地③，战略位置极其重要，囊括了亚洲西部与非洲北部地区的多个国家。

"中东"一般泛指西亚、北非地区，但确切包含哪些国家，目前尚无定论，一般包括西亚地区的阿联酋、阿曼、巴勒斯坦、巴林、卡塔尔、科威特、黎巴嫩、塞浦路斯、沙特、土耳其、叙利亚、也门、伊拉克、伊朗、以色列、约旦，以及北非地区的埃及等17个国家，这些国家也是"一带一路"沿线国家。还有观点认为，除"17国"

---

① 余建华、汪舒明、罗爱玲、傅勇：《中东变局研究》（上卷），社会科学文献出版社2018年版，第5页。
② 据西方最新研究成果，将"近东"与"中东"概念合并而在国际战略界正式使用"中东"一词，始于美国海军战略家、海权论鼻祖埃尔弗雷德·马汉（1840—1914年），他于1902年首次使用"中东"一词，论证英国控制这一地区对维护通往印度巷道乃至英帝国的重要战略意义，转引自余建华、汪舒明、罗爱玲、傅勇《中东变局研究》（上卷），社会科学文献出版社2018年版，第4页。
③ "两洋"指大西洋和印度洋，"三洲"指亚欧非三大洲，"五海"指里海、黑海、地中海、红海和阿拉伯海。

论之外，"中东"还应包括西亚地区的阿富汗①，以及北非地区的利比亚、苏丹、突尼斯、阿尔及利亚、摩洛哥、毛里塔尼亚、索马里、吉布提、科摩罗等国。以上所提及的国家，只有塞浦路斯和以色列是非伊斯兰国家。在这些中东伊斯兰国家中，除阿富汗、土耳其和伊朗外，其他国家都是阿拉伯国家。因此，也有学者认为"中东"包括"阿拉伯世界"。②

结合诸多学者的分类并考虑研究需要，本书选定地处西亚地区的沙特、阿联酋、约旦、科威特、卡塔尔、阿曼、伊拉克、也门、黎巴嫩、巴林、巴勒斯坦、叙利亚、伊朗、以色列、土耳其、阿富汗、塞浦路斯，以及地处北非地区的埃及、突尼斯、苏丹、阿尔及利亚、摩洛哥、毛里塔尼亚、利比亚共24国作为研究样本。③ 这样选择样本，一是为了尽量扩大样本数量，保证统计分析数据符合正态分布；二是与"一带一路"沿线国家划分规则保持一致，并尽可能囊括"一带一路"沿线国家；三是增加北非地区阿拉伯国家数量，使得西亚、北非地区国家数量尽可能平衡，方便实证研究中将"西亚""北非"作为地理变量起到地区固定效应。

二 研究样本的重要性分析

中东地区作为世界公认的政治、经济和军事最敏感地区，与远在万里之外的中国有着割舍不断的联系。④ 地理上，中东地区襟三洲而带五海，控两洋以通欧亚，地处三洲五海之地，是沟通大西洋和印度洋、连接东西方的要道，也是欧洲经北非到西亚的枢纽。

---

① 也有研究认为阿富汗是中亚或南亚国家，本书认为三种划分均可，研究者可依据研究需要进行样本选择。
② 翟铁：《中东"阿拉伯之春"的地缘政治透视》，硕士学位论文，山西师范大学，2012年，第7页。
③ 研究中首先需要样本数量尽可能大，所以考虑采用"广义中东"概念涵盖的国家，但同时考虑到索马里、吉布提、科摩罗三个国家的经济体量太小，会影响到研究数据整体的平稳性，故样本中没有采用这三个国家。
④ 《中东之行大家谈："一带一路"让中国与中东国家携手发展》，光明网：http://guancha.gmw.cn/2016-01/19/content_18558222.htm。

历史上,作为以伊斯兰文化为主的独特文化簇群,该地区更是一个独特的地缘政治范畴,尤其沙特、埃及和伊朗所构成的大弧度交汇地带,与中国海陆两条古老丝绸之路形成了时空的交叉,连接着中国与中东两大人类文明的发祥地。人文交流上,中华文化、阿拉伯文化在丝绸之路文化圈中占据着主要的位置[1],双边的文明互鉴也由来已久,中国与中东的人文外交是中国对亚非发展中国家人文外交的核心组成部分;以人文、经贸促和平已成为儒、伊文明上千年和平交往于丝路上的最成功的经验。[2] 经贸往来上,中国与中东各国之间贸易随着双边政治和文化关系的深化快速发展,该地区已成为中国企业"走出去"的重要市场、海外利益集中的重要区域,以及重要的能源和工程承包基地,特别自2004年"中阿合作论坛"机制创建至今,中阿贸易额一路攀升,目前阿拉伯国家已成为中国的第六大出口地区、第七大贸易伙伴。但与此同时,中东地区以其特殊的地理位置和重要的石油资源,以及内部的宗教、民族之间的矛盾等因素,成为世界热点和焦点最集中的地方,该地区的安全、稳定与发展直接影响国际大环境,以及"一带一路"在该地区的落地与进展情况。

加拿大学者诺曼·佩特森(Norman Patterson)于2016年1月25日在美国《世界政治评论》网站发表文章说,"中东剧变"曾给人带来自由和民主风起云涌的希望,但让人看到的却是遍布不宽容、苦难和恐惧等种种现实。虽然中国经济增长较以往有所放缓,但"一带一路"的前景却令人向往,因为中东地区对优质基础设施存在极大渴求,与其他国际组织(如亚洲基础设施投资银行、金砖国家银行)携手发展前景广阔。"一带一路"倡议的大规模投资项目表明,在引领风气之先和规划未来方面,西方时代已经终结。[3]

---

[1] 汪宁:《丝绸之路大文化背景下俄罗斯东欧中亚区域国别研究的学科构建》,《新疆师范大学学报》(哲学社会科学版)2017年第2期。

[2] 马丽蓉:《"一带一路"软环境建设与中国中东人文外交》,社会科学文献出版社2016年版,第7页。

[3] 顾正龙:《加强风险研究为"一带一路"护航》,载张廉、段庆林、王林聪、杨巧红主编《中国—阿拉伯国家经贸发展报告》(2016),社会科学文献出版社2016年版,第59页。

近些年，中国中东外交地位显著提升，中东国家"向东看"趋势增强，中国与该地区国家积极探寻相互开展经贸合作的机会，不仅为中东地区的和平建设注入强大动力，也为"一带一路"建设营造和平、和谐的地区环境，传递出双方聚焦合作，携手发展的强烈意愿。

三　研究样本的区域特征分析

前文提到，中东地处三洲五海之地，沟通大西洋和印度洋，连接东西方交通要道。对中国来说，该地区处于"陆上丝绸之路"与"海上丝绸之路"的交汇处，亦是中国连接欧洲、深入非洲大陆的枢纽地带和"海上丝绸之路"直达欧洲的最便捷通道。除地理特征外，该地区国家的政治、经济、文化等环境特征也较为显著。

第一，地区国际关系复杂。中东地区缺乏全覆盖的区域一体化机制，也缺乏霸权国，均为中小国家，沙特、阿联酋、埃及、伊朗、土耳其和以色列是该地区强国。各国之间关系受历史、宗教和域外势力等影响，既有阵营化、对抗性的安全竞争，也有纷繁复杂的教派矛盾，是世界公认的政治、经济和军事敏感地区。

第二，伊斯兰教具有全面影响。中东地区是伊斯兰教的发源地和伊斯兰世界核心地带，除以色列、塞浦路斯外，其他国家基本都是伊斯兰国家。伊斯兰教教义不仅是穆斯林价值观的核心，也为4.5亿中东穆斯林规定了一整套的政治制度、经济制度、法律制度和生活方式。伊斯兰教内部教派林立，主要分为逊尼派和什叶派；教派纷争绵延千年，且常与政治、经济、民族等纷争纠结在一起，深刻影响地区国家间关系和商业文化。

第三，威权政体国家占多数。长期以来，威权体制是多数中东国家政治体制的典型特征。在传统君主制国家（如海湾阿拉伯国家），权力集中在世袭君主及其家族手中，缺乏完整的政治体系和法律体系。在共和制国家（如埃及、伊拉克），国家权力掌握在少数政治精英手中，其借助政党和军队进行政治控制，有相对完善的政治体系和法律体系。教权主义国家以伊朗为典型代表，国家权力中枢是宗教领袖及其为首的"法基赫"（教法学家）；国家立法、司法和行政三权分立，但权力都源于法基赫。西方国家一般认为，中东地区只有以色列和土耳其处于西方民主国家行列。

第四，沙漠文化根深蒂固。中东地区沙漠覆盖率高，阿拉伯—伊斯兰文化的背后受到沙漠文化的影响。沙漠文化主要有三个特征：一是自我意识强烈、独立不羁，在国际政治领域各国通常各自为政；二是部落观念厚重，一切重大决定都首先维护本部落的利益；三是有着独特伦理道德观和是非标准，如崇尚强者，倡导正义，豪爽、慷慨、好客。这在该地区不断引进东西方文化和国际竞争日趋激烈的当下，仍有着强大的惯性力量。

第五，人口结构年轻。2022年中东地区人口总量4.9亿[①]。近年来人口自然增长率高，2018年人口平均增速高达1.8%[②]；中东国家青年人口占比高，"青年人口膨胀"是阿拉伯各国人口构成的典型特征。

第六，收入水平差异大。中东国家城市人口占比83%，消费能力强，商品主要依赖进口，购买需求旺盛。沙特、阿联酋等国不仅拥有规模最大且增长稳定的城镇人口，人均国内生产总值也处于世界较高水平。以色列、土耳其、伊朗、黎巴嫩、埃及等国处于世界中等水平，约旦、摩洛哥、苏丹、也门、叙利亚等国处于世界较低水平。产油国内部存在社会财富分配不公情况，社会各阶层在教育、住房、就业、消费等方面也存在明显差异。

第七，转型发展需求迫切。中东国家是全球常规油气资源最为丰富的地区和世界能源重要的生产基地，经济对油气产业依赖度高，国家财政受国际油气价格影响较大。产油国和多数非产油国的产业结构较为单一，粮食、消费品和工业品依赖进口。随着全球经济发展速度减弱，全球石油需求增长幅度放缓，再加上全球应对气候危机迫切性不断上升，导致中东产油国近年来因经济财政压力较大，纷纷寻求经

---

① 数据来源："Population, total-Middle East & North Africa"，The World Bank：https://data.worldbank.org/indicator/SP.POP.TOTL? end=2022&intcid=ecr_hp_BeltC_en_ext&locations=ZQ&start=1960&view=chart。

② 数据来源："Population growth（annual %）-Middle East & North Africa"，The World Bank：https://data.worldbank.org/indicator/SP.POP.GROW? locations=XQ。

济转型，追求经济多元化、工业本土化和市场国际化发展。

第二节 研究方法

本书在内容安排上的特点在于，从理论剖析入手，落实于实证检验，辅以案例分析，最后提炼出启示与路径，涉及多元研究方法。

一 文献研究法

文献研究法是借助文献的收集、整理和分析，对研究主题形成科学认识的方法。该方法帮助研究者充分利用已有研究成果形成研究基础，避开重复文献并深入开展研究。文献研究法贯穿于本书，突出体现于第一至四章，以及第十至十一章节内容。第一章通过爬梳经典文献，廓清制度、非正式制度的概念、外延及特征；第二章对非正式制度距离维度的厘定、指标体系的划分、相关问题的学科内涵进行系统梳理，并对同质概念进行理论辨析。第三章对现有国内外相关研究进行了整理和归纳，包括中国与中东经贸合作的简要学术史梳理，以及制度距离、文化距离和语言距离分别对出口贸易和对外投资影响的研究现状，明确研究现状，确立研究突破点与创新之处；第四章系统整理中国与中东国家经贸发展现状，重点分析中国对中东出口贸易和直接投资现状，并从制度视角分析双方经贸合作面临的挑战；第十章和第十一章对中国与中东国家合作文件内容开展深入研读，为如何减少双边合作中的非正式制度差异提供政策建议。

二 跨学科研究法

跨学科研究法是指在具体科研中所用的学科是双向的或多向的，甚至是需要跨越若干学科才能完成的方法，因而具有边界模糊性、形态整体性、范式互溶性、过程化学性等特点。[①] 本书涉及的内容包括

---

① 黄建钢：《论跨学科研究的经验、现状及趋势——对"跨学科研究"范式的一点反思和提炼》，《学位与研究生教育》2012 年第 3 期。

语言、价值观、文化、制度、国际贸易、直接投资等多个要素，具有明显的跨学科性，有必要结合研究内容对方法应用进行简要展示。

具体来讲，"边界模糊性"是指难以确切描述研究属于哪个学科，一般以研究的客体命名。在本书中，对外直接投资和出口贸易属于经济领域内容，对非正式制度的论述则结合使用了制度经济学、语言学和文化学知识，而延伸到非正式制度距离要素分别对经济活动的影响作用，则演变成为语言经济学、文化经济学和制度经济学的研究问题。"形态整体性"是指在研究中所采用的学科知识和方法具有整体性、有机性、系统性，要形成一个整体的规模和效应。以本书中语言变量与经济学研究方法的结合为例，既使用了语言类型学[①]的知识，又采用了经济学的计量分析手段。这种结合不仅表现在过程中，也表现在效果上，最终形成了语言经济学独有的、整体性的研究路径。"范式互溶性"是指研究所体现的动态要相互结合、配合，甚至融合，如非正式制度研究就是语言学、文化学领域知识与经济学方法的融合。"过程化学性"是指研究时学科意识是清晰的，研究后产生的效果是化学性的互动，这与前面提到的"边界模糊性"的理解不同。以语言经济学为例，"过程化学性"是指，当我们讲"语言经济学"时，清晰地知晓其内容涉及"语言学"和"经济学"两个主要学科，但最后是以"语言经济学"的研究范式呈现出来；其"边界模糊性"体现在最终不能单独以"语言学"和"经济学"其中某一个学科命名，而是以具有新研究性质和新应用功能的"语言经济学"呈现。

三 统计分析与经济计量模型法

统计分析法是指通过收集、整理、分析和解释统计数据，揭示研究对象与相关事物的相互关系，预测研究事物或现象的变化规律和发展趋势的方法。本书在描述数据时，适当地运用数据、图表、图例等更加直观方式配合文字说明，尤其在实证研究章节较为集中地采用统

---

① 语言类型学是研究各种语言的特征并进行分类的学科。本书在 WALS 数据库语言特征描述、中国与中东各国语言差异的描述与分析等内容中都涉及了语言类型学知识。

计分析法对数据汇总和研究结果进行整理与呈现。

经济计量模型法是将相互有联系的各经济变量建立为数学方程式，利用数据对所建立的方程式的参数进行估计，然后对变量的变化趋势进行预测的方法。本书在实证研究内容中采用了经济计量模型法中的多项内容，包括确定各经济变量及分析变量间的相互关系、构建数量模型、各参数值的估计和检验、结果的稳健性检验等。

四 规范研究与实证分析结合方法

理解规范研究与实证研究相结合方法的突破点应从研究目的着手，其中，规范研究的目的是探索"（问题）应该怎么样"，实证研究的目的是验证"（问题）实际怎么样"。结合本书来讲，非正式制度距离对经贸活动影响这一研究主题具有较强的理论性和应用性，本书中的规范研究是在揭示研究内容的内在逻辑关系，通过理论论证与分析，探索非正式制度距离对经贸互动的影响是"应该怎样"的问题，而实证分析是通过确定变量、建立数理模型，判断非正式制度距离在一定条件下如何影响中国对中东地区的出口贸易和直接投资活动，探索研究对象"（实际）是怎样"的命题。

此外，本书还采用案例分析方法，集中运用于第九章，分别以中国宁夏回族自治区、义乌市与阿拉伯国家在人文交流与语言学习上的互动为例，探究其对中国出口阿拉伯世界产生的促进作用，意图用现实案例进一步提升实证结果的解释力。

第三节 研究意义

加强对亚非拉发展中国家的研究是区域国别研究的重点内容。[①] 中东地处"一带一路"交汇处，拥有丰富的石油和矿产资源，与中国在资源、资金和市场潜力方面高度互补，是中国重要的海外投资潜

---

① 李晨阳：《关于新时代中国特色国别与区域研究范式的思考》，《世界经济与政治》2019年第10期。

在地区，也是保障中国国内能源安全的重点区域。贸易往来上，中国与中东国家之间的贸易不断发展。中国出口到该地区的产品主要有机械器具、音响设备及其他工业制成品，而从该地区进口的产品则是以石油为主的矿物燃料等自然资源。投资合作上，中国对该地区的投资领域合作层次不断提升，规模也不断扩大，尤其自"一带一路"倡议提出后，该地区积极参与到中国的合作机制建设当中，双边合作领域从能源、基础设施向加工制造、金融、工业园区建设等方面不断拓展。尽管中国与中东国家的合作前景广阔，但语言和文化障碍依旧是中国与该地区经贸合作中面临的最大障碍[1]，缺乏对东道国制度和文化差异的准确研判，会令中国企业蒙受巨大损失。例如，在利比亚原政权被推翻过程中，当地部分中资企业工地遭到了当地人的袭击、抢劫，导致企业被迫停产、停工，随着局势的恶化，前期投资无法收回，未来经营环境也不明朗。遗憾的是，作为研究对象，中东国家通常被经济学界忽略，这同中国与该地区日益密切的经贸交往现实严重不符。随着中国与中东地区经贸合作的不断拓展和延伸，相关研究的必要性凸显，研究意义主要表现在两个方面。其一，"一带一路"既是一个给多方带来实惠的经济事件，又是一个能够引起共鸣的文化事件[2]，"语言铺路，文化先行"已成为共识，因而将语言因素和价值观因素视为推动"一带一路"经济建设不可忽略的影响因素，考察二者对经济增长的贡献具有重要的现实意义。其二，中东地区位于中国"一带一路"交汇处，主要涵盖阿拉伯国家，以及土耳其、伊朗、以色列等中东国家。随着"一带一路"倡议推进，中国与中东地区国家在经贸领域合作交流不断提升，研究非正式制度对中国向该地区出口贸易和直接投资的影响，有助于以"政策沟通""民心沟通"推进双边"贸易相通""资金融通"的有益实践，对推进中国商品和资本走向该地区具有长远意义。

---

[1] 刘京华、全毅：《"一带一路"背景下福建深化与西亚经贸合作的策略》，《亚太经济》2017 年第 5 期。

[2] 赵磊：《"一带一路"更是一个重大文化事件》，中国青年网，https://news.youth.cn/jsxw/201704/t20170417_9497027.htm。

◆ 导　　论 ◆

此外，本书立足于以往研究成果，在研究视角、研究方法和研究内容上均做出一些尝试。

一　研究视角

第一，采用区域国别研究视角。"一带一路"倡议提出后，中国的区域国别研究[①]如雨后春笋般涌现，研究成果"井喷式"爆发。然而，国内很多区域国别研究过于宏观，缺少将知识理论与具体问题相结合的研究[②]；国内相关经济研究多以中国主要贸易国或者英语国家作为研究样本，极少以某一特定区域国家，尤其以中东国家作为样本。聚焦国内现有中东研究，绝大多数研究可视为区域国别研究成果，本书从研究对象和研究领域两个层面对其进行简单分类（见图1）。在研究内容上，相比于政治外交、历史文化、宗教类内容，区域国别视角下的中东国家经贸问题研究数量占比较低，实证研究数量更为稀少。本书对中东地区的文化、经济等内容既进行了一般性探研，又采用了经济学方法解决基本问题，故具备了国内区域国别研究所提出的"地区国别专门化"和"学科专门化"的基本属性[③]，一定程度上突破了单一学科的局限性，拓宽了经济学研究的视角，并且为中东研究补充了实证研究经验。

第二，运用非正式制度距离视角。现有研究多讨论正式制度距离对贸易和投资活动的影响作用，极少专门从非正式制度距离角度开展研究，主要原因是非正式制度距离的内涵和外延在经济学研究中很难形成统一的界定，相关因素的表现特征都较为隐性且难以量化。尽管如此，非正式制度都是一个非常值得研究的话题。在语言学、文化学研究中，虽然大量论文提到语言差异、价值观文化差异对经济活动具

[①] "区域国别研究"在很大程度上是一种约定俗成的称呼，"国别与区域研究"是教育部采用的称呼，翻译成英文为"International and Regional Studies"，中英文看起来不完全对应，但符合国际惯例，转引自李晨阳《关于新时代中国特色国别与区域研究范式的思考》，《世界经济与政治》2019年第10期。本书采用"区域国别研究"。

[②] 杨祥章：《发展中国特色区域国别研究，助力"一带一路"建设——"区域国别研究理论与方法研讨会"会议综述》，《云南大学学报》（社会科学版）2018年第5期。

[③] 安刚：《对中国区域国别研究的几点思考——访北京大学副教授牛可、云南大学教授卢光盛》，《世界知识》2018年第12期。

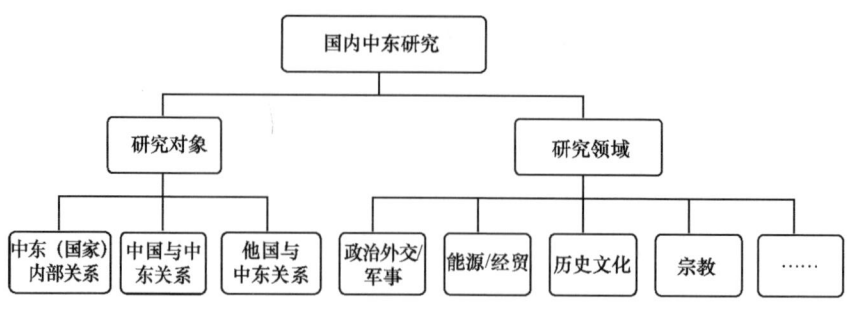

图 1　国内中东研究聚焦领域

有重要影响，但普遍缺乏实证研究对此观点加以验证。在经济学研究中，用于描述语言差异、价值观文化差异的变量指标通常较为简单，刻画方法也比较单一，虽然这些指标普遍具有文化属性，但对是否同时满足制度属性的条件还有存疑。本书选取语言、价值观等因素构建非正式制度距离指标体系，一是认为这些因素具有制度属性并可加以论证，二是这些变量所需数据可找到权威的数据来源。

二　研究路径

采用跨学科研究方法。如表 1 所示，本书研究内容涉及多个研究领域的基础知识，因此采用跨学科研究方法。简单概括本书的工作，就是运用语言、文化内容构建经济学研究的指标和变量，并采用经济学方法实证分析语言、价值观等因素对经济活动的影响。具体如何实现不同方法的融合，可以参考第二节"研究方法"中"跨学科研究方法"内容。

表 1　本书涉及的知识领域及代表性内容

理论分类	理论基础	代表内容
语言（文化）学理论	语言类型学	世界语言结构地图（WALS）与语言距离指数、汉语与中东国家语言现象对比等
	文化维度理论	文化分层理论、世界价值观调查（WVS）与价值观差异测量、中国文化与阿拉伯文化对比等
	跨文化交际学	跨文化外语人才培养等
	区域国别研究	中东研究、加强外国语言文学学科下的区域国别研究等

续表

理论分类	理论基础	代表内容
经济学理论	国际贸易	交易成本理论、出口贸易等
	对外直接投资	对外直接投资动因、投资环境分析等
	计量经济学	拓展的引力模型、多元回归等
跨学科理论	语言经济学	语言对经济活动的影响等
	文化经济学	价值观文化对经济活动的影响等
	制度经济学	制度距离的起源与发展、非正式制度距离对经济活动的影响等

三 研究内容

厘清非正式制度距离内涵。张蕴岭教授认为，区域国别研究主要涉及地缘、人文、利益等三个维度的知识内容。[①] 前文提到，国内外大多数文献所指的制度为正式制度，对语言、文化、习俗等非正式制度因素在国际贸易中作用的关注较少，而本书在研究中国对中东国家贸易和投资的海外利益中，重点聚焦非正式制度内容，强调国际经贸活动中的人文性，涵盖地缘、人文、利益等相关内容。同时，本书作者利用自身外语学科背景优势，选取语言、价值观因素作为构建非正式制度距离指标体系的要素，并对非正式制度因素的制度属性进行了理论证明。另外，本书还对研究中易于混淆的文化距离和非正式制度距离等概念之间的区别与联系进行了辨析。

第四节 章节安排

本书包括导论、结论以及十一个主干章节，主要思路围绕从理论到检验再到实践的过程展开。

导论部分主要包括选题背景、研究样本、研究方法、研究意义和章节安排内容。其中，研究样本从其名称概念界定、与中国合作中的

---

① 杨祥章：《发展中国特色区域国别研究，助力"一带一路"建设——"区域国别研究理论与方法研讨会"会议综述》，《云南大学学报》（社会科学版）2018年第5期。

重要性以及样本国家的区域特征等层面进行分析；研究意义分别从研究视角、研究方法、研究内容三层面，对本书基于已有研究成果做出的新尝试予以说明。

第一章和第二章是本书的理论基础，旨在厘清非正式制度与非正式制度距离的概念、内涵与外延，为非正式制度距离的维度划分及其指标体系建立提供理论基础。第一章聚焦非正式制度理论，从制度的概念维度出发，通过关键概念的厘定与辨析，过渡到非正式制度相关理论，并对非正式制度的内涵特征进行总结梳理。第二章从制度距离概念出发，通过对制度距离维度的划分、测度指标的对比分析，引出非正式制度距离相关测度方法，在此基础上进行指标对比与内涵分析，最终确定本书的非正式制度距离指标体系。

第三章围绕研究主题对现有国内外研究成果进行文献梳理。本章节主要考察非正式制度对中国向中东出口贸易与直接投资的影响效应，考虑到现有研究基础薄弱，文献梳理主要围绕中国与中东国家经贸合作主题演化，以及制度距离、文化距离、语言距离分别对出口贸易与对外投资的影响进行展开。

第四章主要回顾中国对中东出口贸易与直接投资发展现状。本章节先概括梳理中国与中东国家经贸关系发展的不同阶段；再结合实证研究所需分析数据的时间跨度，分别对此阶段中国向中东国家的出口贸易、直接投资发展情况展开重点分析，其中包括对中东国家贸易条件和投资环境的归纳；最后从制度层面出发，分别从正式制度角度和非正式制度角度分析双边经贸合作发展中的挑战及问题。

第五章聚焦中国与中东各国之间非正式制度距离测算。本章在分类对比常用语言距离、文化距离测度方法基础上，结合中东国家语言使用情况和文化概况，确定本书有关非正式制度距离的测度方案，测算出中国与中东各国之间的非正式制度距离，并对双方差异进行简要分析与说明。

第六章和第七章分别围绕非正式制度距离对中国向中东国家出口贸易、直接投资影响展开实证研究。两章内容分析结构相似，先分析非正式制度距离对出口贸易、跨国投资的影响机理，并提出研究假

◆ 导　论 ◆

设，再实证分析非正式制度距离对中国向中东出口贸易、直接投资的影响效应。实证分析通过模型构建、变量选取、描述性统计、多元回归，以及稳健性检验得出结论，最后对中国向中东国家的出口潜力、直接投资潜力进行测算。

第八章为实证研究拓展。为验证本书构建的非正式制度距离指标体系在制度距离视角下依旧有效解释经济现象，本章在制度距离的视角下引入本书所构建的非正式制度距离指标变量，通过模型构建、变量选取、描述性统计、多元回归等步骤，围绕制度距离分别对中国向中东国家出口贸易、直接投资的影响效应展开实证分析，这也是对之前实证研究章节所得结论的进一步检验。

第九章基于研究结果得出研究启示。基于前述研究章节得出的研究结果，本章认为提升非正式制度对中国与中东国家经贸合作的积极促进作用，可以从增进中国与中东国家之间的文化认同、促进中国与中东国家之间的语言互通实现，并加设中阿博览会机制对中阿经贸的促进作用、阿拉伯商人在义乌的社会适应促进中国贸易出口等现实案例，对理论观点进行佐证。

第十章和第十一章是基于研究启示提出研究建议。基于研究启示中提出的增进中国与中东国家之间的文化认同、语言互通促进双边经贸合作的观点，本章提出相应的实现路径。具体地，第十章依据促进中阿友好合作的最新文件精神，从高等教育与青年交流、媒体传播、经典著作翻译、文旅合作等方面，提出增进中国与中东文化价值观认同的四点建议；第十一章从加强国家语言能力视角，围绕培养中东外语人才、加强汉语推广、健全语言服务体系、提升区域国别研究能力四个方面，提出以我为主增进中国与中东语言互通的发展路径。

结论包括研究发现、研究贡献、研究不足和研究展望。研究发现主要回顾实证研究结论，研究贡献与研究不足分别简要概括了本书的优缺点，研究展望从研究主题、研究对象、研究方法三个方面提出未来研究可以深化与提升的空间。

第一章 非正式制度理论阐释

制度是一个有机体，国内外经济学界基于新旧制度经济学理论为此下过诸多定义，也对"制度"的大类划分形成了基本共识，其中"二元论"认为，制度可以划分为正式制度和非正式制度两大维度。因此，厘清制度的概念界定与维度分类，是分析非正式制度的前提。经济学对非正式制度重要性的研究由来已久，与正式制度一样，非正式制度在人类社会中也发挥着非常重要的规范作用；与正式制度相比，非正式制度具有鲜明的特征。

第一节 "制度"概念维度厘定

一 "制度"概念的界定

关于"制度"的经济学解释，往往追溯到美国经济学家、制度经济学鼻祖托斯丹·邦德·凡勃伦和约翰·罗杰斯·康芒斯，在旧制度经济学中他们从最一般意义上给"制度"下过定义。

凡勃伦在其著作《有闲阶级论》中将制度定义为"（制度）实质就是个人或社会对有关的某些关系或某些作用的一般思想习惯"，同时也是"广泛存在的社会习惯""公认的生活方式"等，"从心理学方面来说，可以概括地把它说成是一种流行的精神态度或一种流行的生活理论"。[①] 凡勃伦是从制度演化角度解释制度的定义，认为各种制度归根结底是由社会风俗习惯演变形成的，所以他把制度看作是人们的"一

[①] ［美］凡勃伦：《有闲阶级论》，蔡受百译，商务印书馆1964年版，第139页。

第一章 非正式制度理论阐释

般思想习惯"或者"流行的精神态度",在一定程度上揭示了制度的一种形式,即非正式制度的存在。然而,"思想习惯"或"精神态度"等形式并不能展现出制度最一般的本质。

作为史上最出名的旧制度经济学家之一的康芒斯也给"制度"下了定义,但同时他也表示"制度"这个概念也不好界定,正如他说"要给所谓'制度经济学'规定一个范围,颇为困难,因为'制度'这个名词的意义不确定"。① 康芒斯在《制度经济学》一书中专门论述了"制度",有几处给"制度"下了定义,"如果我们要找到一种普遍的原则,适用于一切所谓属于'制度'的行为,我们可以把制度解释为集体行动控制个体行动"。② "集体行动控制个体行动"是康芒斯对"制度"最直接的界定,他所指的"集体行动"涉及范围甚广,从其定义可以看出,康芒斯注重整体的概念,制度是保证整体良好运行的规则。虽然康芒斯强调法律等正式制度对经济活动的重要性,但是他对非正式制度的作用也给予了较多的关注,他认为大众的习惯、惰性、传统等都有可能影响或限制集体行动,继而影响经济的运转。③ 那么,集体行动控制个体行动的工具和手段是什么呢?

"业务规则在一种制度的历史上是不断改变的,包括国家和一切私人组织在内,对不同的制度,业务规则不同。它们有时候叫做行为的规则。亚当·斯密把它们叫做课税的原则。最高法院把它们叫做合理的标准,或是合法的程序。可是不管他们有什么不同以及用什么不同的名义,却有着一点相同:它们指出个人能或不能做,必须这样或必须不这样做,可以做或不可以做的事,由集体行动使其实现。"④

---

① [美] 康芒斯:《制度经济学》(上册),于树生译,商务印书馆1962年版,第86页,转引自王文贵《互动与耦合:非正式制度与经济发展》,中国社会科学出版社2007年版,第27页。
② [美] 康芒斯:《制度经济学》(上册),于树生译,商务印书馆1962年版,第87页,转引自王文贵《互动与耦合:非正式制度与经济发展》,中国社会科学出版社2007年版,第27页。
③ 唐绍欣:《非正式制度经济学》,山东大学出版社2010年版,第54页。
④ [美] 康芒斯:《制度经济学》(上册),于树生译,商务印书馆1962年版,第89页,转引自王文贵《互动与耦合:非正式制度与经济发展》,中国社会科学出版社2007年版,第27页。

在这段话中，康芒斯提到了各种"规则"，由此看来，"制度"可以理解为是集体行动控制个人的一系列行为准则或规则，其重要作用是对行为进行规范。

哈耶克也认为制度是一种规则，他从制度演化论视角解读"制度"，认为相对于复杂多变的经济现象来说，人的理性是有限的，所以，人应该遵守自然演进形成的制度，而不应该凭主观演绎任意改变或制定制度。①

新制度经济学起始于20世纪初期，其源头是新制度经济学的鼻祖、芝加哥经济学派代表人物之一罗纳德·哈里·科斯于1937年发表的论文《企业的性质》②。此后，一些新制度经济学家从最一般意义上也给制度下过定义，其中美国经济学家、历史学家道格拉斯·诺斯是新制度经济学家中给"制度"下定义最多的学者。比如，他在《经济史中的结构与变迁》一书中指出，制度"是一系列被制定出来的规则、守法秩序和行为道德、伦理规范，它旨在约束主体福利或效应最大化利益的个人行为"，并"提供了人类相互影响的框架，它们建立了构成一个社会，或确切地说一种经济秩序的合作与竞争关系"。③ 他还在《制度、制度变迁与经济绩效》一书中指出，制度"是一个社会的游戏规则，更规范地说，它们是为决定人们的相互关系的系列约束。制度是由非正式约束（道德的约束、禁忌、习惯、传统和行为准则）和正式的法规（宪法、法令、产权）组成"。④ 虽然诺斯关于"制度"的论述内容较为丰富，但本质相通，他对制度的定义基本继承了旧制度学派的观点，即"制度"就是社会的游戏规则，是为决定人们的相互关系而人为设定的一些制约，这

---

① 转引自唐绍欣《非正式制度经济学》，山东大学出版社2010年版，第55页。
② Ronald H. Coase, "The Nature of the Firm", *Economica*, Vol. 4, No. 16, 1937, pp. 386-405.
③ [美]道格拉斯·C.诺斯：《经济史中的结构与变迁》，陈郁、罗华平等译，上海三联书店、上海人民出版社1994年版，第225—226页，转引自王文贵《互动与耦合：非正式制度与经济发展》，中国社会科学出版社2007年版，第29页。
④ [美]道格拉斯·C.诺斯：《制度、制度变迁与经济绩效》，刘守英译，上海三联书店1994年版，第3页。

一点也与康芒斯的界定基本相同。

美国著名经济学家西奥多·舒尔茨在其学术论文《制度与人的经济价值的不断提高》中，也将制度定义为管束人们行为的一系列规则，并且这些规则涉及社会、政治及经济行为，在他看来，制度是为经济提供服务的。[1]

美国著名组织社会学家、斯坦福大学教授W·理查德·斯科特将制度界定为"包括为社会生活提供稳定性和意义的规制性、规范性和文化—认知性要素，以及相关的活动与资源"[2]。

曾任国际经济学会主席的斯坦福大学经济学教授青木昌彦区别于诺斯等许多制度学者，他将制度进行了内生化，将其概括为"关于博弈如何进行的共有理念的一个自我维系系统"[3]，并从比较制度分析视角归纳出博弈论视野下的制度观。他认为："制度的本质是对均衡博弈路径显著和固定特征的一种浓缩型表征，该表征被相关域几乎所有参与人所感知，认为是与他们策略决策相关的。这样，制度就以一种自我实施的方式制约着参与人的策略互动，并反过来又被他们在连续变化的环境下的实际决策不断再生产出来。"[4]

德国学者柯武刚和史漫飞在其合著的《制度经济学：社会秩序与公共政策》中提出，"制度是人类相互交往的规则。它抑制着可能出现的机会主义和乖僻的个人行为，使人们的行为更可预见并由此促进劳动分工和财富创造"。[5]

国内学者对制度的定义也进行了不少考察。比如，李建德在其著作《经济制度演进大纲》中提到，制度是人类社会中的共同信息。只有经过社会化的过程，个人才能获得这些信息，并把社会的共同信

---

[1] 转引自王文贵《互动与耦合：非正式制度与经济发展》，中国社会科学出版社2007年版，第30页。

[2] [美] W·理查德·斯科特：《制度与组织——思想观念与物质利益》（第3版），姚伟、王黎芳译，中国人民大学出版社2010年版，第56页。

[3] [日] 青木昌彦、周黎安、王珊珊：《什么是制度？我们如何理解制度？》，《经济社会体制比较》2000年第6期。

[4] [日] 青木昌彦：《比较制度分析》，周黎安译，上海远东出版社2001年版，第28页。

[5] [德] 柯武刚、史漫飞：《制度经济学：社会秩序与公共政策》，韩朝华译，商务印书馆2000年版，第35页。

息内化为每个人的行为规则。遵循这些行为规则，就能建立起人们相互作用的稳定结构，减少社会中的个体在决策时的不确定性。① 黄少安在《产权经济学导论》一书中认为，制度是至少在特定社会范围内统一的、对单个社会成员的各种行为起约束作用的一系列规则。② 张宇燕在《经济发展与制度选择——对制度的经济分析》中认为，制度安排由规则和习惯构成，其主要功能在于提供有效激励、降低交易成本、减少不确定性；有什么样的制度安排，就有什么样的人类行为以及什么样的经济结果。③

二　制度是一个有机体——兼论诺斯的理论

界定"制度"的概念颇为困难，哪怕诺斯、哈耶克、舒尔茨等获得诺贝尔经济学奖的著名学者都没有得出比较一致的答案，然而这些定义又都能反映出某些带有普遍性的内容。制度不是各个组成部分的机械组合，而是一个高度融合的统一体，它渗透于民族、社会的各个部门和领域。所以，制度研究应当将制度的各个部分、各种起作用的因素联系起来进行考察，这种联系起来的具体表现形式就是制度经济学研究。这是大部分制度经济学家的看法。

诚如前文所言，诺斯是给"制度"下定义最多的制度经济学家，实际上他也是新制度经济学家中研究非正式制度最多的学者，他试图解释制度对个人行为和经济绩效的影响，以及一定制度在历史某一特定时期形成的原因，因此成为新制度经济学的主要奠基者之一。概括来说，作为新制度经济学的开创者之一，诺斯对经济学的贡献主要包括三个方面：一是他自马克思以后最广泛地讨论了制度变迁与经济增长的关系，用制度经济学的方法来解释历史上的经济成长；二是重新论证了包括产权制度在内的制度的作用；三是将新古典经济学中所没

---

① 李建德：《经济制度演进大纲》，中国财政经济出版社2000年版，第142页，转引自王文贵《互动与耦合：非正式制度与经济发展》，中国社会科学出版社2007年版，第31页。

② 黄少安：《产权经济学导论》，山东人民出版社1995年版，第90页，转引自唐绍欣《非正式制度经济学》，山东大学出版社2010年版，第55—56页。

③ 张宇燕：《经济发展与制度选择——对制度的经济分析》，中国人民大学出版社2017年版，封底页。

有涉及的"制度"内容纳入内生变量的范畴并运用到经济研究中去。① 比如，1968年，诺斯在《政治经济学杂志》上发表了《1600—1850年海洋运输生产率变化的原因》一文，成为新经济史学代表作之一。研究发现，1600—1850年在海洋运输技术没有重大进步的情况下，由于对海盗行贿，或者提供护航服务，海洋运输反而变得安全可靠，海洋运输生产率也出现显著提高，从而使得船运制度和市场制度发生了根本性的变化。这一现象发生的主要原因是制度因素的变化，一方面体现为海运的安全系数增加，另一方面是因为整个社会的市场经济成分的扩大。因此，他得出结论，在技术没有重大变化的条件下，充分发挥制度因素作用可以促进经济增长。②

值得一提的是，尽管诺斯把制度定义为人类设计的并实施于他们自身的政治、经济和社会行为的约束，这一观点与康芒斯的界定相似，但其"制度"定义比康芒斯更进一步的地方在于，他将规范人的行为的规则细分为正式制度与非正式制度两种，所以他解释道，"制度是一个社会的游戏规则，或更正式地说是人类设计的、构建人们相互行为的约束条件。它们由正式规则（成文法、普通法、规章）、非正式规则（习俗、行为准则和自我约束行为规范），以及两者执行的特征组成"。③ 这一点又与哈耶克对于制度的论述不谋而合，因为哈耶克在坚持"制度是一种规则"的观点基础上，认为制度这一种规则是由内部规则和外部规则构成的，其中外部规则是由组织制定并强制组织成员遵守的，而内部规则是由社会成员在长期交往中通过文化及传统代代相传而逐渐演化形成的；人类社会正是通过内部规则和外部规则的作用形成了经济运行的社会秩序。④

---

① 《道格拉斯·诺思》，百度百科网站：https://baike.baidu.com/item/道格拉斯·诺思/570011。

② Douglass C. North, "Sources of Productivity Change in Ocean Shipping, 1600-1850", *Journal of Political Economy*, Vol. 76, No. 5, 1968, pp. 953-970.

③ [美]道格拉斯·诺斯、路平、何玮：《新制度经济学及其发展》，《经济社会体制比较》2002年第5期。

④ 唐绍欣：《非正式制度经济学》，山东大学出版社2010年版，第55页。

简而言之，在诺斯看来，国家规定的正式制度、社会认可的非正式制度以及实施机制是构成制度的基本要素，但同时正式制度与非正式制度并不是非黑即白的两种事物，他认为正式制度与非正规制约的差距只是一个程度上的问题。①

三 制度维度的分类——二分法与三支柱法

新制度经济学有关制度种类分类繁多，但整体可以概括为两类，即正式制度和非正式制度。② 正式制度又叫"正式约束"，一般源于人们有意识确立的、在国家强力作用下实施的一系列政策法规（从宪法到成文法、不成文法、细则甚至个别契约等），包括有关经济基础和上层建筑的法律、法规和制度（比如政治制度、经济制度等）。非正式制度又叫"非正式约束"，是在人们长期交往中形成的，社会上早已存在的意识形态、文化传统、价值观念和风俗习惯等都属于非正式制度范畴。与传统制度经济学相比，新制度经济学派更加强调非正式制度对经济发展与社会进步的影响。

组织社会学也是研究制度分类的重要分析视角之一。组织社会学代表学者斯科特在其研究中提到，制度包括赋予社会行为稳定性和现实意义的管制性（Regulative）、规范性（Normative）和文化—认知性（Cultural Cognitive）的结构和活动，而且根据他的定义，制度可以分为管制支柱（Regulative Pillar）、规范支柱（Normative Pillar）与认知支柱（Cognitive Pillar）三大支柱。③ 这实际上可以看作是对诺斯的制度定义的补充。

具体来说，管制支柱反映一个地区或国家认可的法律、政策及规章制度，突出特点是强调明确的、外在的各种管制过程（包括规则设定、监督以及奖惩活动），描绘了"允许/不允许"开展的活动，所

---

① ［美］道格拉斯·C. 诺斯：《制度、制度变迁与经济绩效》，刘守英译，上海三联书店1994年版，第63页。

② 李光宇：《论正式制度与非正式制度的差异与链接》，《法制与社会发展》2009年第3期。

③ William R. Scott, *Institutions and Organizations*, Thousand Oaks: Sage, 1995.

以在三大支柱中对组织行为的影响最具强制性。值得一提的是，管制行动往往也表现为表扬和警告等非正式形式。规范支柱是采用合法途径达成目的的行为方式，主要涉及社会规范等因素，体现了社会生活中制度的说明性、评价性和义务性的维度。它规定了事情应该如何完成，以及获取所需结果的合法方式或途径，描绘了"应该/不应该"开展的活动。认知支柱是行动者对环境的理解，最初由斯科特于1995年提出，其在研究中纳入文化元素，将"认知支柱"称为"文化—认知支柱"，"文化—认知"意味着内在的理解过程是由外在的文化框架所塑造的。认知支柱取决于嵌入在社会中的认知结构，即普遍分享的社会知识和认知范畴[1]，描绘了"能/不能"开展的活动。虽然没有具备管制制度那般的强制性，但社会成员在特定社会文化环境中都是违规和违背道德行为的监督者和惩罚者。

在这三个支柱中，管制制度涉及监管和制约个体/组织行为的政府或其他权力机构对个体/组织给予的激励和制裁；而规范制度和认知制度是长期以来社会性的形成，是客观且外在的，是自然而然形成的事实。所以本质上，诺斯的正式制度与斯科特的管制制度内容相当，但斯科特更加侧重非正式制度内容，将其划分为规范制度和认知制度两个维度。由此可见，斯科特的新组织制度理论不仅拓展了制度环境的分析层面，还更加关注组织所处的复杂制度环境。[2]

第二节 "制度"概念维度辨析

虽然制度被划分为不同类别，但诺斯认为，正式制度和非正式制度之间只有量的差异，而无本质不同，比如在原始初民社会，区分正式制度与非正式制度之间的差异就毫无意义，但在现代社会，正式制

---

[1] H. Markus, R. B. Zajonc, "The Cognitive Perspective in Social Psychology", In G. Lindzey, E. Aronson (Eds.), *The Handbook of Social Psychology* (3rd Ed.), New York: Random House, 1985, pp. 137-230.

[2] 薛有志、刘鑫：《国外制度距离研究现状探析与未来展望》，《外国经济与管理》2013年第3期。

度总是与国家权力和组织联系在一起,而非正式制度的形成往往是在社会经济生活中自发形成的,有的甚至是长期历史发展的产物。因此,为了更好把握正式制度与非正式制度,就需要深入了解两者的区别与联系。

一 非正式制度与正式制度的区别

正式制度与非正式制度作为广义制度的主要组成部分,有各自的演化逻辑,二者的主要区别是有无界限明确的组织来制定和监督实施。正式制度由于与国家社会之间、人与人之间的利害关系密切相关,自然离不开有效的奖惩机制,以避免社会失范所造成的种种危害;非正式制度多是自然而然地形成与演化的,因而具有较大的伸缩性和地方色彩,但与权力和利益的分配关系并不密切。①

第一,在表现形式上,正式制度一般通过正式、规范、具体的文本来确定,正如诺斯所言,"一套有序的规则——宪法、成文法、习惯法(甚至地方法规)——将确定某一交换中的正规权利结构。此外,一个合约将以心目中所期望的交换的事实特征来书写"②。因此正式制度都有其具体明确的表现形式,一旦确立就会形成制度刚性和强制性,并借助正式的组织机构来实施和保障。非正式制度一般没有正式地形诸文字,制成条文,它是无形的,具有自动实施的特点,不需要正式的组织机构来实施,但受社会舆论和社会成员自律的"软"约束(相对于正式制度的"硬"约束)作用,甚至可以渗透到社会生活的方方面面,让人很少从理性角度考虑,而是通过一种潜意识的渗透过程来告诉人们关于行为约束的信息,很多时候人们从潜意识认为应该遵守它,却不知道也不想知道为什么应该遵守它。由于非正式制度往往存在于社会风俗习惯、人们的意识和信念之中,从而大大提升了捕捉和研究非正式制度的难度。进一步从传导方式来看,正式制

---

① 《论正式制度与非正式制度的融合》,中国人民大学亚太法学研究院网站:http://apil.ruc.edu.cn/xsky/ytflpl/5d39548359c745f3af9683d894c03005.htm。
② [美]道格拉斯·C.诺斯:《制度、制度变迁与经济绩效》,刘守英译,上海三联书店1994年版,第84页。

度可以直接通过编码化的显性知识进行传递,其形成和运行可以被明确表达,而非正式制度却不能借助符号形式进行表述、传递和存储,主要通过传递双方的共同理解和信任在实践中获得。

第二,从形成和演变过程来看,非正式制度的建立和形成是一个相当长期的过程,且一旦形成就具有较大的稳定性,其变化和演进也是一个缓慢、渐进的过程,而正式制度的建立虽然需要通过一定的程序,但是建立的过程所需时间较短,甚至一个决议、一道命令即可完成,在一夜之间就能发生变化。例如,一个国家进行革命后,即便整个社会中的正式制度都发生了变化,但该国的许多社会特征仍然有所保留。因此,从制度可移植性来讲,一些正式制度尤其是具有国际惯例性质的正式规则就可以比较容易地从一个国家移植到另一个国家,但非正式制度的移植就显得格外困难,因为依据心理学规律,长期被影响而接受的东西要从意识中被消除或改变是艰难的。

第三,在实现机制和成本上,正式制度具有外在的强制性,以明确的赏罚形式规定人们的所作所为,尽管这些制度是人们自己选择的。正式制度的制定和执行不仅需要建立一套专门的组织机构,而且需要通过一定的工作程序,而强制性作为实施正式制度必不可少的工具,就要求社会中存在正式制度的维护者和实施者,所以运行成本较高。同时对社会成员而言,不管个人愿意与否,都必须遵守和执行这种行为规则,否则要为自己的违规行为付出代价。与此相反,非正式制度依靠的不是外界的压力,而是人们的自觉自愿,或社会的风尚和习惯,所以更强调内在的心理约束。社会成员如果出现违反行为,一般只受到良心谴责和道德批判,而不会受到法律法规的制裁。由于非正式制度的实施不需要设立专门的组织机构,也不需要专门的监督和执行,所以几乎不需要花费多少社会成本。

二 非正式制度与正式制度的联系

尽管非正式制度和正式制度有其不同的特点,但作为同属于广义制度的组成部分又是紧密联系、相互依存的,因此存在着一种互动关系。简单来说,非正式制度的安排可能会促使正式制度安排的出现,同样，正式制度也为非正式制度的稳定和改进提供条件。

首先，正式制度与非正式制度相互生成。从制度起源看，非正式制度常以习俗习惯、伦理道德的形式最先出现，具有较强的稳定性，在维护社会秩序方面发挥着不可替代的作用，之后，一定的正式制度依据一定的价值观念、意识形态建立起来，逐渐形成正式的法律、政治等制度。可以说，非正式制度是正式制度产生的前提和基础，在正式约束设立之前，人们之间的关系主要靠非正式制度来维持。哈耶克认为，在人类早期不存在国家之前出现的贸易，以及先于理性时代而形成的传统习俗，都证明了文明的成长与其说是由于理性的完善和强大政治国家的建立，倒不如说国家和理性精神的产生是它们运动的结果；人类社会文明发展至关重要的作用是"秩序的扩展"。[①] 同时，非正式约束蕴含着对正式约束的扩展、细化和限制，以及社会公认的行为规则和内部实施的行为规则，而一定的正式制度确立后往往会逐渐形成一种新的行为习惯和伦理观念。"尼尔森和温尔认为，一种行为若能成功地应付反复出现的某种环境，就可能被人类理性（工具理性）固定下来成为习惯。诺斯称这种过程为'习惯性行为'。"[②]

其次，正式制度与非正式制度相互补充。正式制度作用的有效发挥，离不开非正式制度的辅助作用，就像法律，如果社会成员在观念上缺乏相应的自我约束，法律也就很难得到有效实施，即使在现代社会，正式制度也只占整个约束的很少一部分，人们生活的大部分空间仍然由非正式制度来约束。同样，非正式制度也存在一定的局限性，尤其在涉及面广泛的各种复杂经济关系和社会问题上，非正式制度因为缺乏非强制性而显得软弱无力，因此需要借助一定的具有强制性的正式制度才能有效实施其约束力。

综上可得，正式制度依存于非正式制度之中，非正式制度通过对正式制度进行补充、修正和支持，从而获得社会认可。进一步分析可知，正式制度与非正式制度之间不仅存在互补性也存在替代性。一方

[①] 《冯克利：在本能与理性之间——〈致命的自负〉》，知乎网站：https://zhuanlan.zhihu.com/p/575447510。

[②] 郭冬乐、李越：《制度秩序论》，《财贸经济》2001年第6期。

面，非正式制度既需要正式制度的支持和保护，同时也为正式制度的延伸、阐释和修正奠定思想文化基础，为正式制度的运行提供良好社会环境；另一方面，从制度演化角度来讲，一些起初以非正式制度形式存在的规则形态，也会在不同时期被当时的正式制度所吸纳和体现。反之，长期实施、奏效的正式制度会内化到社会群体的思想观念和行为习惯中，尤其随着正式制度的约束力逐渐丧失，非正式制度替代正式制度便成为可能。[①]

第三节 非正式制度的研究缘起

非正式制度思想很早就存在于经济理论中，早在18世纪，苏格兰的哲学家、经济学家和历史学家大卫·休谟在其著作《人性论》中认为，合适的道德行为或者"道德情操""同情心"会支持新的经济活动方式，经济学鼻祖亚当·斯密也在其著作《道德情操论》中提出市场需要某种道德情感，而凡勃伦、马歇尔和诺斯等人是早期的非正式制度思想的主要倡导者。

凡勃伦深受达尔文进化论的影响，把达尔文主义的变异、遗传和选择应用于经济学，他认为制度是经济演化的选择单位，习惯、惯例的相对持久性表现出作为遗传特征的作用，并用"突变"来表述习惯和制度的变迁。[②] 凡勃伦把习俗等非正式制度看成是理解资本主义的基本方法，并承认传统是进化的，认为经济学应该抓住制度（包括非正式制度）这个核心主题，并最早使用习俗、传统等字眼解释经济过程，尽管他没有提出非正式制度的概念，但其含义在他那里已经很明显了，由此他创立了制度学派。[③] 英国经济学家、新古典学派创始人阿尔弗雷德·马歇尔首次明确地指出"经济学的目标在于经济生物学，而非经济动力

[①] 杨嵘均：《论正式制度与非正式制度在乡村治理中的互动关系》，《江海学刊》2014年第1期。

[②] 任力、王宁宁：《演化经济学的形成与发展》，《西南大学学报》（人文社会科学版）2006年第1期。

[③] 唐绍欣：《非正式制度经济学》，山东大学出版社2010年版，第32页。

学",并提到了生物的"适者生存"法则在经济学上的主要意义①,而这种"适者生存"法则实际上就包含着非正式制度思想。继马歇尔之后,许多经济学家引用了非正式制度思想。而在新制度经济学形成之后,诺斯成为研究非正式制度最多的人。他在其1990年出版的颇有影响力的著作《制度、制度变迁与经济绩效》中提到,即使在最发达的经济中,正式规则也只是构成决定着人们选择的种种约束的总体中的一小部分(尽管是重要的一部分)。如果我们稍加思索,就会发现,非正式约束是无所不在的。②诺斯在书中提到的"非正式制约",就是"非正式制度",同时他在书中承认,非正式制度是难以精确描述和研究的。

在国内,非正式制度的作用也受到经济学界的重视,有一批学者对非正式制度与经济发展给予了极大的关注。比如,林毅夫在讨论诱致性制度变迁时,指出了非正式制度安排的重要作用。③李培林提出了"社会结构及其转型"是资源配置的"另一只看不见的手"的理论④,并提出了"社会潜网"的概念,用来解释非正式制度存在的现实和理性及其社会结构基础。⑤张继焦比较深入地研究了市场化中的非正式制度,探讨了它如何在转型时期完成对经济资源的重新配置。他认为,如果说市场机制是配置资源的一只"看不见的手",那么至少在中国的转型过程中,非正式制度约束对资源配置也起着"看不见的手"的作用。⑥周业安认为,非正式制度往往比正式制度更能决定经济增长和社会发展水平,如果不考虑非正式制度安排,正式制度的

---

① 《生物的共生与经济演化》,光明网:https://www.gmw.cn/01gmrb/2004-03/16/content_5798.htm。
② [美]道格拉斯·C.诺斯:《制度、制度变迁与经济绩效》,刘守英译,上海三联书店1994年版,第49页。
③ 林毅夫:《关于制度变迁的经济学理论:诱致性变迁与强制性变迁》,载[美]R.科斯,A.阿尔钦,D.诺斯等《财产权利与制度变迁:产权学派与新制度学派译文集》,刘守英等译,上海三联书店、上海人民出版社1994年版,第371—418页。
④ 李培林:《另一只看不见的手:社会结构转型》,《中国社会科学》1992年第5期。
⑤ 李培林、王春光:《新社会结构的生长点——乡镇企业社会交换论》,山东人民出版社1993年版。
⑥ 张继焦:《市场化中的非正式制度》,文物出版社1999年版。

第一章 非正式制度理论阐释

存在没有任何意义。实际上,制度只能作为正式部分和非正式部分的整体来理解。[①] 另外,更有学者利用博弈论的方法来研究非正式制度,其中比较系统地介绍国外经济学家利用博弈论方法研究制度的学者是韦森,他在《社会秩序的经济分析导论》中用"秩序"一词来澄清和界定制度分析中"Institution"的概念,并认为社会秩序经历了从习俗到惯例再到制度化的过程。[②]

国内经济学家普遍强调在中国的经济发展和转轨中要注重对非正式制度的研究和利用。例如,吴思在《潜规则:中国历史中的真实游戏》(修订版)中揭示了社会运行中的不成文规矩,将其命名为"潜规则"。他认为正式规则和非正式规则在中国历史中相对平衡,前者易变,后者遗传性强,并建议从市场经济和现代化角度检视这些规则在中国经济转型中的新形态。[③]

还有一些经济学者探讨了不同地域高速发展背后的文化动因和文化因素对经济发展产生作用的机制。比如,祁茗田、陈立旭等在著作《文化与浙江区域经济发展》中,从浙江20多年经济迅速发展的基本事实出发,探讨浙江文化传统对该地区市场改革进度和经济成长绩效的巨大影响。他们指出,文化传统不是现代文化的产品,而是建设现代化的重要"原料",必须经过"升华",才能继续成为推动经济发展的重要因素。[④] 张佑林在其著作《区域文化与区域经济发展》中,结合中国改革开放后涌现出来的以民营经济迅速发展为特色的"江浙工业化模式",对建立在传统文化基础上的经济增长模型进行实证分析,他认为区域文化及其观念的现代性变革是落后地区经济起飞的重要条件。[⑤] 张佑林和陈朝霞在《文化变革与西部经济发展》中,通过深入研究西部文化的起源和特点,认为其总体上属于保守型文化,而这种保守性是导致西部市场经济环境难以培育、企业家

---

① 周业安:《关于当前中国新制度经济学研究的反思》,《经济研究》2001年第7期。
② 韦森:《社会制序的经济分析导论》,上海三联书店2001年版。
③ 转引自唐绍欣《非正式制度经济学》,山东大学出版社2010年版,第30页。
④ 祁茗田、陈立旭等:《文化与浙江区域经济发展》,浙江人民出版社2001年版。
⑤ 张佑林:《区域文化与区域经济发展》,社会科学文献出版社2007年版。

阶层难以形成、民营经济难以壮大的根本原因。作者从精神文化变革、制度文化变革和物质文化资源利用三方面论述了文化变革与西部经济发展的内在联系，得出了文化变革是推动西部实现区域经济长期可持续发展的基础条件这一重要结论。[①]

第四节　非正式制度的内涵特征

前文提到，非正式制度又叫非正式制度约束，是那些对人的行为的不成文的限制，是与法律等正式制度相对的概念，主要是指人们在长期社会交往过程中逐步形成，并得到社会认可的约定成俗、共同恪守的行为准则，包括价值信念、风俗习惯、文化传统、道德伦理、意识形态等。诺斯认为，在人类行为的约束体系中，非正式制度具有十分重要的地位，即使在最发达的经济体系中，正式的、法律化的制度也只是限制人们选择的一小部分（虽然是非常重要的一小部分）规则，人们行为选择的大部分行为空间由非正式制度来约束[②]，主要原因在于人们不可能对经济行为的所有方面都进行深思熟虑，往往按照习惯不假思索做出，因而再详尽的正式制度，也不可能穷尽人的任何可能行为并对其进行有效的规定，但习惯实际上已沉淀了人们在过去实践中的成功经验，所以遵从习惯处理问题往往是最佳选择。

进一步分析发现，非正式制度具有鲜明的特征。

第一，非正式制度的形成具有自发性、广泛性和非强制性。作为一种约定俗成的无意识的规则，非正式制度是在长期的实践过程中伴随着人类的需要而自发形成也即自然生长和逐步发展的产物，渗透到社会生活的各个领域，调节人们行为的大部分空间，其作用范围远远超过正式制度安排。维持非正式制度的存在和发挥其作用的力量，通常来自集体内部的相互学习效仿、集体成员的从众心理

[①] 张佑林、陈朝霞：《文化变革与西部经济发展》，浙江大学出版社2012年版。
[②] [美]道格拉斯·C.诺斯：《制度、制度变迁与经济绩效》，刘守英译，上海三联书店1994年版，第49页。

第一章 非正式制度理论阐释

和自觉意识以及虽来自外部但属于软性的舆论压力，所有这些都是非强制性的。①

第二，非正式制度的发展具有长期性且变化具有时滞性。非正式制度是随着人类社会实践活动的发展而发展的，一旦形成就将长期延续下去，虽然这种发展具有逐渐演化的阶段性，却源远流长。由于非正式制度往往通过其本身特有的"遗传"机制去影响和形成约束条件，所以很难受到正式制度变化的影响；只有当这个社会中的大多数人放弃了原来的制度安排并接受新制度安排时，非正式制度才会发生变化②，也正因为如此，非正式制度的变迁需经历一个较为长期的过程，这样就显示出时滞性，也造成了非正式制度移植的困难性。

第三，非正式制度可独立存在，但无论如何嬗变，都烙有文化传统的印记。非正式制度的存在并不完全依赖于正式制度，可以脱离正式制度而存在。但正式制度的形成和存在及其变迁都必须依赖于非正式制度，因为正式制度形成和发展的环境之一就是非正式制度。③ 另外，在任何一个特定的历史时期，非正式制度都是当时人们通过集体学习、充分交流后共同形成的一套规则，来自社会所传达的信息，与文化存在千丝万缕的联系，因此二者之间的关系也引起学界的关注。

以奥地利经济学家卡尔·门格尔为代表的新古典奥地利学派最早试图以生物进化论的观点来解释社会秩序的形成。门格尔提出的著名观点是，占据主导地位的社会制度一开始并不是由某些行为个体进行协商之后形成的带有意图性的结果，而往往是源于一大群人的非意图性行为，而且他还指出，所有个体行为的汇总会自发地形成合作性协调行为，这将有利于社会中的每一个人。而且，如果社会管理与行为规则能够保持稳定并得到每一个社会成员的遵守，那么，整个社会将

---

① 王文贵：《非正式制度与经济发展：一个总括性分析》，《江汉论坛》2006年第6期。
② 林毅夫：《关于制度变迁的经济学理论：诱致性变迁与强制性变迁》，载［美］R. 科斯，A. 阿尔钦，D. 诺斯等《财产权利与制度变迁：产权学派与新制度学派译文集》，刘守英等译，上海三联书店、上海人民出版社1994年版，第390—391页。
③ 王文贵：《非正式制度与经济发展：一个总括性分析》，《江汉论坛》2006年第6期。

形成一种普遍的秩序，每个人都将对未来发展持有较强信心，这将减少社会交往中的交易费用和社会性摩擦。①

哈耶克秉承了门格尔的思想，并提出了自由秩序原理。他认为，社会秩序在很大程度上是自然进化的结果，它的出现并不是来自于某个人或某些人的设计，而是在整个社会发展过程中逐渐形成的，很多行为个体都对这些社会秩序的形成做出了贡献。门格尔和哈耶克认为，决定社会秩序的制度是在社会文化和传统的有机的自然发展中浮现出来的。②

另外，一些新制度经济学的观点也为分析非正式制度与文化因素的关系提供了必要参考。诺斯指出，"非正规制约源自价值的文化遗传……有些有效的传统（如勤劳、诚实、正直）能降低交易的成本，且能使复杂的生产交换成为可能"③，说明非正式制度与该社会所由以生长的文化有密切关系。此外，还有学者认为："文化不仅是不同种知识的混合，还包含对行为标准的价值判定，行为标准（社会的、政治的或经济的）被用来解决交换问题。在所有的社会里，都有一种非正式框架构建人类的相互作用……文化提供了一个基于语言的概念框架，破译、理解和表达来自大脑感官的信息。因此，文化不仅扮演塑造正式规则的作用，而且也对作为制度构成部分的非正式制约起支持作用。"④

---

① 转引自唐绍欣《非正式制度经济学》，山东大学出版社 2010 年版，第 6 页。
② 贾裕泉：《进化经济理论评述》，《经济学动态》2000 年第 6 期。
③ [美] 道格拉斯·C. 诺斯：《制度、制度变迁与经济绩效》，刘守英译，上海三联书店 1994 年版，第 143、185 页，转引自王文贵《互动与耦合：非正式制度与经济发展》，中国社会科学出版社 2007 年版，第 42—43 页。
④ [美] 詹姆斯·A. 道、史迪夫·H. 汉科、[英] 阿兰·A. 瓦尔特斯：《发展经济学的革命》，黄祖辉、蒋文华译，上海三联书店、上海人民出版社 2000 年版，第 119—120 页，转引自王文贵《互动与耦合：非正式制度与经济发展》，中国社会科学出版社 2007 年版，第 43 页。

第二章　非正式制度距离维度及指标厘定

非正式制度相对来说难以觉察，相关数据的收集也存在诸多困难，导致非正式制度距离在现有制度距离相关研究中可能会被忽略，所以构建非正式制度距离指标体系，有必要回溯制度距离的维度划分与指标构成方法，在此基础上寻求更为合适的非正式制度指标要素，并与正式制度距离指标进行区分。以往大多数研究重点强调非正式制度距离指标要具有文化属性，以此区分正式制度距离指标属性，这也导致很多研究用"文化距离"作为"非正式制度距离"的替代变量，却因此忽略了关键一点，即非正式制度距离指标应该兼具文化属性与制度属性，这也是"非正式制度距离"独特于"文化距离"的重要条件。

第一节　制度距离的提出及测度指标分析

科斯托娃依据斯科特的观点，首次提出"制度距离"概念，用来表示两个地区在制度环境方面表现出来的差异，差异越大，制度距离就越大。[1] 她将国家当作制度环境，将制度距离理解为不同国家之间的制度环境在管制、规范和认知三个层面上的差异，即制度距离的每一个维度都反映了国家之间制度轮廓相应维度的差异。[2] 另外，科斯

---

[1] Tatiana Kostova, *Success of the Transnational Transfer of Organizational Practices within Multinational Companies*, Doctoral Dissertation of University of Minnesota, 1996.

[2] Tatiana Kostova, "Transnational Transfer of Strategic Organizational Practices: A Contextual Perspective", *Academy of Management Review*, Vol. 24, No. 2, 1999, pp. 308-324.

托娃通过创建国家制度特征量表（Country Institutional Profile，CIP）[①]，从规制、规范和认知三个维度测量一个国家的制度特征，之后她的分类被学界广泛采用。

"制度距离"概念提出后，基于实证研究的需要，学者多依据诺斯的二分法和斯科特的三支柱构建指标体系。埃斯特林等人将制度距离的维度明确划分成正式制度距离和非正式制度距离。其中，正式制度距离反映了影响企业战略选择和执行的国家质检法律法规的差异，非正式制度距离体现了国家之间价值观、规范及信仰的差异。[②] 许德音依据制度三支柱的各自差异，将距离维度进一步细化，明确划分为管制距离、规范距离和认知距离。[③] 具体来讲，管制距离描绘了东道国与母国之间法治环境的差异；规范距离体现了东道国与母国之间社会规范的差异[④]；认知距离反映了东道国与母国之间共享的信仰、不证自明的心智模式之间的差异[⑤]。

由于二分法与三支柱法在制度维度的分类上存在交叉与重合，因此基于两种分类方法的制度距离在维度划分上也存在对应关系，一般来说，二分法的正式制度距离与三支柱法的管制距离内容相当，这一对应关系在具体研究中通常也比较明确，主要涉及国家法律、法规、经济等因素。而前者的非正式制度距离往往涵盖后者的认知距离以及规范距离的部分因素，主要涉及语言、价值观、信仰等文化因素。由于非正式制度因素的表现较为隐晦与复杂，相关变量的数据来源也比

[①] Tatiana Kostova, "Country Institutional Profiles: Concept and Measurement", *Academy of Management Proceedings*, Vol. 1997, No. 1, 1997, pp. 180–184.

[②] Saul Estrin, Delia Baghdasaryan, Klaus E. Meyer, "The Impact of Institutional and Human Resource Distance on International Entry Strategies", *Journal of Management Studies*, Vol. 46, No. 7, 2009, pp. 1171–1196.

[③] Dean Xu, *The Effect of Institutional Distance on Multinational Enterprise Strategy*, Doctoral Dissertation of York University, 2001.

[④] Dean Xu, Y. Pan, P. W. Beamish, "The Effect of Regulative and Normative Distances on MNE Ownership and Expatriate Strategies", *Management International Review*, Vol. 44, No. 3, 2004, pp. 285–307.

[⑤] Daniel Rotting, *Institutional Distance, Social Capital, and the Performance of Foreign Acquisitions in the United States*, Doctoral Dissertation of Florida Atlantic University, 2008.

较多样,导致二分法与三支柱法在非正式制度因素的对应关系上缺乏统一性,常见于三种对应情况。

一是将国家间的制度距离分为管制制度距离、规范距离和认知制度距离三个维度,其中规范距离的部分指标与认知距离可以共同代表非正式制度距离内容。二是将制度距离分为管制距离、规范距离和文化—认知距离三个维度,其中的文化—认知距离对应非正式制度距离内容,并借用霍夫斯泰德的文化维度作为认知距离的代理变量①。三是鉴于规范维度和认知维度比较难以区分,将规范距离和认知距离合并为规范距离②,其中的非正式制度距离内容可能被忽略,也可能由规范距离代替。

除二分法、三支柱法外,制度距离维度的划分还根据研究需要呈现多元化特点。吴哲颖将制度距离分为经济距离、政治距离、管制距离和文化距离四个维度。其中,经济距离反映了国家之间的交易方式、市场导向、市场稳定性以及企业性质的差异,政治距离描绘了国家质检政府政策和管理效率的差异,管制距离体现了国家之间与特定行业相关的制度和执行规章制度的差异,文化距离表征了国家之间文化的差异。③ 菲利普斯等人考虑到制度的形成具有动态渐进性,纳入了

---

① 相关研究请参见 Ajai S. Gaur, Andrew Delios, Kulwant Singh, "Institutional Environments, Staffing Strategies, and Subsidiary Performance", *Journal of Management*, Vol. 33, No. 4, 2007, pp. 611-636; Daniel Rotting, *Institutional Distance, Social Capital, and the Performance of Foreign Acquisitions in the United States*, Doctoral Dissertation of Florida Atlantic University, 2008; Daniel Rotting, Taco H. Reus, "Institutional Distance, Organizational Legitimacy, and the Performance of Foreign Acquisitions in the United States", *Academy of Management Proceedings*, 2009, pp. 1-6.

② 相关研究请参见 Ahmad Arslan, Jorma Larimo, "Greenfield Investments or Acquisitions: Impacts of Institutional Distance on Establishment Mode Choice of Multinational Enterprises in Emerging Economies", *Journal of Global Marketing*, Vol. 24, No. 4, 2011, pp. 345-356; Ajai S. Gaur, Jane W. Lu, "Ownership Strategies and Survival of Foreign Subsidiaries: Impacts of Institutional Distance and Experience", *Journal of Management*, Vol. 33, No. 1, 2007, pp. 84-110; Yumeng Du, *Institutional Distance and Location Choice of Multinational Enterprises*, Doctoral Dissertation of Singapore Management University, 2009.

③ Zheying Wu, *Three Essays on Distance: Examining the Role of Institutional Distance on Foreign Firm Entry, Local Isomorphism Strategy and Subsidiary Performance*, Doctoral Dissertation of University of Southern California, 2009.

制度不确定性对制度距离重新进行了界定,于是根据制度差异、东道国制度不确定性程度提出制度距离的四象限维度。① 贝里等人在研究中进一步提出由经济、金融、政治、管理、文化、人口、知识、联络方式以及地理距离等九维度构成的距离指标体系。② 国内学者郭苏文和黄汉民采用全球竞争力报告和美国传统基金会（Heritage Foundation，HF）每年发布的经济自由度指数（Economic Freedom Index，EFI），用来构建基于法律制度、宏观经济制度、微观经济制度等制度距离指标。③ 谢孟军依据经济自由度指数和全球治理指数（Worldwide Governance Indicators，WGI）构建基于政治制度、经济制度和法律制度的制度距离指标。④

综上所述,尽管制度距离相关研究已经取得了令人瞩目的进展,迄今却仍未形成完整的理论体系⑤,其中的一个重要原因是,与正式制度的强制性、显性特点相比,非正式制度所包含的社会规范

---

① Nelson Phillips, Paul Tracey, Neri Karra, "Rethinking Institutional Distance: Strengthening the Tie between New Institutional Theory and International Management", *Strategic Organization*, Vol. 7, No. 3, 2009, pp. 339-348. 菲利普斯等人认为,制度距离定义只涉及国家之间的制度环境差异,除了制度环境差异外,还应该包括制度不确定性,以体现制度化程度,低层次的制度化使得制度呈现出高度的模糊性,导致跨国公司进入东道国时面临更复杂的环境和更大的风险,进而增加了东道国与母国的制度距离,因此应纳入制度不确定性维度以更精确地测量制度距离。这样,进入东道国的跨国公司可能面临四种形式的制度距离。首先,制度环境差异和制度不确定性都低。这种情况下的跨国公司面临的风险较低,跨国公司可以转移现有商业模式到东道国的分支机构中。其次,制度环境差异大,而制度不确定性低,面临的风险是中等的,跨国公司需要改变现有的商业模式以适应新的环境,或改变新的制度情境以与当前的模式相匹配。再次,制度环境差异低,而制度不确定性高,面临的风险也是中等的,跨国公司必须采用相应策略以规避东道国制度不确定性所带来的风险。最后,制度环境差异和制度不确定性都高。这种情况下,跨国公司面临高风险和高复杂性,除非回报率很高,或有能力处理这种复杂的环境,否则跨国公司会尽量避开这一市场。详情请参见陈怀超《合法性视角下制度距离对中国跨国公司国际市场进入模式的影响研究》,经济科学出版社 2013 年版,第 47—48 页。

② Heather Berry, Mauro F. Guillén, Nan Zhou, "An Institutional Approach to Cross-national Distance", *Journal of International Business Studies*, Vol. 41, No. 9, 2010, pp. 1460-1480.

③ 郭苏文、黄汉民:《制度距离对我国外向 FDI 的影响——基于动态面板模型的实证研究》,《国际经贸探索》2010 年第 11 期。

④ 谢孟军:《出口抑或对外投资——基于制度距离的视角》,《国际商务》(对外经济贸易大学学报) 2015 年第 6 期。

⑤ 薛有志、刘鑫:《国外制度距离研究现状探析与未来展望》,《外国经济与管理》2013 年第 3 期。

和认知通常切入在社会环境中，对外来者更为隐性，相关信息的收集与理解也相对困难。①虽然文化因素是构建制度距离中认知维度或非正式制度维度中不能缺少的因素，但非正式制度因素的选取及其测度方法往往缺乏规范性、系统性和全面性，因此有必要通过梳理国内外涉及非正式制度距离指标的相关研究，寻找出一些共性指标。

第二节 非正式制度距离的测度指标分析

目前国内外专门研究非正式制度因素的相关文献鲜见，其主要原因是：一方面，非正式制度的内涵很难统一界定，其内涵和外延很难达成共识；另一方面，在新制度经济学中，文化因素是构成非正式制度的重要成分，但文化因素难以进行量化处理，导致实证研究面临数据获取困难。在非正式制度因素的处理上，国内外研究较常将非正式制度因素等同于文化因素。在代表非正式制度距离指标的选取和来源上，国外研究常用的数据来源有四种：一是霍夫斯泰德的国家文化数据；二是"全球领导力和企业行为效力"（Global Leadership and Organizational Behavior Effectiveness，GLOBE）②；三是"世界竞争力年鉴"（World Competitiveness Yearbook，WCY）③；四是"全球竞争力报告"（Global Competitiveness Report，GCR）④。学者们基于自身对非正式制度构成要素的理解，选取以上数据来源中的部分指标构建了认知—规范距

---

① 吴晓波、李竞、李文、隋易宏：《正式制度距离与非正式制度距离对海外进入模式影响——来自中国跨国企业的经验研究》，《浙江大学学报》（人文社会科学版）2017年第5期。

② 全球领导力和企业行为效力研究项目将前人对文化因素和变量的研究进行了扩展和整合，反映出另一种测量文化差异的方式。该项目选择的国家代表全球每一个主要的地理位置，每个国家的数据都是由当地国民或知道并经历过那些文化的学者收集的，旨在创造一个完整全面的数据库，被置于成熟的领域进行数据统计。

③ 《世界竞争力报告年鉴》是世界上权威的全球竞争力研究机构——瑞士洛桑国际管理学院（Institute for Management Development）出版的有关国家竞争力的最知名和最综合的年度报告。World Competitiveness Online是其开发的网络版数据库，收录了2005年至今印刷本的全部内容，涉及全球近60个国家和地区的知名企业及相关投资环境情况。

④ 《全球竞争力报告》是由世界经济论坛（World Economic Forum）发布的年度报告，该报告中的竞争力排名以全球竞争力指数为基础，包括制度、基础设施和宏观经济稳定性等12个竞争力因素。

离，或认知—文化距离维度作为非正式制度距离（见表2.1）。

表2.1　非正式制度距离（规范距离、认知距离）指标来源与国外代表性研究汇总

常用指标来源	二分法、三支柱法代表性研究
霍夫斯泰德国家文化框架	Jensen & Szulanski（2004）[1]、Gaur et al.（2007）[2]、Lankhuizen & De Groot（2016）[3]
全球领导力和企业行为效力	Rotting（2008）[4]、Estrin et al.（2009）[5]、Dikova et al.（2010）[6]
世界竞争力年鉴	Gaur et al.（2007）[7]、Gaur & Lu（2007）[8]、Bell（2008）[9]、Arslan & Larimo（2011）[10]

---

[1] Robert J. Jensen, Gabriel Szulanski, "Stickiness and the Adaptation of Organizational Practices in Cross-border Knowledge Transfers", *Journal of International Business Studies*, Vol. 35, No. 6, 2004, pp. 508–523.

[2] Ajai S. Gaur, Andrew Delios, Kulwant Singh, "Institutional Environments, Staffing Strategies, and Subsidiary Performance", *Journal of Management*, Vol. 33, No. 4, 2007, pp. 611–636.

[3] M. B. M. Lankhuizen, H. L. F. De Groot, "Cultural Distance and International Trade: A Nonlinear Relationship", *Letters in Spatial and Resource Sciences*, Vol. 9, No. 1, 2016, pp. 19–25.

[4] Daniel Rotting, *Institutional Distance, Social Capital, and the Performance of Foreign Acquisitions in the United States*, Doctoral Dissertation of Florida Atlantic University, 2008.

[5] Saul Estrin, Delia Baghdasaryan, Klaus E. Meyer, "The Impact of Institutional and Human Resource Distance on International Entry Strategies", *Journal of Management Studies*, Vol. 46, No. 7, 2009, pp. 1171–1196.

[6] Desislava Dikova, Padma Rao Sahib, Arjen van Witteloostuijn, "Cross-border Acquisition Abandonment and Completion: The Effect of Institutional Differences and Organizational Learning in The International Business Service Industry, 1981–2001", *Journal of International Business Studies*, Vol. 41, No. 2, 2010, pp. 223–245.

[7] Ajai S. Gaur, Andrew Delios, Kulwant Singh, "Institutional Environments, Staffing Strategies, and Subsidiary Performance", *Journal of Management*, Vol. 33, No. 4, 2007, pp. 611–636.

[8] Ajai S. Gaur, Jane W. Lu, "Ownership Strategies and Survival of Foreign Subsidiaries: Impacts of Institutional Distance and Experience", *Journal of Management*, Vol. 33, No. 1, 2007, pp. 84–110.

[9] Robert Gregory Bell, *Institutional Distance and Foreign IPO Performance: The Moderating Effects of Governance and Organizational Capabilities*, Doctoral Dissertation of University of Texas at Arlington, 2008.

[10] Ahmad Arslan, Jorma Larimo, "Greenfield Investments or Acquisitions: Impacts of Institutional Distance on Establishment Mode Choice of Multinational Enterprises in Emerging Economies", *Journal of Global Marketing*, Vol. 24, No. 4, 2011, pp. 345–356.

续表

常用指标来源	二分法、三支柱法代表性研究
全球竞争力报告	Xu（2001）[1]、Xu et al.（2004）[2]、Chao & Kumar（2010）[3]、Arslan & Larimo（2010）[4]

除采用文化指标替代非正式制度指标外，价值观因素也受到学者的关注，艾睿认为信任在经济活动中起到润滑剂的作用[5]，所以信任作为价值观的重要构成部分，也被认为是影响国际贸易的重要非正式制度因素[6]。吉索等人采用"欧洲晴雨表"（Eurobarometer）[7] 数据测

---

[1] Dean Xu, *The Effect of Institutional Distance on Multinational Enterprise Strategy*, Doctoral Dissertation of York University, 2001.

[2] Dean Xu, Y. Pan, P. W. Beamish, "The Effect of Regulative and Normative Distances on MNE Ownership and Expatriate Strategies", *Management International Review*, Vol. 44, No. 3, 2004, pp. 285–307.

[3] Chen-Ho Chao, Vikas Kumar, "The Impact of Institutional Distance on the International Diversity-performance Relationship", *Journal of World Business*, Vol. 45, No. 1, 2010, pp. 93–103.

[4] Ahmad Arslan, Jorma Larimo, "Ownership Strategy of Multinational Enterprises and the Impacts of Regulative and Normative Institutional Distance: Evidence from Finnish Foreign Direct Investments in Central and Eastern Europe", *Journal of East-West Business*, Vol. 16, No. 3, 2010, pp. 179–200.

[5] Kenneth J. Arrow, "Gifts and Exchanges", *Philosophy & Public Affairs*, Vol. 1, No. 4, 1972, pp. 343–362.

[6] 相关研究请参见 Stephen Knack, Philip Keefer, "Does Social Capital Have an Economic Payoff? A Cross-country Investigation", *Quarterly Journal of Economics*, Vol. 112, No. 4, 1997, pp. 1251–1288; Paul J. Zak, Stephen Knack, "Trust and Growth", *The Economic Journal*, Vol. 111, No. 470, 2001, pp. 295–321; Peter J. Boettke, Christopher J. Coyne, Peter T. Leeson, "Institutional Stickiness and the New Development Economics", *American Journal of Economics and Sociology*, Vol. 67, No. 2, 2008, pp. 331–358.

[7] 欧洲晴雨表（Eurobarometer）是由欧共体委员会建立的一个专门项目，是一项跨国性的纵向调查研究，负责定期给欧盟提供成员国民众对于重大事件和问题的意见调查报告。作为欧盟的"官方调查机构"，它的调查结果由欧盟委员会交流总司的民意研究中心发表。人们公认它是追踪和分析欧盟成员国民众意见和趋势的良好工具，也能够帮助欧盟决策者们更好地得到信息和加强他们之间的沟通与合作，其调查范围也不再局限于成员共识，逐渐开始在一些第三世界国家和入盟候选国家进行。调查报告发布之后，为促进以数据库为基础的社会科学研究，欧洲晴雨表还开展方法论培训、数据库再生产和数据服务。处于非商业目的的研究者可从网上免费下载数据。详情请参见张颜语《跨国社会调查的典范："欧洲晴雨表"》，《中国社会科学报》2009 年 7 月 30 日第 8 版。数据库官方网站：https://europa.eu/eurobarometer/screen/home。

量两国之间的信任程度,用来表示国家之间的文化偏见。① 钦加诺和皮诺蒂采用世界价值观调查(World Values Survey, WVS)中有关"信任"问题的相关数据,用来衡量人际信任程度。②

此外,学者们根据研究需要构建了其他相关指标,如布塞尼茨等人采用创业知识和技能方面的差异表示规范距离,用创业行为和创新思维方面存在的差异表示认知距离。③ 伊登和米勒用公民活动的性质、公民对自身行动能力的判断两个维度构建规范距离指标体系。④ 彭维刚使用规范、文化和伦理等因素构建非正式制度距离的指标体系。⑤ 波格列布尼亚科夫和梅特兰用不同国家之间的宗教差异和语言差异代表认知距离。⑥ 考夫曼等人专门构建了一套指标来测度两国间的制度距离,其中,规范性制度包括根植于社会活动中的信仰、价值观、道德规范、国民思维方式、理解、表述问题的特定方法等因素,当中的世界观和价值观是该体系的核心。⑦ 伊贡和安托林直接用文化距离代替制度距离。⑧

---

① Luigi Guiso, Paola Sapienza, Luigi Zingales, "Cultural Biases in Economic Exchange?", *The Quarterly Journal of Economics*, Vol. 124, No. 3, 2009, pp. 1095-1129.

② Federico Cingano, Paolo Pinotti, "Trust, Firm Organization, and The Pattern of Comparative Advantage", *Journal of International Economics*, Vol. 100, 2016, pp. 1-13.

③ L. W. Busenitz, C. Gómez, J. W. Spencer, "Country Institutional Profiles: Unlocking Entrepreneurial Phenomena.", *Academy of Management Journal*, Vol. 43, No. 5, 2000, pp. 994-1003.

④ Lorraine Eden, Stewart R. Miller, "Distance Matters: Liability of Foreignness, Institutional Distance and Ownership Strategy", *Advances in International Management*, No. 16, 2004, pp. 187-221.

⑤ Mike W. Peng, "Perspectives from China Strategy to Global Strategy", *Asia Pacific Journal of Management*, Vol. 22, No. 2, 2005, pp. 123-141.

⑥ Nicolai Pogrebnyakov, Carleen F. Maitland, "Institutional Distance and the Internationalization Process: The Case of Mobile Operators", *Journal of International Management*, Vol. 17, No. 1, 2011, pp. 68-82.

⑦ Daniel Kaufmann, Aart Kraay, Massimo Mastruzzi, "The Worldwide Governance Indicators: Methodology and Analytic Issues", *Hague Journal on the Rule of Law*, Vol. 3, No. 2, 2011, pp. 220-246.

⑧ Dolores Añón Higón, Miguel Manjón Antolín, "Multinationality, Foreignness and Institutional Distance in the Relation between R&D and Productivity", *Research Policy*, Vol. 41, No. 3, 2012, pp. 592-601.

第二章 非正式制度距离维度及指标厘定

相对于国外研究，国内有关制度距离的起步较晚，专门构建非正式制度距离指标的研究更为少见，学者们常用霍夫斯泰德的国家文化模型作为非正式制度距离的代理变量。[1] 此外，周经和刘厚俊依据"透明国际"各年度报告中的腐败指标[2]，赵家章和池建宇、宋渊洋、祝树金等采用世界价值观调查（WVS）数据[3]，李元旭和刘鼷采用全球领导力和企业行为效力（GLOBE）[4]，杨默等人采用世界竞争力年鉴的数据[5]，吴晓波等人使用贝里等人[6]的九维度指标[7]，黄先海和吴屹帆采用中国综合社会调查（Chinese General Social Survey，CGSS）[8] 权威数据构建非正式制度距离指数[9]。

---

[1] 相关研究请参见阎大颖《中国企业对外直接投资的区位选择及其决定因素》，《国际贸易问题》2013 年第 7 期；衣长军、徐雪玉、刘晓丹、王玉敏：《制度距离对 OFDI 企业创新绩效影响研究：基于组织学习的调节效应》，《世界经济研究》2018 年第 5 期。

[2] 周经、刘厚俊：《制度距离、人力资源与跨国企业对外投资模式选择》，《财贸研究》2015 年第 1 期。

[3] 相关研究请参见赵家章、池建宇《信任、正式制度与中国对外贸易发展——来自全球 65 个国家的证据》，《中国软科学》2014 年第 1 期；宋渊洋：《制度距离、制度相对发展水平与服务企业国内跨地区经营战略——来自中国证券业的经验证据》，《南开管理评论》2015 年第 3 期；祝树金、段凡、邵小快、钟腾龙：《出口目的地非正式制度、普遍道德水平与出口产品质量》，《世界经济》2019 年第 8 期。

[4] 李元旭、刘鼷：《制度距离与我国企业跨国并购交易成败研究》，《财经问题研究》2016 年第 3 期。

[5] 杨默、郭栋、龚璞：《正式制度与非正式制度如何影响政治不稳定风险——基于 2000—2015 年世界竞争力年鉴的面板数据分析》，《经济社会体制比较》2016 年第 4 期。

[6] Heather Berry, Mauro F. Guillén, Nan Zhou, " An Institutional Approach to Cross-national Distance", *Journal of International Business Studies*, Vol. 41, No. 9, 2010, pp. 1460 – 1480.

[7] 吴晓波、李竞、李文、隋易宏：《正式制度距离与非正式制度距离对海外进入模式影响——来自中国跨国企业的经验研究》，《浙江大学学报》（人文社会科学版）2017 年第 5 期。

[8] 中国综合社会调查是中国最早的全国性、综合性、连续性学术调查项目，自 2003 年起开启年度调查，通过系统、全面地收集社会、社区、家庭、个人多个层面的数据，总结社会变迁的趋势，探讨具有重大科学和现实意义的议题，提升国内社会科学研究的开放性与共享性，为国际比较研究提供数据资料，充当多学科的数据采集平台。截至 2008 年，CGSS 一共进行了五次年度调查，完成了项目的第一期。自 2010 年起，CGSS 开启了第二期项目调查。CGSS 调查数据及其他调查资料向全社会完全开放，其数据在国内外产生重大影响，已成为中国社会研究最主要的数据来源，被广泛应用于科研、教学、政府决策之中。数据库官方网站：http://cgss.ruc.edu.cn/index.htm。

[9] 黄先海、吴屹帆：《正式制度、非正式制度质量与比较优势》，《国际贸易问题》2020 年第 3 期。

诺斯认为，非正式制度来源于社会所流传下来的信息以及我们称之为文化的部分遗产，它是人们的大脑在获取外界信息以后形成的"自然语言"，这些"自然语言"渗透于我们的感性认识和态度中，每时每刻无处不在地影响我们的行动①，换句话说，非正式制度因素首先应该具有文化属性。从上述研究所选取的指标来看，尽管国内外不同研究在非正式制度距离指标构建的数据依据和方法选择上存在差异，但绝大多数研究都将文化要素或整体处理（如霍夫斯泰德的文化维度）或采用单维或多维度变量（如语言、宗教、价值观等）作为非正式制度距离的代理变量，满足了指标应具有文化属性的条件，在此基础上，哪些因素的组合还可以满足制度属性的条件，同时又可以代表一个有机的整体，还需要进一步探讨。

第三节　非正式制度距离指标的内涵属性

著名德国语言学家威廉·冯·洪堡特认为，每一种语言都包含一种独特的世界观。② 同时，价值观是世界观的现实体现，与世界观辩证统一，因而语言与价值观之间具有内在有机的联系。同时，结合当下"一带一路"倡议的文化内涵，其中语言沟通和价值观相互尊重是实现民心相通最重要的途径，所以语言、价值观作为非正式制度距离指标兼具理论意义和实践意义。

一　语言、价值观的文化属性

诺斯认为，文化提供了一个以语言为基础的概念框架，用以破译与解释呈现到大脑中去的信息。③ 据此，我们可以将语言看作文化最基础的要素。

---

① Douglass C. North, "Institutions", *Journal of Economic Perspectives*, 1991, pp. 97 – 112, 转引自辛杰《企业社会责任自律与型构：非正式制度的嵌入》，《当代财经》2014年第5期。
② ［德］威廉·冯·洪堡特：《论人类语言结构的差异及其对人类精神发展的影响》，姚小平译，商务印书馆1999年版，第70页。
③ ［美］道格拉斯·C. 诺斯：《制度、制度变迁与经济绩效》，刘守英译，上海三联书店1994年版，第50页。

第二章　非正式制度距离维度及指标厘定

对于文化内涵要素的定义，中外学者有不同形式的阐述，其中，基于"冰山模型"（Iceberg Model）和"洋葱理论"（Onion Theory）的文化分层学说是一支重要的流派。[①] 美国人类学家霍尔提出，文化存在于显性文化、隐性文化和技术性文化三个层次中。显性文化可见并能被描述（如语言），隐性文化不可见，甚至连受过专门训练的观察者都往往难以察知（如价值观）。琼潘纳斯和汉普登特纳认为，文化是有层次的，若要理解文化，必须将它一层一层剥开。[②] 据此，吉尔特·霍夫施泰德和格特·扬·霍夫施泰德将文化由表及里分为符号、英雄人物性格、礼仪和价值观四个层次。[③] 国内学者也赞同文化分层观点，陈晓萍认为，文化分为表层、中层和核心层三个主要层次。[④] 潘亚玲基于三层分法提炼出将九大文化基本因素，其中表层因素包括语言、非言语交际、感知与符号象征，中间层包括思维方式、人际关系、时间观、空间观和社会规范，核心层是价值观。[⑤] 由此可见，语言和价值观分别代表文化的表层和深层内涵，是构成文化这一

[①] "冰山模型"最早于1973年由美国心理学家戴维·麦克利兰提出，用于评估人的素质。文化学者霍尔由此加以阐发，将文化分为两层：露出水面的可视的显性文化是冰山的一小部分，而冰山的大部分则是隐藏于水下的、人们看不见的隐性文化。这种观点是对文化分层比较简洁的阐释。另外，美国学者理查德·博亚特兹在戴维·麦克利兰素质冰山模型理论的基础上深入研究，提出了"素质洋葱模型"。文化学者霍夫斯泰德借用洋葱模型比喻一个民族的文化，并认为要理解文化，必须将它一层一层地剥开。基于"洋葱模型"，文化最外表的一层是符号（Symbols），指的是承载着某种特定含义且都是我们在现实中可以直观看到和接触到的，如语言、服饰等。第二层是英雄人物性格（Heroes），这种人们所崇拜的英雄性格无论是真实的还是虚构的，都具有代表此文化里被高度赞扬和传承的品格。第三层是礼仪（Rituals），具有重要的社会意义，代表人和自然在文化中的独特表达方式。最内层是价值观（Values），是文化中最稳定的因素，同时也是文化中最深邃、最难理解的部分。作为文化的基石，价值观及其善恶美丑的标准因文化差异而截然不同，它是一个文化群体中的普遍性倾向。

[②] Fons Trompenaars Charles, Hampden-Turner, *Riding the Waves of Culture: Understanding Diversity in Global Business*, New York: McGraw-Hill, 1998, p.7.

[③] Geert Hofstede, Gert Jan Hofstede, *Lokales Denken, Globales Handeln Interkulturelle Zusammenarbeit und Globales Management*, München: Deutscher Taschenbuch Verlag, 2007, p.8.

[④] 陈晓萍：《跨文化管理》，清华大学出版社2005年版，第4页。

[⑤] 潘亚玲：《跨文化能力内涵与培养——以高校外语专业大学生为例》，对外经济贸易大学出版社2016年版，第32—33页。

有机系统的要素。

二 语言、价值观的制度属性

探究语言的制度属性是一个非常值得研究的问题。[①] 从根源来说,"语言是一种社会制度"的观点源自美国著名比较语言学家惠特尼的认识,他认为每一种语言都是一种制度,在每一个社群中,语言构成了它们的文化。[②] 瑞士著名语言学家费尔迪南·德·索绪尔对这一观点给予了支持,他认为语言作为文化的载体,具有约定俗成的特性,同时语言作为言语机能的社会产物,也是社会集团为使人们行使语言机能所采用的规约。[③] 从新制度经济学角度来看,索绪尔的观点就是将语言视为一种制度,或至少与制度相类似的一套机制或体系。布龙菲尔德等语言学家,以及维特根斯坦、杜梅特、克里普克等哲学家也对语言的制度功能表示认可,认为自然的语言就是社会习俗和惯例的系统。[④] 在"语言是社会习俗、惯例的系统"这一观点的基础上,美国著名哲学家约翰·塞尔更是坦言:"语言是一种基础的社会制度。没有语言,将没有其他制度,并且人们也将无法理解制度。"[⑤]

另一方面,价值观也是一种制度。《大英百科全书》将价值观定义为:"人们判断事物是否有益或是否有价值时所持有的原则。"[⑥] 同时,国内外学者对价值观都进行过比较明确的界定,认为价值观是一种根植于人们内心的抽象动机,不仅指导个人行为,也为社会生活提

[①] 张卫国:《语言的经济学分析:一个基本框架》,中国社会科学出版社2016年版,第24页。

[②] William Dwight Whitney, *The Life and Growth of Language: An Outline of Linguistic Science*, New York: Appleton, 1875, 转引自 Konrad Koerner, "Toward a History of Modern Sociolinguistics", *American Speech*, Vol. 66, No. 1, 1991, pp. 57–70.

[③] [瑞士]费尔迪南·德·索绪尔:《普通语言学教程》,高名凯译,岑麒祥、叶蜚声校注,商务印书馆1980年版,第30页。

[④] 张卫国:《语言的经济学分析:一个基本框架》,中国社会科学出版社2016年版,第74页。

[⑤] John R. Searle, "What is an Institution", *Journal of Institutional Economics*, Vol. 1, No. 1, 2006, pp. 1–22.

[⑥] Encyclopedia Britannica Online, available at: http://academic.eb.com/levels/collegiate/search/dictionary? query=value&includeLevelThree=1&page=1.

供规范。比如，霍尔斯特德和派克认为，价值观为行为提供指南，是人们据此而采取行动的原则标准、理想信念、标准或生活态度。[1] 社会学家约翰·J·麦休尼斯认为价值观由文化决定，生活在同一种文化中的人们分享同一套价值标准，并以这些价值标准指导社会生活。[2] 霍夫斯泰德对价值观的定义更加具体，认为价值观是带有指向性的感受，并指导人们关于善恶、美丑、道德与否、安全与否、合乎逻辑和理性与否、顺应自然及常理与否等具体判断。[3] 以色列社会心理学家谢洛姆·施瓦茨则基于价值观的定义提炼出价值观的六大特征：

第一，价值观是一套相互交织、相互影响的信条；第二，价值观是人们的行为动因；第三，价值感超越具体情境；第四，价值观为人们提供标准；第五，价值观可按照重要性排序；第六，相对重要的价值观指导具体行为。[4]

国内学界也对价值观的定义进行过深入探究。中国学者贾玉新认为，价值观是文化的核心，是任何社会或文化中的人们回避不了的指令，与其思维方式、行为规则、推理模式、认知标准、道德标准、处世哲学密切相关。[5] 韩震指出，价值观应当包括人民生活价值观和社会制度价值观两个方面，前者是人们的社会行为规范，用于调节人与人之间及人与社会之间的关系，后者作为国家和社会层面的核心价值观，是国家制度的意识形态。[6]

三 "文化距离"和"非正式制度距离"的关系

上文提到，制度距离的指标首先具有文化属性，那么具有文化属

---

[1] J. Mark Halstead, Mark A. Pike, *Citizenship and Moral Education: Values in Action*, London and New York: Routledge, 2006, p. 44.

[2] John J. Macionis, *Sociology*, Boston: Pearson, 2012, p. 61.

[3] Geert Hofstede, *Culture's Consequences: International Differences in Work-Related Values*, Califonia: Sage Publications, 1983, p. 30.

[4] Arndt Sorge Shalom H. Schwartz, *Value Orientations: Measurement, Antecedents and Consequences across Nations*. London: Sage Publications, 2006, pp. 170-171, 转引自孙有中、任勃《观念立国、观念强国、观念征服世界：美国核心价值观的流变》，载孙有中等《核心价值观国际比较研究》，四川人民出版社、学习出版社2018年版，第3页。

[5] 贾玉新：《跨文化交际学》，上海外语教育出版社1997年版，第58—59页。

[6] 韩震：《从人类历史发展看社会主义核心价值观》，《理论导报》2015年7月9日第16版。

性的指标所构成的"制度距离"和"文化距离"之间存在怎样的关联？从指标的特征来看，正式制度距离需要动态指标以更好地体现国家间差异的变化，而非正式制度距离因文化因素常常具有稳定性和常态化特征则较常采用静态指标，以往研究常用文化距离作为非正式制度距离的代理变量也正是基于非正式制度因素的静态特点。从指标的属性来看，制度距离的指标不仅要具有文化属性，还应该具有制度属性，所以，如果用文化距离对应非正式制度距离，其内涵和外延都稍显狭窄，尤其没有体现出国家之间制度差异的复杂性。如果用文化距离完全等同于非正式制度距离，就容易忽略国家之间在"文化"之外复杂多元制度因素上的差异。然而，经济学研究中的非正式制度距离概念并不是对文化距离概念的摒弃，而是整合。[①] 因此，结合"一带一路"倡议及其"民心相通"建设的内涵，将语言、价值观等因素纳入经济学议题，增加了研究的跨学科特色；深入、系统地认识语言、价值观等"软变量"因素（相对于政治、经济等"硬变量"而言）及其对经济活动的影响作用，对协同文化因素来完善制度距离指标体系，以更好地指导我国经济社会实践兼具理论与实践意义。

第四节　研究非正式制度距离的学科属性

一　理论背景

经济学的特点不在于它研究的话题，而在于研究所采用的方法，如在表征语言等变量的关系中，使用经济学的概念和工具[②]，因而从这个意义上讲，把经济学论证方法应用到解决语言、文化等相关问题上，就成为语言经济学、文化经济学，乃至制度经济学的一部分。说

[①] 薛有志、刘鑫：《国外制度距离研究现状探析与未来展望》，《外国经济与管理》2013年第3期。

[②] Francois Grin, "The Economics of Language: Survey, Assessment, and Prospects", *International Journal of the Sociology of Language*, Vol. 1996, No. 121, 1996, pp. 17 - 44; Francois Grin, "Language Planning and Economics", *Current Issues in Language Planning*, Vol. 4, No. 1, 2003, pp. 1-66, 转引自张卫国《语言的经济学分析：一个基本框架》，中国社会科学出版社2016年版，第19页。

到底，就是利用经济学的理论、方法或工具把语言、价值观作为一个变量、一个参数来分析其对经济的作用和影响。① 虽然在技术层面上，如何科学地量化语言、文化变量一直是广义文化经济学发展的瓶颈，但经济学研究范围的扩展和经济计量技术的成熟，为广义语言经济学和广义文化经济学的复兴和进一步发展提供了必要的分析工具。

（一）语言经济学

语言经济学研究兴起于20世纪60年代，在中国真正开端于20世纪末，2004年以来逐步形成了研究热潮。② 作为跨学科间一次非常有益的尝试，语言经济学是"理论经济学的一种范式，主要（但不专门地）侧重于经济变量起作用的那些关系"③；是"采用经济学的理论、方法及工具，把语言和言语行为当作普遍存在的社会和经济现象来加以研究的一个经济学分支学科"④。

张卫国认为，语言经济学可以有广义与狭义以及理论与应用之分。⑤ 广义的语言经济学可以用"Language and Economics"表示。一般来说，凡是采用经济学理论、方法来研究语言及其相关的研究，均可被纳入广义上的语言经济学研究议题，如语言的本体问题，或研究语言及言语行为对经济理论、方法或经济绩效的影响与作用。狭义的语言经济学可以用"Economics of Language"（或"Econolinguistic"）表示，是对广义的语言经济学具体领域或分支的深入研究，一般包括语言政策与语言规划的经济学分析、语言动态发展的经济学分析以及博弈论在语言学中的应用等问题。本书中提到的"语言距离"的理论背景就涉及广义语言经济学的内容。

---

① 张卫国：《语言的经济学分析：一个基本框架》，中国社会科学出版社2016年版，第19—20页。
② 张卫国、刘国辉：《中国语言经济学研究述略》，《语言教学与研究》2012年第6期。
③ Francois Grin, "The Economics of Language: Survey, Assessment, and Prospects", *International Journal of the Sociology of Language*, Vol. 1996, No. 121, 1996, pp. 17-44, 转引自张卫国《语言的经济学分析：一个基本框架》，中国社会科学出版社2016年版，第19页。
④ 张卫国：《语言的经济学分析：一个综述》，《经济评论》2011年第4期。
⑤ 张卫国：《语言的经济学分析：一个基本框架》，中国社会科学出版社2016年版，第21—22页。

(二) 文化经济学

与语言经济学相似,文化经济学也是经济学的一门分支学科,"从经济范畴的角度出发,采用一般经济学的基本理论、原则和方法考察文化的经济性和蕴涵的经济逻辑,以揭示文化经济活动的特征、变化趋势和客观规律"①。从这一层面来说,语言经济学的基本概念、范畴和研究内容是一般经济学的延伸和拓展。

然而,在相当长的一段时间里,文化因素很少被经济学家关注,一方面是因为文化的定义在经济学中很难有统一的界定,内涵和外延很难达成共识;另一方面由于文化因素难以量化指标,致使目前各类相关的文化数据集和数据库普遍存在局限。随着时代的发展,世界各国因传统文化特性呈现出对现代经济的不同适应能力,并因此不断出现国家之间或地区之间的经济差距问题,"到20世纪90年代,针对文化对经济学影响的严谨分析才开始进入主流经济学的视野"②。

梁碧波认为,文化经济学在其发展进程中,实际上形成了"广义文化经济学"和"狭义文化经济学"两种边界清晰的学科方向。③ 这一点与语言经济学相似,也分别有不同的表述。广义的文化经济学应表述为"Cultural Economics",在研究中文化因素被当作影响经济活动的重要变量,用以探讨文化经济行为以及经济绩效的影响模式和影响效应;狭义的文化经济学则应表述为"Economics of Culture",主要是对文化产业、文化产品和文化市场的经济学分析。本书中的价值观差异等内容就是基于广义文化经济学的理论背景而提出的。

(三) 制度经济学

新制度经济学产生于20世纪60年代,目前已成为西方经济学中一个颇有影响的理论分支。在新制度经济学中,"制度作为经济社会发展的内生变量,利用正统经济理论分析制度的构成和运行,去发现

---

① 张来春、许明:《文化经济学论纲》,《学术界》2007年第6期。
② 张川川、李涛:《文化经济学研究的国际动态》,《经济学动态》2015年第1期。
③ 梁碧波:《文化经济学:两种不同的演进路径》,《学术交流》2010年第6期。

这些制度在经济体系运行中的地位和作用"①。

与传统的国际贸易理论侧重分析生产成本的情况不同，新制度经济学立足于新古典经济学（如稀缺、竞争等理论），把交易成本的降低看作比较优势的来源，将制度作为经济社会发展的内生变量，引入经济学模型解释国际贸易现象，侧重于分析制度的性质及对经济活动的影响，以增加经济理论的解释力和加强学科之间理论共识的流动性。从某种程度上讲，新制度经济学是把旧制度经济学倡导的制度分析和新古典经济学范式相融合的结果。② 目前，新制度经济学更侧重分析研究正式制度，但实际上，多数新兴经济体国家的制度建设相对落后，其相关交易制度的发展并未成熟，因而非正式制度起到了十分重要的作用③，具体表现在价值信念、伦理道德、风俗习惯、意识形态等方面。本书中基于语言、价值观等因素构建的非正式制度距离指标体系正是建立于制度经济学的理论基础之上。

二　跨学科取向

语言经济学、文化经济学除了语言学、文化学分别与经济学进行了学科交叉和融合之外，语言经济学、文化经济学本身与制度经济学也有交叉，归根到底，是因为语言、价值观都是文化因素，同时兼具制度属性。在新制度经济学中，文化是形成非正式制度的根本因素，因此，语言、价值观因素同时也是非正式制度的范畴，这必然让语言经济学、文化经济学与制度经济学之间产生联系。

语言是一种社会制度安排④，但通过梳理语言经济学研究的发展脉络发现，在目前语言经济学理论所取得的成果中，极少有研究把语

---

① ［美］罗纳德·哈里·科斯：《论生产的制度结构》，盛洪、陈郁译校，上海三联书店1994年版，第347页。

② 孙涛：《新制度经济学与新经济社会学的比较及综合：交易组织制度分析》，博士学位论文，山东大学，2009年，第23页。

③ 黎轲：《对外投资动因、政治风险、制度距离与区位选择》，博士学位论文，北京邮电大学，2014年，第37页。

④ John R. Searle, "What is an Institution", *Journal of Institution Economics*, Vol.1, No.1, 2005, p.11.

言当作制度进行经济学分析,而在探寻制度对经济绩效影响的同时,也没有多少研究把语言这种"制度"进行深入分析。事实上,探究语言的制度属性应该是制度经济学和语言经济学共同关注的话题,这对于二者都具有重要的理论价值。[1]

新制度经济学是广义文化经济学的主要分析框架,在此框架下,正式制度因素、非正式制度因素均为影响经济绩效的重要变量,语言、文化和价值观等因素均包含在非正式制度范畴内。在全球化背景下,不同文化观念的相互开放、相互撞击和相互影响促进文化经济学不断繁荣发展,尤其到了20世纪80年代,随着新制度经济学的兴起,广义文化经济学也迎来了复兴,使得其自身出现了在分析框架上与新制度经济学相互融合的趋势。[2]

---

[1] 张卫国:《语言的经济学分析:一个基本框架》,中国社会科学出版社2016年版,第24页。

[2] 梁碧波:《文化经济学:两种不同的演进路径》,《学术交流》2010年第6期。

第三章 非正式制度距离视角下中国对中东出口与OFDI研究基础

当前与非正式制度距离对中国向中东国家出口贸易和直接投资影响直接相关的文献数量基本为零，非正式制度距离对经贸活动的影响、中国对中东国家的直接投资的相关也非常少见，但中国与中东国家经贸合作发展历程、文化距离和语言距离对经贸活动影响等国内外相关研究已形成一定规模，为本书奠定了较为坚实的研究基础。

第一节 中国与中东经贸合作发展研究的内容演进

作为两个很早就开始对外交往的地区，中国与中东地区之间经贸合作历史源远流长。现有研究内容中对历史上中阿经贸关系的梳理，最早可以追溯到唐朝及之前的贸易概况[①]。1955年万隆会议的召开，翻开了新中国与中东关系的新篇章，双边政治关系不断发展，经贸关系也得到了相应加强，尔后伴随着中国改革开放的深入推进，双边经贸关系取得了突飞猛进的发展。21世纪初，中阿合作论坛成立，促进中国与中东国家更加重视发展经贸合作关系，相关研究成果的数量和质量也同步提升。2014年中阿开始共建"一带一路"，双边经贸合

---

① 相关研究请参见郭应德《唐代中阿经济关系》，《阿拉伯世界》1994年第2期；高红梅：《唐以前中阿贸易关系概述》，《西北第二民族学院学报》（哲学社会科学版）2006年第3期；صادق جودة، العلاقات العربية الصينية أيام أسرة تانغ، دار يافا العلمية للنشر والتوزيع، 2014م.

作水平明显提高，相关研究成果呈"井喷式"发展。鉴于以往很多研究围绕中东当地的经济发展、中国与中东能源合作等经典议题开展过系统性梳理工作①，本书则重点以中国与中东国家经贸合作发展历程作为线索，进行相关成果梳理。

有关 21 世纪前的中国与中东国家经贸关系发展，现有研究立足于改革开放、90 年代等重要历史时段，对双边经贸发展特点进行回顾和总结②，并于 20 世纪不同时期对当时中国与中东大国的经贸关系发展的现状和前景进行梳理与分析③，尤其还对中国与沙特、阿联酋、埃及等中东大国的经贸合作给予了高度关注④。其中，《现代中阿经贸合作研究》是国内较早出版的系统性论述 21 世纪前中阿经贸合作的专著。⑤

进入 21 世纪，中国与中东国家经贸合作步入新的发展阶段，学

---

① 相关研究请参见孙德刚《中东经济研究综述》，载中国社会科学院西亚非洲研究所编《中国的中东非洲研究（1949—2010）》，社会科学文献出版社 2011 年版；孔炜莉、赵晓东：《中阿关系研究综述》，载王正伟主编《中国—阿拉伯国家经贸论坛理论研讨会论文集》（2010 第一辑），黄河出版传媒集团、宁夏人民出版社 2010 年版。

② 相关研究请参见肖宪《改革开放初期中国与中东国家经贸关系的发展》，《阿拉伯世界研究》2018 年第 5 期；张宁湘、许丹松：《九十年代中国与阿拉伯国家的经贸现状及前景》，《西亚非洲》1997 年第 4 期；جمال زهران, "العلاقات العربية الصينية في ظل أوضاع عالمية جديدة", في: مصطفى كامل السيد وصلاح سالم زرنوقة (محرران), العرب والنظام العالمي الجديد, مركز دراسات وبحوث الدول النامية، جامعة القاهرة، 1998م؛ جعفر كرار أحمد, "صناعة النفط والبتروكيماويات في الصين وانعكاساتها على العلاقات العربية الصينية", أوراق آسيوية, العدد 54, 2004م؛ عاطف سالم سيد الأهل, "العلاقات العربية-الصينية", في: صدقى عابدين وهدى متيكيس (محرران), العلاقات العربية-الآسيوية, مركز الدراسات الآسيوية, جامعة القاهرة, 2005م؛ شريف على إسماعيل عيسى, الطلب على النفط كمحدد للسياسة الخارجية الصينية تجاه الشرق الأوسط (1993-2005م), رسالة ماجستير, كلية الاقتصاد والعلوم السياسية بجامعة القاهرة، 2005م

③ 相关研究请参见陈宗德《中国—阿拉伯经济关系：现状与前景》，《西亚非洲》1987 年第 4 期；苑勤：《中国与中东国家经贸关系的现状与发展前景》，《亚非纵横》1994 年第 1 期；伊斯梅尔·尤素夫：《发展阿中经贸合作关系的构想及建议》，《西亚非洲》1997 年第 2 期。

④ 相关研究请参见［沙特］哈利德·卡拉什《沙特的经济政策与沙中经贸合作》，《西亚非洲》1995 年第 6 期；安宝钧：《阿联酋市场及中阿经贸关系》，《西亚非洲》1996 年第 6 期；孙玉琴：《中国与以色列经贸关系的发展》，《国际商务》（对外经济贸易大学学报）1997 年第 4 期；王利平：《中埃经贸关系回顾与展望》，《外交学院学报》2000 年第 1 期增刊。

⑤ 王有勇：《现代中阿经贸合作研究》，上海外语教育出版社 2004 年版。

第三章 非正式制度距离视角下中国对中东出口与 OFDI 研究基础

界积极开展对 21 世纪中国与中东国家之间经贸发展趋势进行预测[①]。2004 年，中国—阿拉伯国家合作论坛成立，开拓了中国与中东国家经贸关系发展的新局面，更引发了学界对论坛框架下中阿经贸合作发展现状与前景的关注[②]，深化了对双边经贸合作中已有问题的思考[③]，并对海湾国家的关注度持续上升[④]。在中阿合作论坛成立十周年之际，学界聚焦双边经贸合作成就进行阶段性总结[⑤]。尔后，2010 年中阿经贸论坛启动，并于 2013 年起正式更名为"中国—阿拉伯国家博览会"，中阿经贸论坛框架下的双边经贸关系的发展备受学界关注。自 2011 年

---

① 相关研究请参见马青《展望 21 世纪中阿经贸协作前景》，《阿拉伯世界》2000 年第 2 期；王健、周国建：《试论 21 世纪中国与中东经贸关系》，《阿拉伯世界》2001 年第 2 期；穆罕默德·阿卜杜·瓦哈布·萨基特、陈万里：《关于 21 世纪阿拉伯与中国的合作》，《阿拉伯世界》2005 年第 3 期；سامية حبيب، آفاق العلاقات العربية - الصينية في القرن الحادي والعشرين، مجلة العربي، العدد546، 2004.

② 相关研究请参见姚匡乙《抓住机遇，开拓中国与阿拉伯国家关系的新局面》，《阿拉伯世界》2005 年第 5 期；虞卫东：《中国与中东地区国家经贸合作现状和前景分析》，《世界经济研究》2006 年第 12 期；王联：《中国与中东国家的经贸关系》，《国际问题研究》2008 年第 4 期；مغاوري شلبي علي، "الصين والتجارة الدولية... من التنافس إلى الاعتماد المتبادل"، مجلة السياسة الدولية، العدد173، 2008م؛ هدى ميتيكس، "الصعود الصيني... التجليات والمحاذير"، مجلة السياسة الدولية، العدد167، 2007م.

③ 相关研究请参见王猛《中国参与中东经济事务的全球视角分析》，《阿拉伯世界研究》2007 年第 4 期；罗晓裴、邹建华：《中国与中东地区经贸合作问题及其对策分析》，《改革与战略》2011 年第 8 期；钱学文：《中阿经贸合作的深化与发展》，《阿拉伯世界研究》2011 年第 2 期；顾正龙：《"中阿合作论坛"框架下的中阿合作范式研究》，《阿拉伯世界研究》2011 年第 1 期；王猛：《中阿经贸的发展与问题》，《宁夏社会科学》2012 年第 3 期；潘旭明：《中国与中东国家经贸关系：现状与对策》，《理论视野》2013 年第 11 期。

④ 相关研究请参见叶文楼《中国与海湾六国经贸关系的现状与前景》，《国际贸易问题》2001 年第 10 期；刘璇：《中国与海湾六国的经贸关系现状与前景分析》，《阿拉伯世界》2005 年第 2 期；علي حسين باكير، "نحو علاقات صينية - خليجية استراتيجية"، آراء حول الخليج، العدد18، 2006م؛ أرش مهرمنش مردك، "الفرص والتحديات في علاقات ايران والصين"، مختارات ايرانية، العدد88، 2008م؛ محمد بن هويدن، "محددات السياسة الخارجية الصينية تجاه منطقة الخليج العربي"، المجلة العربية للعلوم السياسية، 2008م؛ بسمة عبد المحسن، قراءة في العلاقات الخليجية الصينية، مركز حمورابي للبحوث والدراسات الاستراتيجية، 2014م؛ عبد العزيز بن عثمان بن صقر، "دول الخليج والصين: المصالح والتحديات"، آراء حول الخليج، العدد133، 2019م؛ زينب عبد الله منكاش، "السياسة الخارجية الصينية تجاه دول الخليج العربي: السعودية أنموذجا"، قضايا سياسية، العدد 58، 2019م؛ محمد غانم الرميحي، "العلاقات الخليجية الصينية وآفاقها: دول الخليج تستفيد اقتصاديا مع الصين لكن لا تستبدل العلاقات الاستراتيجية مع الغرب"، آراء حول الخليج، العدد165، 2021م.

⑤ 相关研究请参见加法尔·卡拉尔·艾哈迈德、包澄章《中阿合作论坛的成就及发展趋势》，《阿拉伯世界研究》2014 年第 3 期；穆罕默德·努曼·贾拉勒、包澄章：《"中阿合作论坛"的成就、挑战与前景》，《阿拉伯世界研究》2014 年第 2 期；姚匡乙、马丽蓉主编：《丝路新篇——中阿合作论坛十周年论文集》，世界知识出版社 2014 年版。

至今,《中阿经贸关系发展进程年度报告》是目前国内唯一的专门论述中阿经贸关系发展的连续出版物。① 同时需要提及的是,21世纪头十年,阿拉伯地区分别于2003年和2010年爆发了伊拉克战争和"中东剧变",两次重大动荡均触发学者对中阿经贸合作现状的担忧和前景的思考②。

2013年,"一带一路"倡议提出后,共建"一带一路"成为深化中阿合作的新动力。中阿双方加强对接,促进常态化合作机制不断深入,为双边经贸关系发展创造有利契机。据此,"一带一路"背景下中国与中东国家经贸合作之现状、挑战与展望的相关研究不断涌现③,

---

① 已公开发行的相关报告请参见林桂军主编《中国—阿拉伯国家经贸论坛中阿经贸关系发展进程2011年度报告》,黄河出版传媒集团、宁夏人民出版社2011年版;林桂军主编:《中国—阿拉伯国家经贸论坛中阿经贸关系发展进程2012年度报告》(中文版),黄河出版传媒集团、宁夏人民出版社2013年版;林桂军主编:《中国—阿拉伯国家博览会中阿经贸关系发展进程2013年度报告:迈向一体化的中海合作》(中文版),黄河出版传媒集团、宁夏人民出版社2014年版;杨言洪、林桂军主编:《中国—阿拉伯国家博览会中阿经贸关系发展进程2014年度报告》,黄河出版传媒集团、宁夏人民出版社2015年版;金忠杰主编:《中阿经贸关系发展进程2017年度报告》,社会科学文献出版社2019年版;金忠杰主编:《中阿经贸关系发展进程2018年度报告》,社会科学文献出版社2019年版;中国—阿拉伯国家博览会秘书处编:《中阿经贸关系发展进程2019年度报告》,社会科学文献出版社2020年版;中国—阿拉伯国家博览会秘书处编:《中阿经贸关系发展进程2020年度报告》,社会科学文献出版社2021年版;王广大主编:《中阿经贸关系发展进程2021年度报告》,社会科学文献出版社2022年版。以上报告汇总转引自杨子实《"嵌入式互动":中阿博览会与对阿经贸合作机制研究》,博士学位论文,宁夏大学,2022年,第17页。

② 相关研究请参见周国建《战后中东市场潜力及经贸合作前景》,《阿拉伯世界》2003年第6期;唐宝才:《对伊拉克战争后中国与中东经贸关系的思考》,《阿拉伯世界研究》2006年第3期;杨福昌:《中东局势动荡及其对中阿经贸关系的影响》,《阿拉伯世界研究》2011年第5期;钱学文:《中东剧变对中国海外利益的影响》,《阿拉伯世界研究》2012年第6期。

③ 相关研究请参见韩永辉、邹建华《"一带一路"背景下的中国与西亚国家贸易合作现状和前景展望》,《国际贸易》2014年第8期;姜英梅:《中国——中东经贸合作要有新思路》,《世界知识》2016年第5期;王是业:《新形势下与海合会国家开展"一带一路"经贸合作的基础、机遇和挑战》,《国际论坛》2017年第4期;Mohamed Hamchi, "The Political Economy of China-Arab Relations: Challenges and Opportunities", *Contemporary Arab Affairs*, Vol. 10, No. 4, 2017, pp. 577-595; 杨言洪、田冉冉:《"一带一路"倡议背景下中国与阿拉伯国家经贸合作研究》,《国际商务》(对外经济贸易大学学报)2018年第3期; Jonathan Fulton, "China-Saudi Arabia Relations Through the '1+2+3' Cooperation Pattern", *Asian Journal of Middle Eastern and Islamic Studies*, Vol. 14, No. 4, 2020, pp. 516-527; أحمد السيد النجار، مصر والعرب ومبادرة الحزام والطريق: مستقبل النموذج الصيني، دار ابن رشد، 2018م؛ بكر البدور وإلخ، اتجاهات تطور العلاقات العربية- الصينية، مركز دراسات الشرق الأوسط، 2019م؛ تشين مو، "العلاقات الاقتصادية الخليجية: أربعة مقومات للتعاون وخمسة عوامل جاذبة للصين"، آراء حول الخليج، العدد133، 2019م

◆ 第三章 非正式制度距离视角下中国对中东出口与OFDI研究基础 ◆

双边投资合作①、农业贸易合作②、金融合作③、文化经贸④等研究内容在原有基础上增多。值得一提的是，随着国际问题研究与经济学之间的互动增加，学界对中国与中东国家经贸合作影响因素的观察更加入微，探究方法也更多借助社会科学研究方法。⑤

综上，中阿经贸关系研究紧跟时代发展，与国家战略密切相关；研究成果丰富，国内研究多于国外研究，并且呈现动态发展趋势，虽然其数量和质量都不断提升，但仍然存在较大研究空间。第一，现有研究成果多以论文形式呈现，具有系统性、全面性、代表性的著作稀缺。第二，中国与中东国家贸易互补性强，特征差异明显，但目前以描述中国与中东地区（或阿拉伯地区）整体性经贸合作现状的论述性文献居多，并且多以能源合作为主要内容，难免存在对象国样本缺乏针对性、研究问题还不够具化等问题，因而有关中国与中东国家经贸合作中所涉及的其他具体议题还有待深入挖掘，双边相互间单向经

---

① 相关研究请参见王晓宇《"一带一路"倡议下阿拉伯国家投资环境分析》，《对外经贸实务》2019年第5期；文巍、吴昊：《"一带一路"背景下阿拉伯国家投资环境研究》，《阿拉伯世界研究》2020年第5期。

② 相关研究请参见王瑛《"一带一路"与中国对海合会的农产品与食品出口》，《阿拉伯世界研究》2015年第4期；杨韶艳：《中国对阿拉伯国家农产品贸易发展研究》，中国财经出版传媒集团、经济科学出版社2019年版；张帅：《中阿合作论坛框架下的农业合作：特征、动因与挑战》，《西亚非洲》2020年第6期。

③ 相关研究请参见马琴《"一带一路"视域下中阿金融合作初探》，《改革与战略》2019年第10期；吴佳茗、李蕊：《中国与海合会国家金融合作的问题及对策分析》，《阿拉伯世界研究》2019年第3期。

④ 相关研究请参见何玉江《中国与阿拉伯国家文化经贸合作现状及其对策》，《宁夏社会科学》2011年第1期；王海文：《提升中国在阿拉伯国家文化软实力的贸易路径研究》，《国际贸易》2015年第1期。

⑤ 相关研究请参见杨言洪、王晓宇《中国与中东"语言互通"贸易价值研究与人才培养启示》，《山东师范大学学报》（人文社会科学版）2018年第6期；王晓宇、杨言洪：《区域国别视角下语言距离对中国向西亚北非出口贸易的影响及潜力分析》，《上海对外经贸大学学报》2019年第2期；杨韶艳、李娟：《技术性贸易壁垒对中国和海合会建立自贸区的经济影响——基于GTAP模型的模拟研究》，《亚太经济》2019年第5期；王晓宇、杨言洪：《非正式制度距离对我国对中东直接投资影响研究》，《投资研究》2019年第11期；王晓宇：《"一带一路"背景下制度距离对我国向中东和北非出口贸易影响研究》，《国际商务研究》2020年第1期；جاكلين أرميجو، الصين والخليج: الآثار الثقافية لتسارع العلاقات الاقتصادية بين الطرفين، آراء حول الخليج، العدد 133، 2019م.

贸交流活动等研究问题还需要进一步引起关注。第三，随着区域国别研究的兴起，学科交叉融合创新愈发成熟，但中国与中东国家经贸合作研究领域跨学科研究和实证研究有待提升。本书通过分析该领域研究者专业方向发现，已有成果中论述性文献的作者群以外语、中东学、国际政治等学科背景的研究者居多，实证研究的作者则基本都是经济研究领域学者。实证研究数量少这一实际情况进一步说明了中东地区是经济学研究领域中常被忽视的研究对象，而外语、区域国别研究、国际政治等方向研究需要在实证方法上加以侧重。

第二节　制度距离对出口贸易和对外投资影响研究

不管是正式制度环境中的政治经济政策，还是非正式环境中的文化体系，都对社会发展产生影响，而这种影响往往会通过直接或间接的手段导致消费者偏好的转变[①]，进而影响贸易与投资活动。为降低外贸和投资中的不确定性风险，以及交易成本和违约的可能性，提高制度治理水平和制定合理的制度安排是最佳途径。另外，如果贸易或投资双方具有相近或相似的政策制度，即便发生违约情况，政策相似性对于双方快速解决争端，维护贸易与投资活动的稳定发展也将大有裨益。

一　制度距离对出口贸易影响研究

一般观点认为，制度距离对双边贸易产生阻碍作用，这一结论得到国内外多数文献的证实。国外研究中，魏尚进选取经合组织（OECD）国家作为样本，研究发现制度差异与 OECD 成员国之间贸易存在负向影响，导致成员国之间贸易不平衡。[②] 德格鲁特等人通过

[①] 周小亮、笪贤流：《效用、偏好与制度关系的理论探讨——反思消费者选择理论偏好稳定之假设》，《学术月刊》2009 年第 1 期。

[②] Shangjin Wei, "Local Corruption and Global Capital Flows", *Brookings Papers on Economic Activity*, No. 2, 2000, pp. 303-354.

第三章 非正式制度距离视角下中国对中东出口与 OFDI 研究基础

研究制度同质性对国际贸易的影响发现，国家间制度框架的接近有助于减少贸易摩擦。① 安特拉斯研究发现，跨国间制度不对等会在国际贸易中产生额外摩擦，进而导致贸易成本增加。② 安格南德和邱明斌在得出制度距离对贸易规模产生负向影响的结论后进一步发现，制度距离的不同方面对贸易规模的影响存在差异。③ 国内研究中，潘镇利用 153 个国家样本数据研究了制度距离对双边贸易的影响，发现货币政策、贸易政策等差异制约了双边贸易的开展。④ 魏浩等人基于 31 个发展中国家样本数据，实证考察制度因素与对外贸易的影响关系，结果表明制度差异会加剧贸易成本和抑制贸易往来。⑤ 黄新飞等人以全球 146 个国家为研究对象，通过样本间两两组合研究发现，制度距离是导致国家之间发展水平差异的根本因素；较大的制度距离会增加双边经济发展的差距，阻碍双边贸易的发展。⑥ 在与中国贸易经验相关的研究中，胡超和王新哲通过研究中国与东盟 7 国之间制度环境差异对双边贸易的影响发现，缩小制度距离会促进双边贸易，并推动双边区域经济一体化迈入更高阶段。⑦ 万伦来和高翔通过研究 32 个国家和地区进出口贸易影响因素发现，制度距离对中国的进出口贸易具有阻碍作用。然而，也有研究得出相反结论。⑧ 谢孟军研究发现，跨国公司在选择制度质量较高对象国的基础上会倾向于制度距离较大的国家

---

① Henri L. F. de Groot, Gert-Jan Linders, Piet Rietveld, Uma Subramanian, "The Institutional Determinants of Bilateral Trade Patterns", *Kyklos*, Vol. 57, No. 1, 2004, pp. 103-124.

② Pol Antràs, "Incomplete Contracts and the Product Cycle", *The American Economic Review*, Vol. 95, No. 4, 2005, pp. 1054-1073.

③ Apanard Penny Angkinand, Eric M. P. Chiu, "Will Institutional Reform Enhance Bilateral Trade Flows? Analyses from Different Reform Aspects", *Journal of Economic Policy Reform*, Vol. 14, No. 3, 2011, pp. 243-258.

④ 潘镇：《制度质量、制度距离与双边贸易》，《中国工业经济》2006 年第 7 期。

⑤ 魏浩、何晓琳、赵春明：《制度水平、制度差距与发展中国家的对外贸易发展——来自全球 31 个发展中国家的国际经验》，《南开经济研究》2010 年第 5 期。

⑥ 黄新飞、舒元、徐裕敏：《制度距离与跨国收入差距》，《经济研究》2013 年第 9 期。

⑦ 胡超、王新哲：《中国—东盟区域经济深度一体化——制度环境与制度距离的视角》，《国际经贸探索》2012 年第 3 期。

⑧ 万伦来、高翔：《文化、地理与制度三重距离对中国进出口贸易的影响——来自 32 个国家和地区进出口贸易的经验数据》，《国际经贸探索》2014 年第 5 期。

或地区出口。① 李文宇和刘洪铎以"一带一路"沿线 62 个国家为样本，从经济、制度等多维距离视角研究发现，中国与制度差异较大国家之间的贸易规模更大。② 除以上研究得出制度距离与国际贸易活动存在单向线性关系的结论外，贝格尔斯迪克等人研究发现，制度距离对国际贸易影响呈倒 U 型关系。③

二 制度距离对 OFDI 影响研究

基于对发达国家对外直接投资经验的分析，现有文献比较支持交易成本理论，理由是较小的制度距离能够减少对外投资活动中的各种风险④，所以发达母国对外直接投资更倾向于流向那些制度质量高且与自身制度差异小的东道国家或地区⑤。然而，新兴经济体或发展中国家的对外直接投资对东道国与母国之间的制度差异反应则不尽相同⑥，制度距离对中国对外直接投资影响也没有统一的结论，有研究

---

① 谢孟军：《出口抑或对外投资——基于制度距离的视角》，《国际商务》（对外经济贸易大学学报）2015 年第 6 期。

② 李文宇、刘洪铎：《多维距离视角下的"一带一路"构建——空间、经济、文化与制度》，《国际经贸探索》2016 年第 6 期。

③ Sjoerd Beugelsdijk, Henri de Groot, Gert-Jan Linders, Arjen Slangen, "Cultural Distance, Institutional Distance and International Trade", *ERSA Conference Papers*, 44th Congress of the European Regional Science Association: Regions and Fiscal Federalism, 2004.

④ Desislava Dikova, Padma Rao Sahib, Arjen Van Witteloostuijn, "Cross-border Acquisition Abandonment and Completion: The Effect of Institutional Differences and Organizational Learning in The International Business Service Industry, 1981 - 2001", *Journal of International Business Studies*, Vol. 41, No. 2, 2010, pp. 223-245.

⑤ 相关研究请参见 Mohsin Habib, Leon Zurawicki, "Corruption and Foreign Direct Investment", *Journal of International Business Studies*, Vol. 33, No. 2, 2002, pp. 291 - 307; Fathi A. Ali, Norbert Fiess, Ronald MacDonald, "Do Institutions Matter for Foreign Direct Investment?", *Open Economies Review*, Vol. 21, No. 2, 2010, pp. 201 - 219; Mariya Aleksynska, Olena Havrylchyk, "FDI from the South: The Role of Institutional Distance and Natural Resources", *European Journal of Political Economy*, Vol. 29, 2013, pp. 38-53.

⑥ 相关研究请参见 Bonnie G. Buchanan, Quan V. Le, Meenakshi Rishi, "Foreign Direct Investment and Institutional Quality: Some Empirical Evidence", *International Review of Financial Analysis*, Vol. 21, 2012, pp. 81-89; Cristina Jude, Gregory Levieuge, "Growth Effect of Foreign Direct Investment in Developing Economies: The Role of Institutional Quality", *World Economy*, Vol. 40, No. 4, 2017, pp. 715-742.

◈ 第三章 非正式制度距离视角下中国对中东出口与OFDI研究基础 ◈

表明造成这种差异的主要原因是东道国发达程度的不同[①]。国内大多数研究发现，中国与东道国之间的制度距离对投资活动起阻碍作用[②]，而蒋冠宏和蒋殿春、岳咬兴和范涛的研究通过分析制度距离对中国与发展中国家之间、中国与亚洲国家之间对外直接投资活动的影响发现，制度差异促进对外直接投资活动[③]。除上述"制度逃逸论"和"制度亲近论"两种常见结论之外还有研究得出"二元论"。比如，冀相豹通过研究表明，中国对外直接投资倾向于制度因素越好的发达国家和制度因素越差的发展中国家。[④] 杜江和宋跃刚以OECD国家作为研究样本分析发现，中国对外直接投资主要流向比自身制度质量好且与自身制度距离较大的OECD国家，以及比自身制度质量差且与自身制度距离较小的非OECD国家。[⑤] 相较而言，对外投资问题比国际贸易问题更加微观和具体，除了对投资流量产生影响外，制度距离还对跨国投资的区位选择[⑥]、海外进入模式[⑦]及社会责

[①] Yuanfei Kang, Fuming Jiang, "FDI Location Choice of Chinese Multinationals in East and Southeast Asia: Traditional Economic Factors and Institutional Perspective", *Journal of World Business*, Vol. 47, No. 1, 2012, pp. 45-53.

[②] 相关研究请参见 Dean Xu, Yigang Pan, Paul W. Beamish, "The Effect of Regulative and Normative Distances on MNE Ownership and Expatriate Strategies", *Management International Review*, Vol. 44, No. 3, 2004, pp. 285-307；潘镇、殷华方、鲁明泓：《制度距离对于外资企业绩效的影响———项基于生存分析的实证研究》，《管理世界》2008年第7期；阎大颖：《制度距离、国际经验与中国企业海外并购的成败问题研究》，《南开经济研究》2011年第5期；李平、孟寒、黎艳：《双边投资协定对中国对外直接投资的实证分析——基于制度距离的视角》，《世界经济研究》2014年第12期；谢孟军：《出口抑或对外投资——基于制度距离的视角》，《国际商务》（对外经济贸易大学学报）2015年第6期。

[③] 相关研究请参见蒋冠宏、蒋殿春《中国对发展中国家的投资——东道国制度重要吗？》，《管理世界》2012年第11期；岳咬兴、范涛：《制度环境与中国对亚洲直接投资区位分布》，《财贸经济》2014年第6期。

[④] 相关研究请参见冀相豹《中国对外直接投资影响因素分析——基于制度的视角》，《国际贸易问题》2014年第9期；谢孟军：《出口抑或对外投资——基于制度距离的视角》，《国际商务》（对外经济贸易大学学报）2015年第6期。

[⑤] 杜江、宋跃刚：《制度距离、要素禀赋与我国OFDI区位选择偏好——基于动态面板数据模型的实证研究》，《世界经济研究》2014年第12期。

[⑥] 杨亚平、高玥：《"一带一路"沿线国家的投资选址——制度距离与海外华人网络的视角》，《经济学动态》2017年第4期。

[⑦] 周经、张利敏：《制度距离、强效制度环境与中国跨国企业对外投资模式选择》，《国际贸易问题》2014年第11期。

任履行①等方面产生影响。

综上，国内外制度距离相关研究普遍忽视非正式制度因素的作用，即使少数研究考虑到非正式制度因素，常见做法是将文化距离作为其代理变量，或引入是否同一语言、宗教等虚拟变量，却忽略了这些变量是否具有制度属性这一重要特征，也极少有研究对非正式制度距离维度指标进行解释与论述。此外，国内已有研究多以世界贸易大国或中国重要贸易对象国作为研究对象，很少以具有相似文化环境、地缘政治等特征的地区（如中东地区）作为研究样本。

三 非正式制度距离对国际贸易与投资影响研究

前文提到，现有研究大多关注正式制度距离，只有少数研究综合考虑了非正式制度的影响，而且专门聚焦非正式制度对中国直接投资影响的文献非常少，其主要原因一方面是因为非正式制度的内涵和外延难以达成共识，另一方面在于，文化因素是构成非正式制度的重要成分，但难以对其进行标准量化处理。分析发现，在对非正式制度距离的处理上，相关研究将非正式制度距离突出刻画为文化距离，比如阿莱西纳和朱利安诺甚至将非正式制度等同于文化②。怀特和塔德斯、兰奎岑等、祁春凌和邹超、冯德连和施亚鑫、吉生保等在研究中采用文化距离代表非正式制度距离③，余壮雄和付利、刘双芹和李敏燕基于斯科特的三分法，采用规范制度距离作为非正式制度

---

① 相关研究请参见冯鹏程、夏占友《跨国公司在华社会责任研究：基于制度视角》，《国际经济合作》2009年第10期；肖红军：《相关制度距离会影响跨国公司在东道国的社会责任表现吗?》，《数量经济技术经济研究》2014年第4期。

② Alberto Alesina, Paola Giuliano, "Culture and Institutions", *Journal of Economic Literature*, Vol. 53, No. 4, 2015, pp. 898-944.

③ 相关研究请参见 Roger White, Bedassa Tadesse, "Cultural Distance and the US Immigrant-Trade Link", *World Economy*, Vol. 31, No. 8, 2008, pp. 1078-1096; Maureen Lankhuizen, Henri L. F. de Groot, Gert-Jan M. Linders, "The Trade-off between Foreign Direct Investments and Exports: The Role of Multiple Dimensions of Distance", *World Economy*, Vol. 34, No. 8, 2011, pp. 1395-1416；祁春凌、邹超：《东道国制度质量、制度距离与中国的对外直接投资区位》，《当代财经》2013年第7期；冯德连、施亚鑫：《四维距离视角下中国对"一带一路"国家直接投资研究》，《江淮论坛》2018年第5期；吉生保、李书慧、马淑娟：《中国对"一带一路"国家OFDI的多维距离影响研究》，《世界经济研究》2018年第1期。

距离的代理变量①。在研究结论上，大多数研究采用文化距离作为非正式制度距离的代理变量，发现非正式制度距离与出口贸易和对外直接投资存在负向关系。

第三节 文化距离对出口贸易和对外投资影响研究

国际贸易网络必然会嵌入各国独特的民族文化，其中语言、风俗习惯、宗教信仰等都是典型的民族文化符号。一般认为，基于相似或者相同的民族文化更容易拉近各国人民之间的交流距离，促使贸易活动更加通畅，也更容易体察目的国市场的消费偏好，而各方建立在文化认同基础上的贸易活动经过不断重复，可逐步形成具有稳定性和扩展性的贸易网络。

"文化距离"由荷兰学者霍夫斯坦德于1979年首次提出②，之后这个概念在国际商务和国际贸易研究领域中得到广泛使用。一般而言，文化距离对经贸活动的影响基本分为三种情况。

一是文化阻力论观点，该观点认为文化距离阻碍出口贸易和对外投资活动。究其原因，主要是因为文化差异的扩大不利于建立基本的信任关系③，导致经贸交往中产生"文化折扣"和贸易成本，从而阻碍了国际贸易的开展。具体地，张世真和罗森茨韦格（Chang & Rosenzweig）研究发现，文化差异对企业首次进入某个东道国市场起阻碍作用。④ 德索萨和佩里提科研究发现，文化相似性可以促进企业

---

① 相关研究请参见余壮雄、付利《中国企业对外投资的区位选择：制度障碍与先行贸易》，《国际贸易问题》2017年第11期；刘双芹、李敏燕：《制度距离对中国OFDI区位选择的影响》，《河海大学学报》（哲学社会科学版）2018年第1期。

② [荷] Geert Hofstede：《文化之重：价值、行为、体制和组织间的跨国比较》（第二版），许力生导读，上海外语教育出版社2008年版，第245页。

③ M. Neal, *The Culture Factor: Cross-national Management and Foreign Venture*, Hound Mills: Mac Millan Press, 1998, p.245.

④ Sea-Jin Chang, Philip M. Rosenzweig, "The Choice of Entry Mode in Sequential Foreign Direct Investment", *Strategic Management Journal*, Vol.22, No.8, 2001, pp.747-776.

对外投资。① 怀特和塔德斯研究发现不同文化背景增加了贸易往来的难度从而起到抑制作用。② 费尔伯迈尔和图巴尔、周敏通过研究发现，文化同质性是决定双边贸易流量的一个重要因素。③ 齐建荟等人研究表明，中国的 FDI 大多流向和中国具有相似文化的国家。④ 另有部分文献专门研究了文化距离对文化贸易的影响，发现文化交流有利于双边文化贸易关系的深入发展，其研究同样支持文化阻力论观点⑤。

二是文化引力论观点，该观点认为文化差异促进出口贸易和对外投资活动。拉里莫研究发现，文化差异的扩大导致生产厂商组织和管理模式差距的增大，因而针对文化差异较大的国家，厂商更愿意选择出口贸易而非直接投资。⑥ 兰奎岑等人、贝里安特和富士田认为文化多样性带来消费和需求的多样性，从而促进贸易交易。⑦ 国内相同结

---

① Clare D'Souza, Roman Peretiatko, "Cultural Impact on Investment Destination Choice of US-multinational Corporations in Australia", *Cross Cultural Management*, Vol. 12, No. 3, 2005, pp. 14-31.

② 相关研究请参见 Roger White, Bedassa Tadesse, "Immigrants, Cultural Distance and U. S. State-level Exports of Cultural Products", *The North American Journal of Economics and Finance*, No. 3, 2009, pp. 331-348; Bedassa Tadesse, Roger White, "Does Cultural Distance Hinder Trade in Goods? A Comparative Study of Nine OECD Member Nations", *Open Economies Review*, Vol. 21, No. 2, 2010, pp. 237-261.

③ 相关研究请参见 Farid Toubal, Gabriel J. Felbermayr, "Cultural Proximity and Trade", *European Economic Review*, Vol. 54, No. 2, 2010, pp. 279-293; Min Zhou, "Intensification of Geo-cultural Homophily in Global Trade: Evidence from the Gravity Model.", *Social Science Research*, Vol. 40, No. 1, 2011, pp. 193-209.

④ J. Qi, Y. Zhao, Z. Zhang, "An Empirical Study of the Impacts of Geographic and Cultural Distance on Chinese ODI", *21st International Congress on Modelling and Simulation* (MODSIM 2015), 2015, pp. 1119-1125.

⑤ 相关研究请参见许陈生、程娟《文化距离与中国文化创意产品出口》，《国际经贸探索》2013 年第 11 期；曲如晓、杨修、刘杨：《文化差异、贸易成本与中国文化产品出口》，《世界经济》2015 年第 9 期；刘洪铎、李文宇、陈和：《文化交融如何影响中国与"一带一路"沿线国家的双边贸易往来——基于 1995—2013 年微观贸易数据的实证检验》，《国际贸易问题》2016 年第 2 期。

⑥ Jorma Larimo, "Form of Investment by Nordic Firms in World Markets", *Journal of Business Research*, No. 10, 2003, pp. 791-803.

⑦ 相关研究请参见 Maureen Lankhuizen, Henri L. F. de Groot, Gert-Jan M. Linders, "The Trade-off between Foreign Direct Investments and Exports: The Role of Multiple Dimensions of Distance", *World Economy*, Vol. 34, No. 8, 2011, pp. 1395-1416; Marcus Berliant, Masahisa Fujita, "The Dynamics of Knowledge Diversity and Economic Growth", *Southern Economic Journal*, No. 4, 2011, pp. 856-884.

第三章 非正式制度距离视角下中国对中东出口与 OFDI 研究基础

论的研究对此解释为，文化差异增加文化互补，通过刺激对异国文化的兴趣而驱动贸易往来。[1]

除以上正反两种结论，还有少数研究发现文化差异与国际经贸活动存在非线性关系，如兰奎岑和德格鲁特得出，两个国家文化距离有一个门槛值，低于门槛值时，两国的文化距离越小，越有利于贸易增长；高于门槛值时，两国的国际贸易随文化距离增加而减少。[2] 阚大学和罗良文、綦建红等人分别得出文化差异与中国的对外贸易、对外直接投资呈倒 U 型关系。[3] 殷华方和鲁明泓研究发现文化距离与中国对外直接投资呈 S 型的非线性关系。[4] 田晖和蒋辰春研究发现，文化差异对中国贸易存在双重影响，作为整体变量时文化距离存在着负面影响，但部分文化因素（如权力维度）对中国的对外贸易具有正面影响。[5]

值得一提的是，文化阻力论和文化引力论的分歧，更多体现在中国的文化贸易出口领域。比如，臧新等人研究发现，文化距离阻碍中国文化产品贸易出口[6]，而曲如晓和韩丽丽研究发现，文化距离以及共同语言的使用会促进中国文化商品的出口[7]。另外，还有一些研究发现，总体上文化距离对文化创意产品出口产生阻碍作用，但深入分析文化距离的不同维度以及进口国的特征时，文化距离的影响呈非线

---

[1] 相关研究请参见曲如晓、韩丽丽《中国文化商品贸易影响因素的实证研究》，《中国软科学》2010 年第 11 期；隋月红：《文化差异对国际贸易的影响：理论与证据》，《山东工商学院学报》2011 年第 2 期。

[2] Maureen B. M. Lankhuizen, Henri L. F. de Groot, "Cultural Distance and International Trade: A Non-linear Relationship", *Letters in Spatial and Resource Sciences*, Vol. 9, No. 1, 2016, pp. 19–25.

[3] 相关研究请参见阚大学、罗良文《文化差异与我国对外贸易流量的实证研究——基于贸易引力模型》，《中央财经大学学报》2011 年第 7 期；綦建红、李丽、杨丽：《中国 OFDI 的区位选择：基于文化距离的门槛效应与检验》，《国际贸易问题》2012 年第 12 期。

[4] 殷华方、鲁明泓：《文化距离和国际直接投资流向：S 型曲线假说》，《南方经济》2011 年第 1 期。

[5] 田晖、蒋辰春：《国家文化距离对中国对外贸易的影响——基于 31 个国家和地区贸易数据的引力模型分析》，《国际贸易问题》2012 年第 3 期。

[6] 臧新、林竹、邵军：《文化亲近、经济发展与文化产品的出口——基于中国文化产品出口的实证研究》，《财贸经济》2012 年第 10 期。

[7] 曲如晓、韩丽丽：《中国文化商品贸易影响因素的实证研究》，《中国软科学》2010 年第 11 期。

性关系。比如,许陈生和程娟研究发现,在高收入水平、非儒家文化圈以及文化国际化程度高的进口国或地区,文化距离存在显著的消极影响;相反,在低收入水平的进口国或地区,文化距离存在显著的积极影响;而在儒家文化圈以及文化国际化程度低的进口国或地区,文化距离所产生的影响则并不明显。① 王洪涛研究发现,文化差异对中国创意产品出口发展中经济体有阻碍作用,而对出口发达经济体却有促进作用。② 曲如晓等人研究发现,文化差异对中国文化产品出口的扩展边际影响显著为负,而对集约边际无影响。③ 朱江丽研究发现,文化距离对中国文化创意产品出口贸易具有显著促进作用,但对核心文化创意产品的出口具有阻碍作用。④

第四节 语言距离对出口贸易和对外投资影响研究

随着社会的进步与发展,社会文化等因素对经济的影响作用不断被挖掘,近几年也有文献将非正式制度中的语言因素提炼出来,研究语言距离对经贸活动的影响。虽然相比文化距离研究,语言距离相关研究起步相对较晚,但语言差异作为重要变量之一对国际贸易的影响机制也普遍得到了经济研究者们的认同。

经济学者奇司威克和米勒把语言差异隐喻为语言距离,较早地把语言差异应用到了经济学研究当中。⑤ 梅里兹研究表明对一国语言文

---

① 许陈生、程娟:《文化距离与中国文化创意产品出口》,《国际经贸探索》2013年第11期。

② 王洪涛:《文化差异是影响中国创意产品出口的阻碍因素吗——基于中国创意产品出口35个国家和地区的面板数据检验》,《国际经贸探索》2014年第10期。

③ 曲如晓、杨修、刘杨:《文化差异、贸易成本与中国文化产品出口》,《世界经济》2015年第9期。

④ 朱江丽:《国家距离与中国文化创意产品出口——基于中国与40个贸易伙伴的面板门限分析》,《世界经济与政治论坛》2017年第2期。

⑤ Barry R. Chiswick, Paul W. Miller, "Linguistic Distance: A Quantitative Measure of the Distance Between English and Other Languages", *Journal of Multilingual and Multicultural Development*, Vol. 26, No. 1, 2005, pp. 1–11.

化的熟悉程度会影响该国对外贸易流量。① 然而，早期的经济学研究限于语言变量的测度难度，一般采用虚拟变量处理语言差异，但这样的处理方法只能表示不同语言之间有差异，却无法衡量差异程度。随着研究的发展，语言距离的测量方法不断改进，伊斯弗丁和奥滕在研究中指出语言距离表示不同语言的差异程度，主要从语法、语音、词汇及其拼写规则体现出来，他将不同语言之间的差异反映和回归到语言的本体和本质上来②。可以说，语言距离相关研究的发展同时体现出了语言测量方法的不断进步。

目前语言距离对经贸活动影响研究的结论观点普遍支持阻碍论观点，认为语言差异阻碍经贸活动的开展。安德森和温库普研究表明，因语言互动和沟通问题造成的贸易交易成本与真实的关税壁垒非常接近。③ 张卫国和孙涛指出，语言距离本质上是语言差异，其对国际贸易的影响机制在于通过增加国与国之间的信息不对称以影响相互间的文化互动，从而阻碍双边贸易。④ 已有研究虽然对语言距离阻碍贸易的结论基本一致，但各研究对语言差异的刻画不尽相同。

正如上文提到，早期的研究因不能准确且直观地刻画语言距离而依据是否有通用语，或者借助语用水平来解释语言差异。基于"通用语"，弗兰科尔和罗斯通过对比是否有共同语言的国家发现，在各方面禀赋相似情况下使用共同语言的国家可获得1.8倍的贸易量。⑤ 索特以加拿大作为研究对象，通过对比境内一些省和地区之间的贸易情况发现，使用共同语言的频率越高，越能够促进贸易流

---

① Jacques Melitz, "Language and Foreign Trade", *European Economic Review*, Vol. 52, No. 4, 2008, pp. 667-699.

② Ingo Eduard Isphording, Sebastian Otten, "The Costs of Babylon—Linguistic Distance in Applied Economics", *Review of International Economics*, Vol. 21, No. 2, 2013, pp. 354-369.

③ James E. Anderson, Eric van Wincoop, "Trade Costs", *Journal of Economic Literature*, No. 3, 2004, pp. 691-751.

④ 张卫国、孙涛：《语言的经济力量：国民英语能力对中国对外服务贸易的影响》，《国际贸易问题》2016年第8期。

⑤ Jeffrey Frankel, Andrew Rose, "An Estimate of the Effect of Common Currencies on Trade and Income", *The Quarterly Journal of Economics*, Vol. 117, No. 2, 2002, pp. 437-466.

量的增加。[1] 塞尔米尔和吴昌勋通过比较英语、法语、阿拉伯语和西班牙语分别作为共同语言对贸易的影响，发现英语在国际贸易中的影响最大，并得出只有英语会促进英语国家的进口贸易且不会阻碍其出口贸易的结论。[2] 菲德尔穆茨研究欧盟国家发现，第三方语言（如英语）比共同的官方语言对国际贸易影响更大。[3] 基于"语用水平"，研究者们更注重语言沟通能力对贸易的影响。哈钦森通过分析包括美国在内的 33 个国家的进出口贸易情况，发现相较于母语，英语作为第二语言其语用水平对国家间贸易，尤其是对出口贸易贡献更大。[4] 谷惠珍和祖斯曼借助托福考试成绩衡量各国语言沟通能力，发现英语水平正向影响国际贸易流量。[5] 国内学者彭卉和蒋涌基于哈钦森的研究思路分析对比中国和加拿大对外贸易情况，得出英语作为第二语言更加促进国际贸易的结论。[6] 李增刚和赵苗、张卫国和孙涛通过考察英语语用水平对中国对外服务贸易的影响作用发现，国民英语能力的提升对促进中国服务贸易具有显著作用，并且这种影响在中国"一带一路"倡议的推进中大体呈上升趋势。[7]

随着语言距离测算方法信度和效度的提高，语言距离的测算及其对贸易的影响逐渐被学界重视。洛曼计算出 201 个国家间语言距离指

---

[1] Nicolas Sauter, "Talking Trade: Language Barriers in Intra-Canadian Commerce", *Empirical Economics*, Vol. 42, No. 1, 2012, pp. 301-323.

[2] W. Travis Selmier, Chang Hoon Oh, "The Power of Major Trade Languages in Trade and Foreign Direct Investment", *Review of International Political Economy*, Vol. 20, No. 3, 2013, pp. 486-514.

[3] Jan Fidrmuc, Jarko Fidrmuc, "Foreign Languages and Trade: Evidence from a Natural Experiment", *Empirical Economics*, Vol. 50, No. 1, 2016, pp. 31-49.

[4] William K. Hutchinson, "Does Ease of Communication Increase Trade? Commonality of Language and Bilateral Trade", *Scottish Journal of Political Economy*, Vol. 49, No. 5, 2002, pp. 544-556.

[5] Hyejin Ku, Asaf Zussman, "Lingua Franca: The Role of English in International Trade", *Journal of Economic Behavior and Organization*, Vol. 75, No. 2, 2010, pp. 250-260.

[6] 彭卉、蒋涌：《语言趋同与国际贸易——基于修正重力模型的实证》，《广东外语外贸大学学报》2012 年第 3 期。

[7] 相关研究请参见李增刚、赵苗《英语语用水平与中国国际服务贸易：理论分析与实证研究》，《制度经济学研究》2013 年第 3 期；张卫国、孙涛：《语言的经济力量：国民英语能力对中国对外服务贸易的影响》，《国际贸易问题》2016 年第 8 期。

第三章 非正式制度距离视角下中国对中东出口与 OFDI 研究基础

数并发现语言距离每减小 10%，贸易流量上升 7%—10%。① 伊斯弗丁和奥滕通过编辑法计算出较低语言差异程度（英语和俄语）和较大语言差异程度（英语和日语），发现随着语言距离每增大 10%，贸易量下降 4%。② 赫贾齐和马娟以 OECD 国家为研究对象也得出相似结论：英语国家更具贸易优势；非英语国家间语言距离越小，贸易就越畅通。③ 中国学者苏剑和葛加国利用语言测评法计算留学生习得英语和汉语的难度，发现难度每升高 10%，贸易流量分别减小 6.3% 和 4.5%。④ 徐珺和自正权、王立非和金钰珉以中国及其主要贸易国为研究样本，均采用 WALS 语言距离法进行实证分析，同样得出负向影响的结论。⑤

---

① Johannes Lohmann, "Do Language Barriers Affect Trade?" *Economics Letters*, Vol. 110, No. 2, 2011, pp. 159-162.

② Ingo Eduard Isphording, Sebastian Otten, "The Costs of Babylon—Linguistic Distance in Applied Economics", *Review of International Economics*, Vol. 21, No. 2, 2013, pp. 354-369.

③ Walid Hejazi, Juan Ma, "Gravity, the English Language and International Business", *Multinational Business Review*, Vol. 19, No. 2, 2011, pp. 152-167.

④ 苏剑、葛加国：《基于引力模型的语言距离对贸易流量影响的实证分析——来自中美两国的数据》，《经济与管理评论》2013 年第 4 期。

⑤ 相关研究请参见徐珺、自正权《语言对中国对外贸易影响之实证研究：基于 17 国数据的考察》，《外语电化教学》2016 年第 4 期；王立非、金钰珉：《我国对外贸易中语言障碍度测量及影响：引力模型分析》，《外语教学》2018 年第 1 期。

第四章 中国对中东出口贸易与直接投资发展现状

贸易和投资是中国和中东国家经贸合作的两种重要形式，双方合作经历了不同的发展阶段，尤其新时代双方经贸往来日益密切，合作动力强劲，在贸易和投资领域均取得了长足进展。贸易方面，中东国家能源丰富但工业基础薄弱，与中国优势互补，是中国出口贸易的主要对象之一，双方贸易额快速增长，除传统的能源贸易占绝对优势之外，中国对中东国家高新技术产品的出口比重也呈上升趋势。投资方面，"一带一路"倡议提出后，中东国家"向东看"的趋势不断增强，促进中国的富余产能输向中东，推动中国加大对中东地区的投资力度，亚投行和丝路基金为中国对中东地区直接投资提供了极大的资金支持，在双方"资金融通""设施联通"等建设项目中起到重大作用。然而，长期以来，双方经贸合作也面临重重困难，既有来自正式制度层面的问题，也有非正式制度层面的挑战。

第一节 中国与中东经贸关系发展历程[*]

国际贸易和国际直接投资是两种最重要的国际经济关系[①]，也是一国参与国际经济的两种重要形式。中国与中东国家的经济关系与政

---

[*] 结合本书的研究主题，本章内容重点分析中国对中东地区的出口贸易与对外投资的发展历程。

① 唐心智、刘晓燕：《国际贸易与国际直接投资理论相互关系研究综述》，《求索》2007年第8期。

治关系一直保持相互影响、彼此促进的互动关系。1955年万隆会议的召开翻开了中国与中东关系的新篇章，1971年中国恢复联合国合法席位，大大提高了中国的国际地位，掀起与中东国家的建交潮[①]。从1955年中国与阿富汗建交到1992年中国与以色列建交，中国与中东国家的外交关系在20世纪90年代实现了全面建交[②]，双方关系涵盖领域日益广泛，从最初以政治关系为主，逐渐覆盖了经济、文化等领域。新中国成立之后，中国与中东欧国家以贸易和投资为主的经贸关系发展大致分为四大阶段。

一 初步发展期（1955—1977年）

1955年4月，周恩来总理率代表团出席在印尼召开的万隆会议后，中国意识到正在崛起的中东国家蕴含巨大潜力，在20世纪五六十年代，先后与阿富汗、埃及、叙利亚、也门、伊拉克、摩洛哥、阿尔及利亚、苏丹、突尼斯等国建交。然而，由于该时期中国与阿拉伯国家都刚刚独立，经济基础非常薄弱，再加上中、苏关系破裂以及美、苏的争夺，中国与中东国家的活动空间非常狭小，双边经贸合作主要采用经济援助形式。[③] 中国依据"同等优先"的原则和适当照顾的办法，在品种、质量、价格相同条件下，优先购买这些国家生产的化肥、磷酸盐、棉花、棉纱、阿拉伯胶、橄榄油等，并尽力出口这些国家需要的绿茶、红茶、冻羊肉以及轻纺产品。比如，1955年8月，在中国与埃及尚未建交的情况下，双方贸易代表团在华签署了政府间贸易协定，中方允许埃及在中国设立商务代表处，考虑到当时埃及外

[①] 中国学者认为新中国与中东国家建立外交关系的过程大致可以分为五个阶段。第一阶段为相互了解认识的观望期（20世纪40年代末—50年代中期），第二阶段为中国与中东国家建交的高潮期（20世纪50年代中期—50年代末），第三阶段为中国与中东国家建交的低谷期（20世纪60年代初—70年代初），第四阶段为建交的第二个高潮期（20世纪70年代初—70年代末），第五阶段中国完成与所有中东国家建交（20世纪70年代末—90年代初）。详情请参见王京烈《中国与中东国家关系：回顾与思考》，中国社会科学院西亚非洲研究所网站：http://iwaas.cssn.cn/kycg/201508/t20150821_2607876.shtml。

[②] 刘中民：《一开年中国中东外交很热闹，但也面临挑战》，澎湃新闻网：https://www.thepaper.cn/newsDetail_forward_16335242。

[③] 王有勇：《现代中阿经贸合作研究》，上海外语教育出版社2004年版，第57—58页。

汇困难及其棉花滞销问题，中国同意购进大量埃及棉花，并对一部分货物以现汇支付。中国与苏丹建交后，根据苏丹方面的愿望，中国大量购买苏丹生产的长纤维棉。20世纪50年代，伊拉克椰枣滞销时，中国购入大量椰枣，帮助伊拉克渡过难关。[1]

70年代，由于中国坚定支持巴勒斯坦的解放事业，与原亲西方的科威特、黎巴嫩，以及约旦和阿曼相继建交，开创了双边经贸往来的新机遇。其间，伊拉克、科威特、黎巴嫩、约旦等国也成为中国的主要贸易伙伴。总体而言，改革开放之前，由于当时中东国家的单一原料出口并非中国经济建设所必须，中国尚无力提供中东国家大量需要的工业制成品，中国与中东国家的经济互补性并不明显，双方贸易和经济合作仍十分有限，其他形式的经济合作尚未开展。[2]

二　加速发展期（1978—1999年）

改革开放以后，中国走上了以经济建设为中心的发展道路，更加注重加强与第三世界国家的团结与合作，不断提升对外经济贸易的地位，而中东地区大多数国家也普遍开始自由化和私有化进程，着力促进经济结构调整，双边经贸关系进入发展时期，反映出双方寻求发展的共同利益。一方面，随着国内经济的迅速发展，中国对中东石油的进口需求不断上升，同时资本货物和轻工业产品的制造能力明显增强，提升了中国与中东国家之间的经济互补性；另一方面，中国逐渐改变了单纯提供援助的做法，1982年提出"平等互利、形式多样、讲求实效、共同发展"四项原则，标志着中国对外经济技术合作方式的转变，所以与中东国家的经济合作转为有出有进、有给有取和多种形式的互利合作。[3] 同期，由于当时中国国内的建筑资金和外汇资金吃紧，且受到投资对象国当地法律限制，中国在中东地区的投资规模

---

[1] 杨光：《中国与中东国家经济关系的发展》，载姚匡乙、马丽蓉主编《丝路新篇——中阿合作论坛十周年论文集》，世界知识出版社2014年版，第157页。
[2] 杨光：《中国与中东国家经济关系的发展》，载姚匡乙、马丽蓉主编《丝路新篇——中阿合作论坛十周年论文集》，世界知识出版社2014年版，第156页。
[3] 杨光：《中国与中东国家经济关系的发展》，载姚匡乙、马丽蓉主编《丝路新篇——中阿合作论坛十周年论文集》，世界知识出版社2014年版，第158页。

较小，且以设备和实物投资为主，集中在渔业和餐饮服务业领域。[1]

进入20世纪90年代，中国能源进口比重日益增加，1992年中国已与全部中东国家建交，而且自1993年成为石油净进口国以来，其对中东地区石油进口需求不断上升，再叠加中国制造业生产和出口能力的提高，以及1997年爆发的亚洲金融危机，更进一步推动了中国对外贸易多元化战略的制定与实施，中国与中东国家经贸合作规模不断扩大，突出表现为双边货物贸易总额实现了明显增长。值得一提的是，中国与阿拉伯海湾六国的现代经贸关系始于20世纪70年代末，并相继与海湾六国建立了外交关系[2]，促使双边贸易取得了较快发展。其中，沙特虽是与中国建交最晚的阿拉伯国家，但与中国的双边贸易发展最为迅速。截至1999年底，中国除了与埃及、阿尔及利亚、摩洛哥等8个阿拉伯国家签署了经济贸易协定外，还与阿联酋、沙特、巴林等11个阿拉伯国家签署了投资保护协定，在阿拉伯国家投资项目共计85个，分布于15个阿拉伯国家。其中，阿联酋和苏丹是中国投资最多的两个国家，但投资领域依然集中在渔业、贸易、餐饮服务业。[3] 总体而言，20世纪80年代受西方周期性经济危机影响，国际油价暴跌，以沙特为首的OPEC组织先后实行了"限产保价"到"减价保产"最后回到"限产保价"的过程，石油价格始终在低位徘徊；进入90年代，美国发动了海湾战争，再加上1997年亚洲金融危机爆发，造成部分中东国家经济发展的停滞甚至衰退，中国与中东国家的贸易发展也因此受到影响而出现波动。

三 快速发展期（2000—2012年）

自20世纪末，中东国家就出现"向东看"倾向。进入21世纪，

---

[1] 王有勇：《现代中阿经贸合作研究》，上海外语教育出版社2004版，第64—65页。
[2] 与科威特、阿曼、阿联酋、卡塔尔、巴林和沙特相继建交时间分别为1971年、1978年、1984年、1988年、1989年和1990年。
[3] 武芳：《中国与阿拉伯国家经贸关系的回顾与展望》，载王正伟主编《中国—阿拉伯国家经贸论坛理论研讨会论文集》（2010第一辑），黄河出版传媒集团、宁夏人民出版社2010年版，第97页。

尤其是"9·11"事件后，阿拉伯世界面临更加复杂严峻的形势，但中方明确反对将"恐怖主义"与特定民族和宗教相联系，这对面临巨大压力的阿拉伯世界来说，无疑是雪中送炭①，也是让中东国家看到了中国对不同文明平等相待、相互尊重的价值取向。同时，2000年3月，全国人大九届三次会议期间，"走出去"战略正式提出，旨在让中国企业充分利用国内和国外"两个市场、两种资源"，通过对外直接投资等形式积极参与国际竞争与合作，实现中国经济可持续发展的现代化强国战略。2001年中国加入世界贸易组织，进一步深度参与国际市场合作与竞争，中国货物贸易规模以前所未有的规模和速度"爆炸"式增长，对外贸易的结构不断优化，高新技术产品不断出现，"中国制造"在国际市场中的份额不断增加。中国经济和对外贸易快速发展为中国与中东地区贸易合作带来两大机遇。一是伴随着中国经济发展，能源需求快速提升，中东国家迅速成为中国石油进口主要来源国，双边石油贸易一路走高，被誉为双边经贸合作的"压舱石"，2009年中国更是取代美国成为阿拉伯国家第一大进口来源国。二是中国商品物美价廉、种类丰富，尤其是机械设备、电子电器、纺织服装等产品更是受到中东国家民众的青睐，双边优势互补、互利共赢的局面逐步形成，经贸合作规模持续扩大，越来越多的中东国家真实感受到与中国合作带来的获得感、安全感，这与以美国为首的西方国家对该地区造成的伤害形成鲜明对比，因此越来越多的中东国家出现"向东看"势头，建立中国与中东国家之间的集体对话和合作平台逐渐水到渠成。②2001年，中国成立中国—阿拉伯友好协会，以增进中国与阿拉伯各国人民的了解和友谊。2002年，中国设立中东问题特使机制，目的是加强与有关各方的沟通和联系，为解决巴以和阿以冲突做出贡献。

2004年1月，中国国家主席胡锦涛对埃及进行国事访问期间，在阿盟总部亲切会见了阿盟秘书长阿姆鲁·马哈茂德·穆萨和阿盟22个成员国驻阿盟代表，在会见中指出成立中阿合作论坛是加强和深化中阿关系

---

① 吴思科：《中阿合作历史上的一座新的里程碑》，《阿拉伯世界研究》2010年第6期。
② 杨光：《中国与中东国家经济关系的发展》，载姚匡乙、马丽蓉主编《丝路新篇——中阿合作论坛十周年论文集》，世界知识出版社2014年版，第162页。

第四章 中国对中东出口贸易与直接投资发展现状

的重要举措,并提出发展新时期中阿关系的"四项原则",即"以相互尊重为基础,增进政治关系;以共同发展为目标,密切经贸往来;以相互借鉴为内容,扩大文化交流;以维护世界和平、促进共同发展为宗旨,加强在国际事务中的合作"。会见结束后,李肇星外长与穆萨秘书长共同宣布成立"中国—阿拉伯国家合作论坛",并发表了《关于成立"中国—阿拉伯国家合作论坛"的公报》。[1] 论坛的成立,标志着中阿全面合作关系进入了一个崭新的发展阶段,中阿贸易额也开始实现飞速增长,从1979年的7.89亿美元,到2004年"中阿合作论坛"成立时的367.1亿美元,再到2008年的1328亿美元,30年间增长100多倍[2],其中,中国向中东国家出口的产品以机电产品、轻纺产品和钢铁制品为主。这些都得益于中阿合作论坛在推动中阿合作机制化、拓宽合作领域方面发挥的重要引领作用。

2010年适逢中国"西部大开发战略"十周年,中阿经贸合作论坛[3]成功召开,这是中国和阿拉伯国家之间经贸领域最高级别的盛会。[4] 2011年轰轰烈烈的革命浪潮席卷整个阿拉伯地区,导致突尼斯、埃及等国政权更迭,中东地缘政治的变化进一步推动了该地区国家"向东看""向中国看"趋势[5],而中国经济发展的成功经验对处于转型期的中东国家尤具吸引力,促进双边经贸合作不断取得进展,

---

[1] 2000年3月,阿拉伯联盟外长理事会通过决议,提议成立"阿拉伯国家—中国合作论坛"。2001年12月,阿盟秘书长穆萨在中国外交部部长唐家璇到访阿盟总部时,递交了《阿拉伯—中国合作论坛宣言》(草案)。中方在此草案的基础上,于2003年8月向阿盟秘书处提交了《中国—阿拉伯国家合作论坛宣言》和《中国—阿拉伯国家合作论坛行动计划》两份文件草案。2004年9月14日,阿拉伯各国外长们和中国外长李肇星在开罗共同出席中阿合作论坛首届部长级会议。会后,李肇星和阿盟秘书长穆萨共同签署了《中国—阿拉伯国家合作论坛宣言》和《中国—阿拉伯国家合作论坛行动计划》。

[2] 杨福昌:《中阿友谊从历史到现在》,《光明日报》2010年5月11日第8版。

[3] 中阿经贸论坛是经国务院批准,由中国商务部、中国国际贸易促进委员会、宁夏回族自治区政府,每年定期在宁夏银川举办的中国国际投资贸易洽谈会,即中国—阿拉伯国家经贸论坛。2013年改名为"中阿博览会",由每年一届改为两年一届。

[4] 《2010宁洽会暨第一届中阿经贸论坛》,央视网:http://news.cntv.cn/2013/08/29/ARTI1377755304123367.shtml。

[5] 安惠侯:《"向东看"与"向西开放"之展望》,载姚匡乙、马丽蓉主编《丝路新篇——中阿合作论坛十周年论文集》,世界知识出版社2014年版,第340页。

中阿贸易额在 2011 年中东社会动荡最为激烈的一年反而逆势上扬。1978—2011 年，中国与中东国家的货物贸易额由 6 亿美元扩大到 2742.2 亿美元，年均增长率达 19.7%，明显超过同期中国对外贸易的平均增长速度。①

虽然中国与中东国家的投资合作起步于 20 世纪 80 年代中期，但中国企业对中东国家的直接投资直到 21 世纪初仍处于较低水平。随着中国企业"走出去"，中国对中东国家的直接投资开始大幅上升。中国石油企业到中东国家主要投资于石油天然气工业的上游和下游领域，构成了中国在中东投资的绝大份额。截至 2011 年，中国在中东地区投资存量集中在苏丹、伊朗、阿联酋、阿尔及利亚、沙特和伊拉克六个主要石油天然气资源国。自 2008 年起，中国对阿富汗铜矿加大投资，也使该国成为中国在中东地区的主要投资对象国之一。② 除此之外，中国对中东非资源开发领域也不断扩大，投资领域从资源开发、轻工、纺织服装向机械制造、汽车组装、交通、金融等领域不断拓展。

四 高质量发展阶段（2013 至今）

2013 年 9 月 7 日和 10 月 3 日，习近平主席在访问哈萨克斯坦、印度尼西亚期间，先后提出共建"丝绸之路经济带"与"21 世纪海上丝绸之路"，共同组成了"一带一路"倡议。"一带一路"建设最主要的目标是发展中国与相关国家或地区的经济联系③，协调好与发展中国家的关系，进一步拓展外交资源，更好地服务于国内经济建设。

中国的货物贸易进出口总额从 2013 年起稳居世界第一位，对外直接投资规模自 2012 年起稳居世界第三位④，而较强的互补性需求推

---

① 杨光：《中国与中东国家经济关系的发展》，载姚匡乙、马丽蓉主编《丝路新篇——中阿合作论坛十周年论文集》，世界知识出版社 2014 年版，第 159 页。
② 杨光：《中国与中东国家经济关系的发展》，载姚匡乙、马丽蓉主编《丝路新篇——中阿合作论坛十周年论文集》，世界知识出版社 2014 年版，第 160—161 页。
③ 李意：《"一带一路"背景下阿拉伯智库研究》，时事出版社 2020 年版，第 43 页。
④ 《"十二五"以来特别是党的十八大以来我国经济社会发展成就辉煌》，中国政府门户网站：https://www.gov.cn/zhengce/2015-09/30/content_2940897.htm?from=timeline&isappinstalled=0。

动中国与中东地区经贸合作迅速发展，双方各领域合作迎来历史上最好的机遇期，中东国家也成为与中国共建"一带一路"的天然合作伙伴[①]。

2013年，中阿经贸论坛升格为中阿博览会，为拓展中阿合作论坛的功能性合作做出了积极贡献，为拓展地方政府、企业和民间参与国际经贸合作发挥了特殊而重要的作用，也为中国更好地参与中东地区经济治理和区域间经贸合作提供了制度经验。[②] 2014年6月5日，习近平主席出席中阿合作论坛第六届部长级会议开幕式，发表题为《弘扬丝路精神　深化中阿合作》的重要讲话，勾勒出以核能、航天卫星、新能源三大高新领域为突破口的"1+2+3"的中阿合作战略构想，并提出用10年时间将中阿贸易额提升至6000亿美元的发展目标。[③]

然而，自2004年中阿合作论坛成立后，尽管中国对中东国家的出口贸易不断增加，但也随之产生一些问题。比如，中国对中东地区产油国的石油进口需求强劲而货物出口增长乏力，因而长期保持逆差；对非产油国大批量出口而保持顺差。同时，尽管中国与中东国家的非产油国基本都保持高额顺差，但由于非产油国自身经济增长动力不足，只能"锁定"在劳动密集型产业发展国内经济以稳定国内市场，而中国低廉的劳动力和出口商品，给这些国家的劳动密集型行业和低端行业带来强大冲击，由此也为双边贸易摩擦埋下隐患。但"1+2+3"中阿合作战略构想，奠定了中阿全方位经贸合作的基础，构建出中阿经贸高质量发展的新格局。

2014年1月，习近平主席主持召开中央财经领导小组第八次会议时，提出倡导和支持设立丝路基金，筹建亚洲基础设施投资银行，这是"丝路基金"首次出现在公众视野。12月，丝路基金由外汇储备、国家投资有限责任公司、中国进出口银行、国家开发银行共同出资，

[①] 习近平：《携手推进新时代中阿战略伙伴关系》，《人民日报》2018年7月11日第2版。
[②] 杨子实：《中阿博览会的起源、贡献与展望》，《西亚非洲》2021年第4期。
[③] 习近平：《弘扬丝路精神　深化中阿合作》，《人民日报》2014年6月6日第2版。

正式投入运行①，通过以股权为主的多种市场化方式，为"一带一路"框架内的经贸合作和双边多边互联互通提供投融资支持，促进中国与沿线国家和地区共同发展、共同繁荣。2015年12月25日，由中国倡议成立、57国共同筹建的亚洲基础设施投资银行（以下简称"亚投行"）正式成立，全球迎来首个由中国倡议设立的多边金融机构，这也是由发展中国家倡议成立可吸收发达国家加入的高标准的国际金融机构，主要目的是为"一带一路"有关沿线国家的基础设施建设提供资金支持，促进区域经济合作。亚投行57个意向创始成员国中有10个中东国家，分别是埃及、伊朗、以色列、约旦、科威特、阿曼、卡塔尔、沙特、土耳其、阿联酋。

2016年1月，习近平主席对沙特、埃及、伊朗三国进行了国事访问，这既是他在2016年的首次出访，也是他担任国家主席后首次访问中东和阿拉伯国家。② 同月，中国政府制定了首份《中国对阿拉伯国家政策文件》。该文件从合作目标到合作机制，从合作内容到合作路径都进行了科学合理的规划，并在文中明确强调"中国提出的中阿共建丝绸之路经济带和21世纪海上丝绸之路、构建以能源合作为主轴，以基础设施建设和贸易投资便利化为两翼，以核能、航天卫星、新能源三大高新领域为突破口的'1+2+3'合作格局、加强产能合作等倡议得到阿拉伯国家积极响应"。③ 不久，习近平主席访问阿盟总部，发表题为《共同开创中阿关系的美好未来》重要演讲。中国承诺为促进中东工业化进程，将在中东投资550亿美元，"包括设立150亿美元的中东工业化专项贷款，用于同地区国家开展的产能合作、基础设施建设项目，同时向中东国家提供100亿美元商业性贷款，支持开展产能合作；提供100亿美元优惠性质贷款，并提高优惠

---

① 《中国出资400亿美元成立丝路基金正式起步运行》，人民网：http://politics.people.com.cn/n/2015/0216/c70731-26576313.html。

② 《中东存知己 中沙若比邻》，央广网：http://news.cntv.cn/2016/01/21/ARTICI3Zxo6UFzpS0axpDpL2160121.shtml。

③ 《中国对阿拉伯国家政策文件（全文）》，中华人民共和国外交部网站：https://www.mfa.gov.cn/web/ziliao_674904/tytj_674911/zcwj_674915/201601/t20160113_7949944.shtml。

贷款优惠度；同阿联酋、卡塔尔设立共计200亿美元共同投资基金，主要投资中东传统能源、基础设施建设、高端制造业等。"①"中国是阿拉伯国家真诚的合作伙伴"②，根据"一带一路"倡议，本着共商、共建、共享原则，中阿双边经贸合作关系越来越紧密，除在传统能源、贸易领域的合作不断向好外，在非石油贸易领域，中国已从2000年阿拉伯国家第十大贸易伙伴跃升为如今第一大贸易伙伴，阿拉伯国家也从2000年中国第十八大贸易伙伴转变为第七大贸易伙伴。③

第二节 中国对中东出口贸易发展现状

中东国家工业基础薄弱，整体技术水平处于国际产业链的下游，除能源相关产业发展势头较好之外，其他产业发展普遍较弱，产业发展结构失衡矛盾突出，导致该区域日用品生产能力停留在较低水平，普通居民对中国快速发展的电子产品、家具家电及纺织产品需求旺盛，中东地区已成为中国贸易出口的重要区域。中国对中东各国的出口贸易趋势见图4.1。纵观近年来中国出口贸易数据，中国对中东地区出口主要集中在机电产品、医疗器材、计算机、轻纺产品、家电产品、玩具等领域，这些产品在出口目的地占有较大市场份额，具有较强的市场竞争力。

以中东地区的阿拉伯国家为例，自2004年"中阿合作论坛"机制创建后，中阿贸易额一路攀升。2013年中国提出"一带一路"倡议，推动中阿双边贸易发展进入新阶段。目前，阿拉伯国家已成为中国的第六大贸易出口地区、第七大贸易伙伴。2016年中国对阿拉伯国家出口额为1008.4亿美元，约占2016年中国出口总量（20974.44亿美元）的5%。④ 其中，阿联酋、沙特、埃及、阿尔及利亚与伊拉

---

① 习近平：《共同开创中阿关系的美好未来》，《人民日报》2016年1月22日第3版。
② 《人民日报海外版：中国是阿拉伯国家真诚的合作伙伴》，上海外国语大学网站：http://www.mesi.shisu.edu.cn/ac/5f/c3713a109663/page.htm。
③ 《共建"一带一路"开创中阿经贸合作新局面》，中华人民共和国中央人民政府网站：https://www.gov.cn/xinwen/2018-07/08/content_5304603.htm。
④ 这里所指的"阿拉伯国家"包括阿盟22个成员国家，出口额采用的是当期数据。

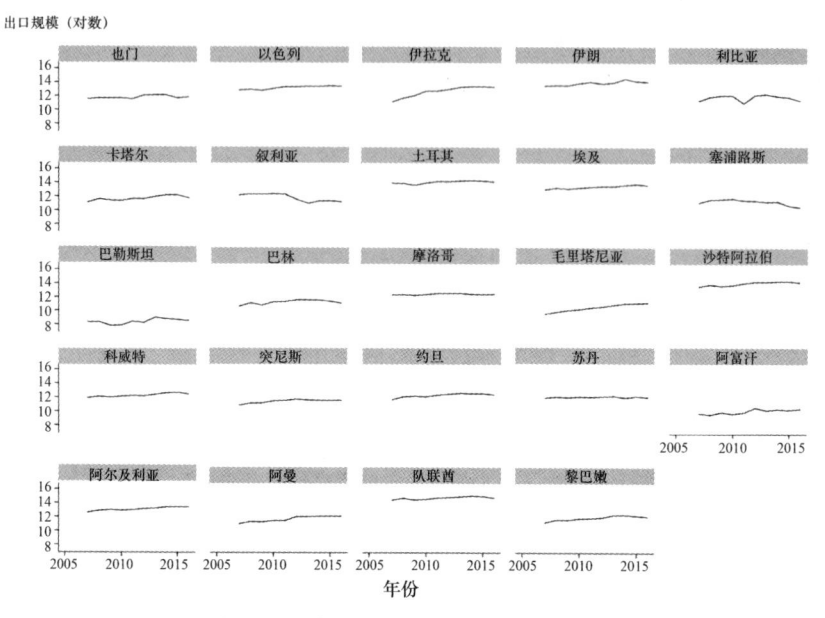

图4.1 中国对中东国家出口贸易趋势（2007—2016）

克是中国主要的出口国家，分别占中国对阿拉伯国家出口总量的30.96%、19.21%、10.75%、7.88%和7.77%，合计占比达75%以上，中国也稳居沙特、埃及、伊拉克等国最大的贸易伙伴国地位。从出口商品类别上看，五大类出口商品分别是机械与电气设备、纺织品、金属及其制品、杂项制品以及塑料与橡胶制品，总计金额达751亿美元，占中国对阿拉伯国家出口总额的74.47%，其中机械与电气设备占比近1/3，是中国对阿拉伯国家出口的最主要商品。

与此同时，对比中国向中东地区的出口和进口发现，由于中国从中东国家主要进口原油而出口工业制品和生活消费品，导致双边贸易结构几近单一，而且贸易规模在该地区产油国和非产油国之间分布不均，所以双边贸易整体结构均衡源于与产油国高逆差和与非产油国高顺差的相互抵消，容易掩盖双边贸易结合度和依存度存在的真实问题。现实中，虽然双边贸易互补性强，但中国对产油国的高度依赖，导致国内经济社会发展易受到国际油价波动的影响，长期下去不利于双边经贸活动的健康发展。此外，中国出口中东国家的工业制成品普遍存在附加值低、技术含量低等问题，且大量出口到该地区非产油国的制成品无疑会对当地劳动密集型产业造成冲击，为双边贸易摩擦埋下隐患。近年来，中国正逐步降低石油燃料领域对中东地区的依赖，扩大其他商品类别的贸易份额，这将有助于改善双边合作中以能源贸易为主导的失衡局面。

中东国家作为中国出口贸易目的国，其贸易环境与条件可简单归纳以下几点。

市场规模与潜力。人均国内生产总值是一国经济发展水平和市场潜力的综合体现。中东国家人均国内生产总值水平存在较大差异，其中，海合会国家不仅拥有规模最大且增长稳定的城镇人口，而且2007—2016年人均国内生产总值均值处于世界较高水平（高于40000美元），同期以色列、塞浦路斯、土耳其、伊朗、伊拉克、阿尔及利亚、利比亚、黎巴嫩、突尼斯、埃及等国处于世界中等水平（10000—39999美元），约旦、摩洛哥、巴勒斯坦、苏丹、毛里塔尼亚、阿富汗、也门、叙利亚等国处于世界较低水平（低于10000美元）。再以中东地区最大次区域组织——阿盟国家为例，2015年阿拉伯地区国内生产总值2.82万亿美元[1]，其中海合会国家、摩洛哥、阿尔及利亚等11个阿拉伯国家的国内生产总值增长率均高于世界平均增长率，体现出中东地区蕴含的巨大市场潜力，为中国与该地区的经贸活动提供了强有力的市场保障。

基础设施建设。2016年世界银行发布的物流绩效指数（Logistics Performance Index，LPI）评估了全球约160个国家的基础设施情况，具体涵盖机场、港口、铁路、公路、仓储设施以及通信技术六方面指标。本次评估中中东地区的阿曼、阿联酋、巴林、卡塔尔、土耳其、以色列等国家综合排名靠前。比如，以色列凭借其在创新领域的强大竞争力和创新经济，通过发展交通运输科技产业，建立了四通八达的

---

[1]《2015年阿拉伯国家GDP总额2.82万亿美元》，中华人民共和国商务部网站：http://www.mofcom.gov.cn/article/i/jyjl/k/201512/20151201210749.shtml。

交通运输网络和现代化的通讯设施；中东地区最重要的机场枢纽——迪拜国际机场、世界第九大集装箱港口——杰贝勒·阿里港，对助推迪拜飞跃成为中东乃至世界的金融中心和商务中心发挥了决定性作用。该地区其他部分国家因地缘冲突威胁或受常年战乱的影响，正处在工业化、城市化和现代化建设的起步阶段，对通信、交通、医疗和教育等基础设施建设的需求不断升级。总体上，中东国家的基础设施发展状况可以分为四个类型[①]，第一类是依靠巨额石油美元建立了现代化基础设施的国家，包括海合会国家、以色列和土耳其等中东大国；第二类为地区内基础设施发展较好的中等收入国家，如摩洛哥、突尼斯、阿尔及利亚等国；第三类是常年不断遭受战乱冲突的国家，这些国家的基础设施在战乱中遭受严重破坏，重建进程步履蹒跚，如利比亚、伊拉克和叙利亚等国；第四类为基础设施建设严重滞后国家，如也门。

中东国家自20世纪70年代起就投入大量人力物力从事公路建设，目前已铺路面比例达到80%以上。总体上，中东地区国家公路密度较低，仅有黎巴嫩、土耳其和叙利亚公路密度[②]超过中国，这说明该地区公路发展仍未能满足经济社会发展的需求。同时，中东国家的铁路密度[③]也很低，虽然土耳其和叙利亚的铁路密度较高，但在速度和质量、更新与维护上比较落后。然而，凭借丰富的石油资源、优越的地理位置以及蓬勃发展的旅游业，中东国家在20世纪七八十年代成为全球重要的枢纽机场之一，为其赢得"全球空中交通十字路口"的美誉，其中阿联酋已成为仅次于美国和中国的第三大航空货运国。此外，随着中东国家石油化工商品贸易不断繁荣，再加上大多数中东国家本是沿海国家，海上运输条件优越，该地区远洋船队逐步崛起，

[①] 魏敏：《"一带一路"框架下中国与中东基础设施互联互通问题研究》，《国际经济合作》2017年第12期。

[②] 公路密度是区域公路发展水平的重要标志，指的是每百平方公里或每万人所拥有的公路总里程数，是衡量公路作为社会经济发展中重要基础设施而满足交通需求的直观指标。

[③] 铁路密度指的是一个国家或一个国家内的行政地区、省（州）的疆土面积内所分布的铁路线路通车里程长度，反映了各地区铁路分布疏密程度，并用以判明其分布的合理性。

港口建设与其相伴而生。据世界航运协会统计，2007—2017年中东港口集装箱吞吐量增长了79.2%，超过同期全球港口集装箱吞吐量53.7%的增长水平，未来中东港口集装箱吞吐能力预测可占世界集装箱吞吐能力的8.6%，其中阿联酋高居地区首位。[1] 目前，亚投行首个海外办事处落户阿联酋首都阿布扎比[2]，这将进一步拉近中国与中东之间的合作，很大程度上也为中国商品和资本走进中东地区，促进双方经贸合作长远发展打下坚实基础。

经济开放度。随着国际经济形势的动态发展，中东地区对外开放水平逐步提升，其中，阿联酋是中东地区贸易便利化水平最高的国家。但中东国家的贸易自由化程度不高，签订的自由贸易区协定数量少且主要集中在传统货物贸易领域，服务贸易和投资领域开放水平较低。另外，据美国传统基金会2018年经济自由度指标数据显示，巴林、卡塔尔、阿曼、埃及、摩洛哥、以色列等国的投资自由度、营商自由度和金融自由度均在中东地区中位居前列，其中卡塔尔自多哈人民币清算中心开放交易后，凭借自身影响力及其金融服务能力构建开放型经济体制，在满足中东客户人民币需求方面发挥了重要作用。[3] 此外，自由贸易区建设也是对外开放的主要模式之一，海合会积极推动建立海湾关税同盟，但对于非成员国设置的壁垒较高，因此中国与海合会国家的自贸区谈判尤为重要。

文化环境，主要分为政治文化环境和社会文化环境两方面。中国与中东国家友好交往源远流长，双边具有求同存异的良好基础。然而，长期以来，该地区国家社会以宗教为主导，地区内部宗教、种族、党派和利益集团之间关系复杂，部落文化、民族本位主义盛行，时常因教派纷争引发激烈冲突、暴乱，这些均是中国同该地区发展贸易和投资等经贸合作不容忽视的因素。中东地区的政治文化环境衍生

---

[1] 姜英梅：《中东国家基础设施建设与"一带一路"合作前景》，《阿拉伯世界研究》2019年第2期。

[2] 《亚投行在阿布扎比全球市场设立首个海外运营办事处》，中国经济网：http://intl.ce.cn/sjjj/qy/202310/11/t20231011_38745365.shtml。

[3] 《人民币在中东认可度越来越高》，人民网：http://world.people.com.cn/n1/2016/0102/c1002-28003591.html。

出的地缘风险,不仅造成了地区和国家内部的动荡不安,也引发了域外国家地缘政治分歧,更加剧了大国之间的对抗与博弈,再加上西方媒体在国际社会上不断炒作"地缘政治扩张论"等不实信息,都无形中增加了中国企业在该地区从事贸易和投资活动的风险与成本。除受到政治因素影响外,中东国家经贸环境的不确定性还源自其社会文化深受伊斯兰文化、波斯文化、奥斯曼土耳其文化、犹太文化以及游牧文化等多元文化的影响,因此,相比对欧美等西方发达国家的了解程度,中国对中东国家政经体制、社会文化及投资环境等情况的掌握程度还存在较大的提升空间,尤其价值观、语言、民俗是投资营商环境中非常重要但容易被忽略的因素,无形中增加了中国企业面临的各种潜在风险。

第三节　中国对中东直接投资发展现状

中东地区是中国推进"一带一路"倡议的天然伙伴和重要区域。"一带一路"倡议下中东国家"向东看"趋势不断增强,中国积极开展对该地区的投资,不仅满足了双边经济发展的需求,更是通过向该地区展现中国发展的经验和模式,为双边谋求深远合作奠定了坚实牢固的基础,因此受到该地区国家的推崇。中国对中东国家的直接投资起点低但增长迅速(见图4.2),2007—2016年中国对该地区直接投资流量和存量的年均增长率分别为15.74%和26.10%。[①] 2016年中国成为中东地区的首要投资国[②],中东已成为中国重要的工程承包及海外投资市场,对周边国家形成重点示范作用。中国对该地区直接投资分布范围广,但国别集中度高(见图4.3),主要流向能源大国和地区大国。当前丝路基金和亚投行的设立为中国对中东地区直接投资提供了极大的资金支持。从近些年中国对中东地区的投资建设的实际情

[①] 基于2007—2016年《中国对外直接投资统计公报》数据,并根据中国历年GDP平减指数换算成以2015年为基期的实际值加总所得。

[②] 《"一带一路"视野下的中国与中东人文交流》,搜狐网:https://www.sohu.com/a/190545823_201559。

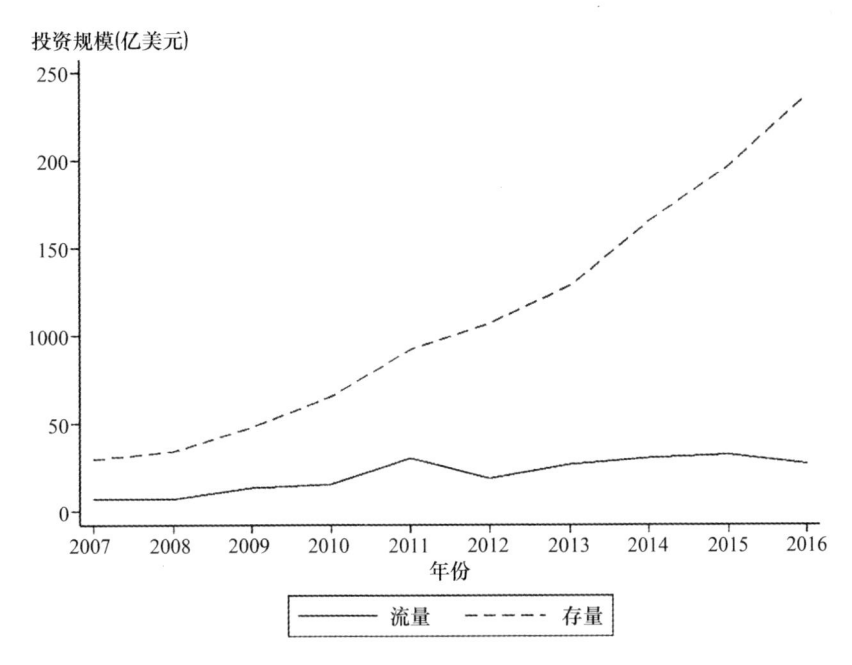

图 4.2 中国对中东国家直接投资流量、存量趋势（2007—2016）

况来看，中国的投资规模不断扩大，既有利于中东国家经济结构调整和产业优化升级，为各国的经济发展、转型提供有力支撑，又反哺中国供给侧改革，促进中国富余产能输出至该地区，加速了中国投资建设走向国际的步伐。

以阿拉伯国家为例，随着"一带一路"倡议推进，中国对阿拉伯国家的投资领域不断拓展，涵盖油气、建筑、制造、物流、电力等众多领域。截至 2021 年底，中国已与 14 个阿拉伯国家签署了《双边投资协定》。① 据商务部统计数据，2013 年中国对阿拉伯地区直接投资存量首次突破 100 亿美元②，2016 年中国对阿拉伯国家非金融类直接

---

① 商务部研究院：《中国与阿拉伯国家经贸合作回顾与展望 2022》，新浪财经网：https://finance.sina.com.cn/tech/roll/2022-12-12/doc-imxwkeyz2029456.shtml。
② 《弘扬丝路精神 深化中阿合作》，人民网：http://politics.people.com.cn/n/2014/0605/c1024-25109531.html。

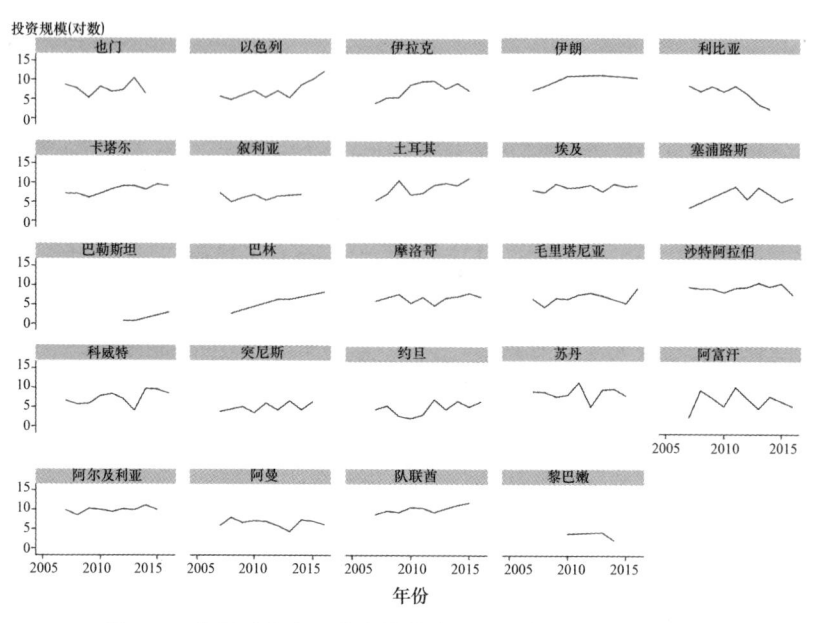

图 4.3　中国对中东国家直接投资流量趋势（2007—2016）

投资达 11.5 亿美元，同比增长 74.9%①，较同期中国企业对外非金融直接投资流量总额增幅高出 30.8%。值得一提的是，中国对阿拉伯国家的直接投资高度聚焦沙特、卡塔尔等油气出口国，位于沙特的延布炼厂是中国能源企业在沙特的标杆投资项目。② 同时，从投资市场潜力来看，海合会国家宏观经济稳定、自然资源丰富、基础设施健全、人均收入高，尤其阿联酋、卡塔尔和沙特在"2016—2017 年全球竞争力"评比中排名靠前，位居世界前 20%③，相比该地区其他国家更能够吸引中国的投资。相应地，中国对海合会国家投资的不断增长，尤其同卡塔尔、阿联酋设立 200 亿美元共同投资基金的落实，增

---

① 《2016 年中国与阿拉伯国家经贸合作统计数据》，中华人民共和国商务部西亚非洲司网站：http://xyf.mofcom.gov.cn/article/date/201703/20170302540290.shtml。
② 王猛、王博超：《21 世纪以来中阿经贸合作发展的多维透视》，《阿拉伯世界研究》2023 年第 1 期。
③ Klaus Schwab, *World Economic Forum's Global Competitiveness Report* 2014-2015, The World Economic Forum, 2015, pp. 36-37.

加了中国对阿拉伯地区的整体投资力度，提升了中国与该地区在投资领域的合作层次，为未来中国在该地区更大范围的投资奠定了基础。

中国对中东地区的投资也存在一些显著问题：一是中国与阿拉伯国家相互直接投资增长迅速，但耀眼的增长速度由于较低的投资额而效果不彰[1]；二是中国对该地区投资产业较为单一，主要集聚在能源产业。虽然近些年中东地区房地产业、旅游业和制造业也同样吸引中国投资流量不断提升，但规模远远不及能源业投资，再加上中东地区不同国家的社会稳定性和政治环境质量差异悬殊，加剧了中国对该地区直接投资分布不均问题，不利于未来双边持续、良好的投资开展。

英国学者约翰·邓宁指出，一国对外直接投资时一般存在四种基本动机（即市场进入模式），分别为市场寻求型、资源寻求型、效率寻求型和战略资产寻求型[2]。具体而言，市场寻求型动因是跨国公司进入海外市场最主要的动因，目的在于巩固原油市场，拓展新市场，避开各类贸易保护壁垒，直接或间接进入当地市场。资源寻求型动因是跨国公司进入海外市场最初的一种动因，目的是从国外获取稳定而廉价的生产要素资源，所以多投向矿业、渔业和林业等初级产业部门。随着各国结构的调整，这类投资比重已逐步下降。效率寻求型动因主要表现在跨国公司进入海外市场后，为实现利益最大化，不断努力降低生产成本，获得技术和规模经济效益，提高跨国经营效率。战略资产寻求型指的是，在全球化发展战略目标下，跨国公司对外投资目的是在全球范围内寻求优势资源并实现最佳要素结合，即把各国、各区域的市场和经济资源，都纳入公司的统一规划中，分布在各国的子公司虽然独立核算，可以独立发展，但其经营必须保障跨国公司整体在全国范围的利益最大化[3]。结合市场进入模式的分类，本书在市

---

[1] 王猛、王博超：《21世纪以来中阿经贸合作发展的多维透视》，《阿拉伯世界研究》2023年第1期。

[2] John Harry Dunning, "Location and The Multinational Enterprise: A Neglected Factor?" *Journal of International Business Studies*, 1998, Vol. 29, No. 1, pp. 45-66.

[3] 《市场进入模式》，MBA智库百科网站：https://wiki.mbalib.com/wiki/%E6%B5%B7%E5%A4%96%E5%B8%82%E5%9C%BA%E8%BF%9B%E5%85%A5%E6%A8%A1%E5%BC%8F。

场规模与潜力、基础设施建设、经济开放度、政治文化和社会文化等出口贸易环境因素基础上（已在第四章第二节分析），从以下几个方面对中东地区投资环境进行拓展分析。

劳动力成本与素质。一般来说，一国的人均收入越低，劳动力成本越低。世界银行通常按人均国民总收入（GNI）将世界各国分成四组，分别为低收入国家、中等偏下收入国家、中等偏上收入国家和高收入国家。参考世界银行2016年公布的收入水平分组标准，人均国民收入区间在1025美元以下表示"低收入"水平，在1026—4035美元表示"中等偏下收入"水平，在4036—12475美元表示"中等偏上收入"水平，12476美元以上表示"高收入"水平。[①] 根据2007—2016年各国人均国民收入的平均值显示，卡塔尔、阿联酋、科威特、沙特、巴林、阿曼等海合会国家，以及以色列、塞浦路斯都属于世界高收入国家，土耳其、黎巴嫩、伊朗、伊拉克、利比亚等西亚国家和北非的阿尔及利亚属于中等偏上收入国家，约旦、突尼斯、埃及、巴勒斯坦、摩洛哥、苏丹、毛里塔尼亚和也门属于中等偏下收入国家，阿富汗属于低收入国家。另外，叙利亚因数据缺失值太多，无法进行统计。在劳动力素质方面，以色列、塞浦路斯、海合会国家的教育水平较为先进，能够为本国提供具有较高素质的劳动力。巴勒斯坦、也门等国在教育质量上相对落后，这也成为其国内青年失业率较高的重要原因之一。所以，尽管低收入国家在劳动力成本上占据优势，但高素质劳动力的匮乏，很大程度上制约了该国社会的和谐稳定以及经济的中长期发展前景，影响中国对该国的投资机遇。

自然资源禀赋。中国人均自然资源占有率低，需要寻求资源以保障国内市场供给，所以一般来说，东道国自然资源越丰富，越能吸引到中国的投资。中东地区石油储量大，开发成本低于世界平均水平，是全球常规油气资源最为丰富的地区和世界能源重要的生产基地，

---

① 分类标准请参考网站：https://blogs.worldbank.org/opendata/new-country-classifications-2016。

2016年仅沙特石油出口量便占到世界石油出口量的13%。[1] 然而，中东地区除石油资源之外其他资源相对匮乏，其发展过程中所需的工业用料、设备和生活用品需要依靠进口解决，所以长期以来中国对该地区以能源进口和货物出口为主，双边贸易结构看似互补实则失衡，导致中国与该地区产油国较常出现贸易逆差。同时，中东地区各产油国政府愈来愈深刻地认识到，单纯依靠石油收入的国民经济对国际石油市场价格波动极为敏感，抗干扰抗风险能力较弱，还要面临石油资源逐渐枯竭带来的危机与压力。"一带一路"倡议下中国与中东国家能源领域的战略合作需要制定长远的能源投资发展计划，才能既保障中国的能源安全，又保证双边贸易结构互补呈良性发展态势，进而维护中国对该地区的投资建设健康发展。

贸易与投资的关联效应。国际直接投资作为国际贸易的高级形式，与双边之间的经贸往来具有密切关系。相关研究发现，出口贸易与投资具有内在依存性，互为补充。[2] 究其原因，主要为母国与东道国之间的出口联系是企业了解东道国市场、通行商务惯例和文化习俗的重要途径之一。中国与中东国家的贸易往来历史悠久，早在古代海上丝绸之路兴盛时期，阿拉伯商人在古丝绸之路上舟舶继路、商使交属，双边在经贸交流合作方面积累了丰富经验和深厚基础。目前，中国的机械、家电、轻纺制品等主要工业制成品和生活消费品，以其低廉的价格和耐用的质量在中东地区拥有较大市场，该地区丰富的石油资源出口为中国的能源安全提供保障，双边贸易结构强烈互补让各自成为对方重要的贸易对象。中国已成为阿拉伯国家和伊朗的最大贸易伙伴，土耳其的第二大贸易伙伴，以及中东地区最大的石油进口国。相对应地，中东地区的沙特、阿曼、伊拉克、伊朗、阿联酋和科威特

---

[1] "BP Statistical Review of World Energy 2017", bp：https：//www.bp.com/content/dam/bp/business-sites/en/global/corporate/pdfs/energy-economics/statistical-review/BP-statistical-review-of-world-energy-2016-full-report.pdf.

[2] 相关研究请参见邱立成、王凤丽《我国对外直接投资主要宏观影响因素的实证研究》，《国际贸易问题》2008年第6期；王胜、田涛：《中国对外直接投资区位选择的影响因素研究——基于国别差异的视角》，《世界经济研究》2013年第12期。

等国位列中国十大原油进口国,其巨大的消费能力和市场规模为中国工业化水平的提升带来机遇,也为中国对中东地区的投资提供了必要的发展环境。

高新技术支持。目前,中国在大数据、5G通信、云计算和生物科技等方面具有领先优势。世界知识产权组织(WIPO)发布的《专利合作条约年度报告2017》(Patent Cooperation Treaty Yearly Review 2017)[①]显示,在国际专利申请来源国中,中东地区的沙特、以色列、土耳其等国的专利数量居于亚洲前十,埃及排名非洲第二,代表了亚非地区极为重要的科技力量,也表明他们有能力与中国共同建设一批互利共赢、互取所需的重点项目,让先进科技惠及中东当地民众,进而提高和加强双边高科技领域投资合作的意愿,推动中国高新科技产业投资更快更好地走出国门、走向世界。

第四节 中国与中东经贸合作发展挑战

本书基于研究视角和研究重点,将中国与中东经贸合作面临的挑战分为正式制度层面的挑战与非正式制度层面的挑战,其中后者在双边经贸活动中的作用常常容易被忽略。

一 正式制度层面的合作挑战

(一)政治方面

中东地区矛盾错综复杂,国家间矛盾与国内动荡、传统安全威胁与非传统安全威胁相互交织,上升到一定程度还会迅速演变为地区冲突甚至战争,给当地人民带来深重灾难。比如,2010年底席卷突尼斯的"茉莉花革命",起因是一名水果摊贩的自杀事件,却最终发酵升级为中东剧变,导致中东地区内部权力结构碎片化,政局出现长期动荡,地区秩序和国家间关系在解构中寻找平衡,不仅使区域内国家

---

① "Patent Cooperation Treaty Yearly Review 2017", WIPO:https://www.wipo.int/edocs/pubdocs/en/wipo_pub_901_2017.pdf.

间关系复杂，也为外部势力干预提供可乘之机。此外，作为国际力量博弈的重要区域，中东地区大国干涉不断，外部势力推波助澜，大国博弈和地区内部各种矛盾引发中东地缘政治的深刻变化，不稳定局面为双方贸易、投资合作带来相当大的风险和不确定因素。

（二）经济方面

第一，中东国家整体营商环境欠佳。尽管海合会国家的人均收入水平已经位居全球前列，但仅阿联酋营商环境排名靠前，其他国家普遍排名靠后，大部分阿拉伯国家都存在行政机关效率偏低、法律不够完善的问题。此外，受传统习惯影响，中东市场制度总体开放性欠佳，以沙特为例，根据沙特《外国投资法》，合法注册的外资企业不必通过沙特代理人进行商务活动，但实际上外资企业与当地注册、劳动、税收、海关等政府部门打交道时，必须委托沙特当地代理人或代理机构，否则不予接待。此外，沙特财税管理体系变化较为剧烈，税收法规和管理举措出台较快，税务稽查力度加大。比如，自2020年起，外籍人税加码；2020年7月1日起，增值税税率从5%提高至15%。

第二，双边贸易长期存在不平衡。阿拉伯国家严重依赖能源部门，虽然海合会国家率先提出"摆脱对石油依赖、实现经济多元化"构想，但进展非常缓慢。以石油能源出口为主；中国以机械设备、纺织品、塑料等制成品出口为主，导致双方贸易结构单一，发展存在明显不平衡。同时，中国对阿拉伯非产油国保持顺差，一定程度上冲击了这些国家的低端产业，贸易摩擦难以避免。此外，中海在能源产品的关税减让和市场准入等问题上也存在分歧，影响中海自由贸易区谈判至今未果。

第三，中国与"第三方国家"之间存在激烈竞争。中东国家长期也与西方国家深度开展经贸合作，在生产经营、质量监管上更认准西方标准，而即便在传统经贸领域方面，中国还面临与东亚、东南亚等其他发展中国家之间的激烈竞争。

二 非正式制度层面的合作挑战

中国与中东经贸合作面临的非正式制度层面的挑战，实质上也是

"一带一路"倡议下中国对外经贸合作在人文交往方面的挑战。

周恩来总理曾经将文化交流和经贸合作看作政治外交的"两翼"[①],随着经济全球化发展,人文交流与经贸合作的内在关联更为紧密,互相作用也更为直接,总体上中国与沿线国家人文交流面临文化和语言两大障碍。

第一,沿线国家地域跨度大、文化迥异。"一带一路"贯穿亚欧非三个大陆,一边是经济发展活力足、发展需求高的东亚经济圈,另一边是社会发达程度高、经济发展比较成熟的欧洲经济圈,中间则是发展潜力巨大的腹地国家。所谓"十里不同音,百里不同俗",沿线各地区文化差异显著。在亚洲就有以中国为主的东亚文化、中东地区的阿拉伯文化、中亚地区的斯拉夫文化等,甚至同一地区、同一宗教信仰下,文化表达形式也不尽相同。这些文化差异不仅会增加经济活动的难度与风险,加大企业协调和治理的成本,而且会在一定程度上阻碍交易的顺利进行,甚至有可能引发严重的文化对立与冲突。2017年5月14日,习近平主席在出席"一带一路"国际合作高峰论坛开幕式时强调,要坚持以和平合作、开放包容、互学互鉴、互利共赢为核心的丝路精神,携手推动"一带一路"建设行稳致远,将"一带一路"建成和平、繁荣、开放、创新、文明之路。可见,要想把"一带一路"建设成文明之路,需要促进文化交融来实现不同文明平等对话、互利互鉴。

第二,沿线国家语言种类繁多、差异巨大。语言是文化之舟、思想之舆,只有双方语言相通,文化交流才有基础。沿线国家有60余个,主要集中在亚洲的中亚、西亚、南亚和东南亚,欧洲的中欧、南欧及西欧;官方语言隶属印欧语系、内含语系、南岛语系、南亚语系、阿尔泰语系、汉藏语系等[②]。国内学者粗略统计,"一带一路"建设涉及国家的国语或国家通用语有50余种,再算上这一区域民族

---

① 柴如瑾:《中外人文交流的新方向》,《光明日报》2018年2月8日第6版。
② 赵阳:《"一带一路"背景下多语种人才培养研究》,社会科学文献出版社2017年版,第5页。

或部族语言，重要者不下 200 种①。沿线大部分国家对语言问题十分重视，有 62 个国家都在宪法中涉及与语言相关的条款②，而且值得一提的是，所有沿线国家的官方语言均是非通用语。在与沿线国家开展对话交流时，使用英语、俄语等通用语可以达意却难以表情，可以通事却难以通心，所以欲表情、通心，还需用本区域各国各族人民最乐意使用的语言，即使用他们的官方语言或民族语言。作为"一带一路"倡议的发起者，需要使用语言蕴含的力量，克服语言差异，让中国的倡议在沿线国家深入人心，让中国提出的主张得到沿线国家肯定。

随着"一带一路"建设的纵深扩展，非通用语语言人才的需求大幅增加，中国的企业和商品在"走出去"中面临着更多跨语言和跨文化沟通问题。③ 因此，推进中国与中东国家之间人文交流与语言互通，将有助于推动中国对中东国家关系的新发展。

---

① 李宇明：《"一带一路"需要语言铺路》，《人民日报》2015 年 9 月 22 日第 7 版。
② 王辉、王亚蓝：《"一带一路"沿线国家语言状况》，《语言战略研究》2016 年第 2 期。
③ 沈骑：《"一带一路"倡议下中国语言规划的五大任务》，《光明日报》2017 年 5 月 7 日第 12 版。

第五章　中国与中东非正式制度距离测度

中国和中东国家都是璀璨文明的发源地，中华文明同中东地区多元文明都从其他文明中汲取营养助力自身发展振兴，并在相互尊重的基础上，树立起不同文化、不同制度的国家和谐相处的典范。丝路悠悠，美美与共，共建"一带一路"背景下，深入了解与分析双方非正式制度差异，对我国秉持和而不同、和合共生的中国智慧，引导双方在尊重"不同"中寻求"共同"，在包容"不同"中谋求"大同"，进而推动双方深化各领域合作具有现实意义。

第一节　对中东国家语言情况剖析

一　中东国家语言使用情况

中东地区在历史、宗教、文化和地理等因素共同作用下造就了该地区较为复杂的语言使用现状（见表 5.1）。总体上，该地区语言所系语族相对集中，大多数国家的官方语言相同或相近，但具体到各国家，当地用语之间存在一些差异[①]。

[①] 以阿拉伯国家语言为例，标准阿拉伯语是大多数阿拉伯国家的官方语言，但具体到每个国家，都使用带有本地特色的阿拉伯语，也可以称其为当地的"土著语言"。

表 5.1　　　　　　中东地区 24 国的语言使用情况

地区	国别（代码）	官方语言	语系
西亚地区	阿富汗（AFG）	普什图语	印欧语系—印度—伊朗语族—东伊朗语支
	阿联酋（ARE）	阿拉伯语	闪含语系—闪米特语族—南部语支
	巴林（BHR）	阿拉伯语	闪含语系—闪米特语族—南部语支
西亚地区	塞浦路斯（CYP）	希腊语 土耳其语	印欧语系—希腊语族—西区语支 阿尔泰语系—突厥语族—乌古斯语支
	伊朗（IRN）	波斯语	印欧语系—印度—伊朗语族—西部语支
	伊拉克（IRQ）	阿拉伯语	闪含语系—闪米特语族—南部语支
	以色列（ISR）	希伯来语	闪含语系—闪米特语族—北部语支
	约旦（JOR）	阿拉伯语	闪含语系—闪米特语族—南部语支
	科威特（KWT）	阿拉伯语	闪含语系—闪米特语族—南部语支
	黎巴嫩（LBN）	阿拉伯语	闪含语系—闪米特语族—南部语支
	阿曼（OMN）	阿拉伯语	闪含语系—闪米特语族—南部语支
	巴勒斯坦（PLE）	阿拉伯语	闪含语系—闪米特语族—南部语支
	卡塔尔（QAT）	阿拉伯语	闪含语系—闪米特语族—南部语支
	沙特（SAU）	阿拉伯语	闪含语系—闪米特语族—南部语支
	叙利亚（SYR）	阿拉伯语	闪含语系—闪米特语族—南部语支
	土耳其（TUR）	土耳其语	阿尔泰语系—突厥语族—乌古斯语支
	也门（YEM）	阿拉伯语	闪含语系—闪米特语族—南部语支
北非地区	阿尔及利亚（DZA）	阿拉伯语	闪含语系—闪米特语族—南部语支
	埃及（EGY）	阿拉伯语	闪含语系—闪米特语族—南部语支
	利比亚（LBY）	阿拉伯语	闪含语系—闪米特语族—南部语支
	摩洛哥（MAR）	阿拉伯语	闪含语系—闪米特语族—南部语支
	毛里塔尼亚（MRT）	阿拉伯语	闪含语系—闪米特语族—南部语支
	苏丹（SDN）	阿拉伯语	闪含语系—闪米特语族—南部语支
	突尼斯（TUN）	阿拉伯语	闪含语系—闪米特语族—南部语支

注：国家按照国际普遍公认的国家或地区三位字母代码顺序排序。

样本中的 19 个阿拉伯国家语言呈现通用一种主体民族语言，多种地区方言并存的特点。作为阿拉伯语的高变体①，阿拉伯语标准语是阿拉伯语国家的主体民族语言，大多数阿拉伯语国家在其宪法中明确规定阿拉伯语标准语是本国的官方语言，并在各国的教育、传媒和行政等正式工作场合广泛使用。因此，阿拉伯标准语既是阿拉伯国家的通用语，也是西亚地区、北非地区的跨区域通用语（指两个或两个以上区域内所有或大多数国家共同使用的语言），还是我们了解当地国情概况需要学习的主要目的语。

然而，由于中东地区幅员辽阔，各地历史、文化和生活习惯不同等原因，阿拉伯语在使用过程中逐渐分化为多种方言。这种民族性的、区域性的方言因其具备完整职能且能独立使用，被广泛使用于非正式场合，成为人们日常生活中的主要交流工具之一，形成了与阿拉伯语标准语相对立而存在的局面。②阿拉伯地区的方言并非一种统一的语言，方言之间不仅存在差异，也与标准阿拉伯语在语音、语法和词汇等方面有一定区别，形成了今天不同阿拉伯国家所说的阿拉伯语存在差异的局面，尽管阿拉伯人能理解和明白方言之间的差异，但为对外交流、对外贸易等活动造成了一定的阻碍。

除阿拉伯国家外的其余5个国家的官方语言各不相同。伊朗的官方语言是波斯语，阿富汗的官方语言是普什图语，塞浦路斯的官方语言是希腊语和土耳其语，土耳其的官方语言是土耳其语，以色列的官方语言是希伯来语。这5个国家的官方语言分属3个不同语系，语言差异明显。

语言是文化的载体，是交流的工具，发展"一带一路"必须语言先行。掌握中东地区语言使用情况，有利于中国为发展"一带一路"倡议制定相应的语言使用政策和外语教育规划。

二 中东国家语言重要性：国家关键语言视角

"关键语言"最早由美国于2006年提出，作为对"9·11事件"

---

① 阿拉伯语分为阿拉伯语标准语和阿拉伯方言，方言一般用于口语。阿拉伯语标准语与口语均属于阿拉伯语变体，转引自戴曼纯、潘巍巍《国家语言能力建设视角下的个人多语能力》，《语言文字应用》2018年第1期。

② 唐雪梅、马吉德：《"一带一路"沿线海湾阿拉伯国家语言现状与语言政策》，《西安外国语大学学报》2018年第4期。

的深刻反省，美国的关键语言以国家安全为导向，旨在通过"关键语言"战略维护国家安全，提升国家语言能力，其核心内容之一是培养国家急需的关键外语人才。当时，美国急需的外语并非欧洲语言，而是其国内学习者比较少、但具有战略意义的非通用语，如2009至2015年，美国最高级别的关键语言是包括汉语、阿拉伯语和俄语等在内的6种语言。

随着中国迅速发展和全球一体化进程加快，语言对国家利益和国家安全的作用日益凸显，学术界关于国家关键语言的研究不断深化。张治国依据中国的政治需要、经济需要和安全需要，列出了三个层级共21种关键外语[1]；束定芳提出要从国家安全、对外交往、经贸合作、文化"走出去"以及与军事、艺术和学术等密切相关的领域出发，确定一批国家的语言作为"关键外语"[2]。值得一提的是，"关键外语"来源于美国关键语言概念的原始含义，指向性十分明确，但存在一定局限性，特别是中国提出"一带一路"倡议后，一些与国家利益和国家安全相关的语言并非都是外语，与此同时，国家关键语言的范围和内涵也更加丰富。在此背景下，张天伟指出中国的关键语言主要指与国家安全、国家战略、国家利益和国家发展相关的语言，包括外语、方言和少数民族语言等不同类别。[3] 基于关键语言的概念，程彤和邓世平根据"一带一路"沿线国家语言使用情况，提出了"关键土著语言"。[4] 可以看出，国内学者从一开始就明确了国家关键语言与国家急需密切相关、与语种大小强弱无关、随国内外形势变迁的特点，并归纳出国家战略发展、政治外交需求、经贸合作急需、应对现实和潜在危机等4个要素作为确定中国关键语言的条件[5]，也是本书评估中东24国的6种官方语言所依据的重要标准。

从国家发展看，中东地区作为陆上丝路和海上丝路的交汇点，是

---

[1] 张治国：《"一带一路"建设中的语言问题》，《语言文字应用》2016年第4期。
[2] 束定芳：《关于我国外语教育规划与布局的思考》，《外语教学与研究》2013年第3期。
[3] 张天伟：《我国关键语言战略研究》，《中国社会科学院研究生院学报》2015年第3期。
[4] 程彤、邓世平：《"一带一路"沿线关键土著语言专业课程设置研究》，《外语界》2019年第6期。
[5] 张天伟：《我国关键语言战略研究》，《中国社会科学院研究生院学报》2015年第3期。

"一带一路"倡议发展的重点区域,其语言文化地位突出。从政治外交需求看,中东地区的通用语——阿拉伯标准语是联合国工作语言,也是中国政府部门在涉外政治、经济、文化领域所需的主要语言之一。从经贸合作急需看,"一带一路"倡议带来贸易畅通,中国与中东国家的贸易规模持续增大,对其直接投资平稳增长,未来还有很大的发展潜力,中东语言的经济价值随着双边贸易投资合作的发展不断提升。从应对现实和潜在危机看,当前部分中东国家身处战乱,安全形势不容乐观,对中国在沿线国家的经贸、投资等活动产生潜在威胁。同时,中国还参与涉外活动(如国际维和行动、海军护航及反海盗行动、国际救灾与人道主义救援行动等),急需掌握当地语言、特别是方言的外语人才。基于以上原因,本书认为中东地区的官方语言是我国的关键语言。

事实上,中国历来十分重视中东地区的语言,张治国将阿拉伯语划分为我国的一级关键外语,将波斯语划为三级关键外语[1];高健提出将中东地区的阿拉伯语、土耳其语、波斯语列入中国24种关键外语的中长期外语教育规划[2];张天伟将中东地区语言作为中国长期需求和当前任务急需的语言[3]。此外,阿拉伯语作为中东地区语言的代表,是全球作为母语使用人数最多的前十种语言之一[4],使用领域最广的十二种核心语言之一[5],以及网络使用人数最多的十种语言之一[6],被美国、英国、德国、澳大利亚、日本等发达国家列入本国外语教育计

---

[1] 张治国:《中国的关键外语探讨》,《外语教学与研究》2011年第1期。
[2] 高健:《新"丝绸之路"经济带背景下外语政策思考》,《东南大学学报》(哲学社会科学版)2014年第4期。
[3] 张天伟:《我国关键语言战略研究》,《中国社会科学院研究生院学报》2015年第3期。
[4] 数据来源:List of language by number native speakers,维基百科网站:https://en.wikipedia.org/wiki/List_of_language_by_number_native_speakers。
[5] 荷兰社会学家艾布拉姆·德·斯旺根据语言使用的领域从大到小地把世界上的语言分为边缘语言(Peripheral Languages)、中心语言(Central Languages)、核心语言(Supercentral Languages)和超核心语言(Hyper Central Languages)。其中,核心语言包括英语、汉语、阿拉伯语、俄语、法语、德语、葡萄牙语、西班牙语、日语、马来语、印地语和斯瓦希里语12种语言。超核心语言只有英语一种。
[6] 数据来源:互联网世界数据库网站,网址:www.internetworldstats.com。

划中,以此加强本国公民的多语言能力和国际视野①。因此,无论是从发达国家的经验来看,还是从中国国家利益出发,中东地区的官方语言都应被列入国家关键语言,这对中国与中东高质量共建"一带一路"具有重要意义。

第二节 中国与中东语言距离测度

一 语言距离测度方法比较

常见语言距离测度方法有 5 种,由简到繁,逐步深入语言内核并把握语言本质。

虚拟变量法。在经济学研究中,由于语言等隐性变量不易测量,早期研究主要将语言距离作为控制变量而非解释变量,并采用虚拟变量纳入计量模型。根据两种语言是否同一语系、或语族、或语支、或语种等条件表示语言差异,相同取"0",不同取"1"。这样处理模型中的语言变量具有简单、易操作的优势,成为经济学研究中控制语言固定效应的常用方法。然而,实际中即使同一语族的语言之间也存在较大差异,如日耳曼语族北部语支的丹麦语和挪威语,印欧语系伊朗语支的波斯语和普什图语虽都属于同一语支,却存在明显差异,所以对语言之间的差异刻画不够细致是该方法的不足之处。

考试测评法。通过外语考试成绩换算成语言距离指数。哈特·冈萨雷斯和林德曼最早通过语言考试测评法推算出英语与其他 43 种语言之间距离指数,其测算结果可直接用作语言距离②;与其相似,库和祖斯曼采用不同国家的托福测评成绩衡量各国语言与英语的

---

① 相关研究请参见仲伟合、张清达《"一带一路"视域下的中国特色大国外语教育战略的思考》,《中国外语》2017 年第 5 期;王烈琴、于培文:《"一带一路"发展战略与中国语言教育政策的对接》,《河北学刊》2017 年第 1 期。

② L. Hart-González, S. Lindemann, *Expected Achievement in Speaking Proficiency*, School of Language Studies, Foreign Services Institute, Department of State, Washington, DC. Mimeographed Document, 1993.

语言距离[1]。但此方法的不足之处在于，只是以英语为基准衡量英语与其他语言之间的距离，并不能衡量除英语之外的任意两种语言之间的差异。受英语测试方法启发，国内学者苏剑和葛加国基于来华留学生样本通过语言考试测评，测算出汉语与其他外语的语言距离。[2] 这种方法的优势在于对语言之间差异的刻画更加细致，但也存在明显缺陷，一是很难控制受试者的主观性，如受试者的语言考试成绩受学习时长、教育资源以及年龄等多方因素影响，导致无法客观反映语言之间的差异。二是测度标准不统一，主要体现在外语考试的权威性难以保证，不同学者可能基于不同的语言考试内容（如语法、语音等），测算出不同的语言距离，因此难以衡量哪一种距离指标更标准。

同源词法。"同源词"（Cognates）来自语言学中的一个概念，表示来自同一语源的词汇，比如英文里的"Father"和德文里的"Vater"属于同源词，意为"父亲"；意大利语中的"Mangiare"和法语中的"Manger"也属同源词，意为动作"吃"。同源词法是通过计算两种语言中同根同源词汇的比例来确定语言距离，目前只有印欧语系才有系统的数据[3]，因此不适用于测量中国与其他国家的语言距离。

编辑距离法。美国统计学家斯沃德什最早通过选取印第安人和因组特人使用语言中意义相同的核心词汇进行字符串转换，用所需最少的编辑次数代表语言距离。[4] 伊斯豪丁和奥腾借助类似方法分别计算出英语与俄语、日语之间的语言距离。[5] 但该方法的不足之处在于计

---

[1] Hyejin Ku, Asaf Zussman, "Lingua Franca: The Role of English in International Trade", *Journal of Economic Behavior and Organization*, Vol. 75, No. 2, 2010, pp. 250-260.

[2] 苏剑、葛加国：《基于引力模型的语言距离对贸易流量影响的实证分析——来自中美两国的数据》，《经济与管理评论》2013年第4期。

[3] 赵子乐、林建浩：《经济发展差距的文化假说：从基因到语言》，《管理世界》2017年第1期。

[4] Morris Swadesh, "Lexico-statistic Dating of Prehistoric Ethnic Contacts: With Special Reference to North American Indians and Eskimos", *Proceedings of the American Philosophical Society*, Vol. 96, No. 4, 1952, pp. 452-463.

[5] Ingo Eduard Isphording, Sebastian Otten, "The Costs of Babylon—Linguistic Distance in Applied Economics", *Review of International Economics*, Vol. 21, No. 2, 2013, pp. 354-369.

算过程相当繁琐，对核心词汇的挑选也由于人为操作而存在主观性和随意性。

WALS 语言距离法。随着语言距离对经济活动的影响逐渐受到学界的关注，学者们对能够深入语言本质的语言距离测算方法的需求逐步提高。WALS 法基于世界语言结构地图（The World Atlas of Language Structures，WALS）及相关数据，其电子数据库（https://wals.info）提供了每种语言的 11 类共 192 条语言特征信息，可针对任何两种语言进行指标特征匹配，对各语言特征差异加权计算语言距离。具体做法是将两种语言按照 192 条指标逐一进行对比分析，语言指标相同时语言差异值取 1，不同取 0，最后对语言差异值求和，得到两种语言之间的差异结果。WALS 法能真实反映和准确解释世界主要语言结构特征，并且能够精确测量语言之间真实差异，因此也是语言学者常使用的测量语言之间差异的方法。

对比上述语言测度方法发现，WALS 测度法在语言样本选择上覆盖面广，并且能够把握语言内在的实质特征，较为准确地反映不同语言之间的差异程度，因此得到越来越多的关注和越来越广泛的使用。

二　数据库来源介绍

语言距离指数根据世界语言结构地图（WALS）数据，通过对各语言特征差异加权计算表示语言间的差异。WALS 语言距离法采用的语言指标能够详尽地表示语言的各项特征，反映不同语言之间的真实差异程度，是用于考察不同国家间语言距离的有效方法，有助于探讨语言对经济、文化、政治等社会活动的边际效应。当前，世界语言结构地图 WALS 数据库囊括了世界 2679 种语言及方言，基本按照地理、国别划分语言种类，每种语言涉及语音、形态、名词范畴、名词句法、动词范畴、语序、简单句、复杂句、词汇、手语和其他共 11 类（见表 5.2）、144 章、192 条语言特征（见附录 2），且每条语言特征均有不同级别的赋值，因而大大提高了语言差异测量的精准度。

表 5.2　世界语言结构地图（WALS）数据库语言特征描述

分类	章节	条目	示例
音韵	19	20	元音、辅音、音韵、声调、鼻音、摩擦音、重音等
词语形态	10	12	转换、屈折、标记、重叠、合并等
名词	28	29	阴阳性、阳性、复数、人称代词、不定代词、反身代词等
名词句法	7	8	所有格、关系从句、名词化动词、名词连词、短语连词等
动词	16	17	过去式、现在时、将来时、完成时、祈使形态、祈使等
词序	19	56	主动词序、动宾词序、副词表达、从属表达、名词短语等
简单句	24	26	比较句、被动句、否定句、疑问句等
复合句	7	7	目的从句、时间从句、原因从句、补语从句等
词汇	10	13	身体器官词、颜色词、数词等
手语	2	2	不规则否定、疑问
其他	2	2	手写系统、副语言点击法

注：根据 WALS 网站资料整理翻译。

三　语言距离测算及结果描述

从中东地区语言使用情况来看，语系语族相对集中，阿拉伯语是其中最大语种，属闪含语系，其次是波斯语和土耳其语，分别属于印欧语系和阿尔泰语系，因此不适合同源词法。考试测评法和编辑距离法存在人为主观性、实施难度大、不能反映语言本质差异等缺点，同样不适合作为最佳的方法选择。综合比较发现，WALS 语言距离法是测算中国与中东国家之间语言距离的最优之解。国内有学者基于此方法测量中国与"一带一路"沿线国家[1]、世界 97 国之间[2]的语言距离。本书采用 WALS 法计算语言距离，具体操作是将汉语与 24 国语言匹配成 24 组语言单位，再将每组语言按照 192 条指标逐一进行对

---

[1]　相关研究请参见王立非、金钰珏《我国对外贸易中语言障碍度测量及影响：引力模型分析》，《外语教学》2018 年第 1 期；杨言洪、王晓宇：《中国与中东"语言互通"贸易价值研究与人才培养启示》，《山东师范大学学报》（人文社会科学版）2018 年第 6 期；王晓宇、杨言洪：《区域国别视角下语言距离对中国向西亚北非出口贸易的影响及潜力分析》，《上海对外经贸大学学报》2019 年第 2 期。

[2]　崔璨、王立非：《北京冬奥会语言服务对京津冀 GDP 增长率贡献预测》，《经济与管理》2020 年第 3 期。

比分析，语言指标相同时语言差异值取1，不同取0，最后对语言差异值求和，得到两种语言之间的语言距离（见表5.3）。需要说明的是，正如前文所述，标准阿拉伯语是阿拉伯世界大多数国家的官方语言，但为了体现"民心相通"的效果，本书测算的语言距离是每个阿拉伯国家当地使用的阿拉伯语与汉语之间的距离。得益于WALS详尽的数据采集，该数据库不仅给出了标准阿拉伯语的相关数据，还以"国家"为单位给出了每个阿拉伯国家当地使用的阿拉伯语的相关数据，所以测度结果不仅显示出中国与阿拉伯各国之间的语言差异，还反映出各个阿拉伯国家之间使用的阿拉伯语也存在差异。比如，科威特和巴林同属于阿拉伯国家，但两国语言与汉语的语言距离分别为140和154，而两国所使用的阿拉伯语之间的语言距离经测算结果为32。另外，即使与汉语语言距离相同或接近的国家之间，语言差异也非常明显，如科威特和阿富汗分别使用阿拉伯语和普什图语，两种语言与汉语的语言距离分别为140和138，但两种语言之间的语言距离经测算结果为70。

表5.3　　　　　　　　中国与中东24国的语言距离

国别	语言距离	国别	语言距离	国别	语言距离
巴林（BHR）	154	摩洛哥（MAR）	151	阿联酋（ARE）	131
利比亚（LBY）	153	黎巴嫩（LBN）	151	阿曼（OMN）	131
苏丹（SDN）	153	突尼斯（TUN）	149	卡塔尔（QAT）	131
也门（YEM）	153	约旦（JOR）	149	埃及（EGY）	104
巴勒斯坦（PLE）	152	叙利亚（SYR）	149	塞浦路斯（CYP）	103
毛里塔尼亚（MRT）	152	伊拉克（IRQ）	147	伊朗（IRN）	103
沙特（SAU）	152	科威特（KWT）	140	土耳其（TUR）	97
阿尔及利亚（DZA）	151	阿富汗（AFG）	138	以色列（ISR）	97

四　语言差异的描述与分析

为了解汉语与中东国家语言差异程度相比于汉语与其他世界主要

语种差异处于何种水平，本书还采用WALS法分别测算了汉语与英语、俄语、法语、西班牙语、德语、日语、韩语之间的语言距离，结果依次为79、85、101、89、106、82、74，由此可见，汉语与中东国家语言差异同汉语与其他常见语种差异相比，差异程度相对较大。回顾以往研究发现，有关"语言距离""语言障碍度"的研究文献对语言差异的分析只停留在计算结果层面，并未对差异情况进行分析与描述。本书注意到这一问题，认为有必要对中国与中东国家的语言差异进行简要的定性分析。

"语言民族志"网站（www.ethnologue.com）2019年数据显示，全球目前使用阿拉伯语标准语的人口数量达到2.74亿，居世界使用人数最多的语言排行榜第六位[①]。阿拉伯语作为伊斯兰教经典《古兰经》和《圣训》的语言，是中东地区阿拉伯民族的母语，也是非阿拉伯民族穆斯林的宗教日常语言。鉴于阿拉伯语是中东地区使用人数最多且最具代表性的语种，本书以汉语与阿拉伯语的对比为例，围绕重要的语言指标特性，简要剖析汉语与阿拉伯语之间语言距离折射出的语言差异。

如上文所述，阿拉伯语属于闪含语系的闪米特语族，而汉语属汉藏语系的汉语族，二者在语言特征上的差异明显。从语言的本质特征看，阿拉伯语是一种词根屈折型语言，其单词形态上的变化需要依靠内部屈折（词根中音位替换）和外部屈折（词尾变化）上的共同变化实现[②]。同时，阿拉伯语常采用各种形式手段表达一定的语法关系和逻辑关系，比如使用起连接作用的关系名词、虚词、介词、条件词等词可以明确地表达句子成分的从属关系、逻辑关系，所以阿拉伯语是典型的形态型语言，可概括为形合（Hypotaxis）语言特征。相较而言，汉语基本没有形态变化，并且不用形式连接手段，而是注重隐性连贯和内在逻辑顺序，其相互关系从句子本身意思中体现出来，所以汉语是典型的语义型语言，可概括为意合（Parataxis）语言特征。基

---

① 数据来源：语言民族志网站，网址：https://www.ethnologue.com/guides/ethnologue200，前五位分别是英语、汉语、印地语、西班牙语和法语。

② 刘开古：《阿汉语言现象的比较研究》，《阿拉伯世界》1989年第2期。

于表 5.2 世界语言结构地图语言特征，本书选取名词、动词、简单句、词序①、词汇（以数词为例）等基础且常见的语言特征分类，从语言细节简述两者间差异。

与汉语不同，阿拉伯语名词方面有阴阳性、确指泛指、单双复数之分，词尾有主格、宾格、属格三个语法格位的变化，其指示代词②亦有性、数、格、指等语法意义。动词方面，阿拉伯语可以基于词根字母按屈折变化进行派生，具备时态、人称、性、数、主动、被动语态等属性。简单句方面，阿拉伯语常用一些起连接作用的成分，如关系名词、归词等，这些词在句中是不可或缺的。相较而言，汉语虽然也有关联词等连接词，但一般在句中的作用并不是不可或缺的，即使省略连接成分，汉语句中的逻辑关系可以联系上下文示意。词序方面，阿拉伯语词序深受其"形态型"语言特征影响，利用其词尾变化，以及介词、连接词、关系词等一切形式上的表征，将相关成分增附在基本句架结构的中间或前后，使得词序变化灵活。而汉语的词序主要受逻辑顺序支配，一般按照先后、空间大小、因果等逻辑关系顺序进行排列，再加上汉语词汇的形态变化能力薄弱，其语序相对固定。以修饰语成分为例，阿拉伯语的修饰成分在后而汉语的修饰成分在前，这种差异造成了中阿两种语言句子成分线性排列的差异，所以阿拉伯语句尾具有开放性，理论上可以朝着句尾方向无限扩充和延伸。相反，汉语句子的句首具有开放性，句尾则相对收缩，造成汉语句子逆序排列的线性结构③。词汇方面，本书具体以数词作为分析示例。一般来说，汉语在表达数词时需要借助量词，且量词与被数词的搭配要符合表达习惯，如"五位学生"中的"五"必须借助"位（个）"才能修饰学生，但像"五年""五天"这样无需量词的表达只

---

① "词序"，也叫"语序"，指语言里语词组合的次序。
② 阿拉伯语词汇分为名词、动词和虚词三种类型；指示代词亦属于名词范畴。
③ 如对"这个人是位教师 (هذا الرجل معلم)"这个简单句进行三次扩充，中文分别是：这个长相帅气的人是位教师、这个名叫哈桑的长相帅气的人是位教师、我今早碰见的这个名叫哈桑的长相帅气的人是位教师，分析发现汉语中修饰成分的排列向句首延伸。相对应地阿拉伯语表达分别为：هذا الرجل الوسيم معلم؛ هذا الرجل الوسيم المسمى حسنا معلم؛ هذا الرجل الوسيم المسمى حسنا الذي قابلته هذا الصباح معلم。由此可见，阿拉伯语中修饰成分的排列是向句尾延伸。

是少数，而阿拉伯语数词最大特点是数词与被数词组成正偏组合①，如"خمسة طلاب"，译为（泛指的）"五个学生"，并且不同于汉语，阿拉伯语数词的表达受到被数词的阴阳性、格位、泛确指的限制。另外，阿拉伯语数词还具有定语的功能，用来修饰被数词语，如"الطلاب الخمسة"译为（确指的）"那五个学生"。综上所述，汉语和阿拉伯语在各方面语言特征上存在较大差异，导致两者之间的语言距离也相对偏大。

第三节 对中东国家文化情况剖析

中国文化体系、印度文化体系、阿拉伯—伊斯兰文化体系以及西欧文化体系是世界上延续时间最长的、独立的、没有中断的文化体系②，当今世界文化体系也更加简要地归纳为三种发展倾向：欧美的基督教文化体系，简称西方文化；亚洲的儒释文化体系，简称东方文化；中东北非的阿拉伯—伊斯兰文化体系，简称中东文化。③

一 简述阿拉伯—伊斯兰文化的兴起

伊斯兰文化在世界上的兴起是伴随着伊斯兰教的传播而发生的，位于阿拉伯半岛的麦加和麦地那成为伊斯兰文化的摇篮。崛起于中东地区的阿拉伯人通过与周围各族人民的相互接触和相互影响，成为古老文明的受益者和继承者。④

宗教是文化内涵的一个重要方面，同时也是人类物质文明和精神文明发展到一定阶段的产物。伊斯兰教诞生于公元7世纪的阿拉伯半岛，其作为一种价值观、社会行为准则和道德规范，要求信仰者不受国家疆界限制都要遵从教义。之后得益于阿拉伯人的开疆拓域运动，伊斯兰教

---

① 正偏组合是阿拉伯语中广泛使用的一种复合名词，它由两个或两个以上的名词组成，表示一个更完整、更具体的意思。前面的名词叫正次，后面的名词叫偏次。
② 季羡林主编：《东方文化史话》，黄山书社1987年版，序言第1页。
③ 李振中：《中国文化与阿拉伯文化》，《西北民族研究》2014年第3期。
④ 黄运发：《略论阿拉伯—伊斯兰文化的成因、成就和世界影响》，《西北大学学报》（哲学社会科学版）1993年第2期。

逐渐由一种宗教信仰体系发展成为包括政治、社会、法律和艺术等思想的体系。在这个思想体系下，信奉伊斯兰教的阿拉伯人以阿拉伯语为载体，以《古兰经》和《圣训》为主导[1]，继承、汲取波斯等地区高度发展的文化营养，与被占领地区各民族人民共同创造了具有典型多民族性的阿拉伯—伊斯兰文化。作为多民族文化的总和，阿拉伯—伊斯兰文化不仅涵盖阿拉伯民族的思想和文化，还囊括信仰伊斯兰教的非阿拉伯民族的思想和文化[2]，覆盖了阿拉伯民族、波斯民族、科普特民族、土耳其民族、突厥民族以及并入阿拉伯帝国版图内的其他民族。阿拉伯人将各自民族文化中的精华全部揉进了伊斯兰思想体系，使其打上伊斯兰教的烙印，成为所有信奉伊斯兰教的穆斯林的文化，而古代阿拉伯人创造的闪族文化是伊斯兰文化的渊源和根基。

二 阿拉伯—伊斯兰文化的内涵和外延

纳忠在界定"阿拉伯—伊斯兰文化"的构成时指出，"阿拉伯—伊斯兰文化"由三种文化源流汇合而成[3]，分别是阿拉伯人的固有文化、伊斯兰教文化以及波斯、印度、希腊、罗马等外族的文化。其中，"阿拉伯人的固有文化"有别于伊斯兰教诞生后的阿拉伯文化，一般指伊斯兰教产生前的阿拉伯文化，在时间上为伊斯兰教诞生前约两个世纪。"学者们将阿拉伯人固有文化也称为'沙漠文化'或'游牧文化'。"[4] 而伊斯兰文化是伊斯兰教产生后阿拉伯人和广大穆斯林的文化，它以宗教文化为核心，以《古兰经》和《圣训》为主导，是在传承阿拉伯人固有文化的基础上，借鉴了阿拉伯半岛周边的希腊罗马、犹太、波斯文化等外族文化的长处，且结合阿拉伯人当时的状况与需求创立的，并派生出政治、经济、法律、伦理社会习俗、文学

---

[1] 仲跻昆等：《阿拉伯：第一千零二夜》，吉林摄影出版社2000年版，第31页。
[2] 李振中：《中国文化与阿拉伯文化》，《西北民族研究》2014年第3期。
[3] 纳忠：《译者序言》，载［埃及］艾哈迈德·爱敏《阿拉伯—伊斯兰文化史》（第一册），纳忠译，商务印书馆1982年版，第3页。
[4] 国少华：《阿拉伯—伊斯兰文化研究——文化语言学视角》，时事出版社2009年版，第15页。

艺术、建筑美术等多方面的文化。① 所以说，阿拉伯—伊斯兰文化包括阿拉伯文化和伊斯兰文化，阿拉伯文化也并不完全等同于伊斯兰文化。历史上，阿拉伯文明先于伊斯兰文明产生，后来由于受宗教文化的影响而被吸纳为泛伊斯兰文明的一部分。② 因此，"阿拉伯"和"伊斯兰"虽十分相近，却是两个不同的概念，不能等同，确切地说，阿拉伯文化是阿拉伯民族的文化，伊斯兰文化则是全球所有穆斯林的文化，因而"伊斯兰"在内涵和外延上都比"阿拉伯"更加宽泛。

同时，必须承认的是，伊斯兰教产生并兴起于阿拉伯人生活的阿拉伯半岛，阿拉伯语作为伊斯兰教经典《古兰经》使用的语言，连接着各民族穆斯林的思想和情感。伊斯兰教信仰、礼仪、风俗习惯中也承袭了一些阿拉伯的传统，两者文化在时间与空间上交接叠印在一起，发展成为具有多民族文化特色的阿拉伯—伊斯兰文化。正是由于两种文化的紧密联系，让阿拉伯文化、伊斯兰文化、阿拉伯—伊斯兰文化三者的研究范围基本一致。③ 因此，既不能脱离阿拉伯人谈伊斯兰文化，也不能将伊斯兰文化与阿拉伯文化割裂开来；阿拉伯文化与伊斯兰文化是难以分隔的，"阿拉伯文化"与"阿拉伯—伊斯兰文化"也基本等同。④

三 阿拉伯—伊斯兰文化及其特征

霍夫斯泰德认为，与中国文化距离较远的国家更多地受伊斯兰教、东正教和拜占庭文明的影响。⑤ 关于阿拉伯—伊斯兰文化的特点，孙承熙先生在《阿拉伯文化史纲》一书中认为，该文化具有三个明

---

① 国少华：《阿拉伯—伊斯兰文化研究——文化语言学视角》，时事出版社2009年版，第26、32页。
② 吴云贵：《伊斯兰宗教与伊斯兰文明》，《阿拉伯世界研究》2009年第1期。具体来说，是"由于伊斯兰教产生并兴起于阿拉伯半岛，成为绝大多数阿拉伯人信奉的宗教，而自伊斯兰教产生后，伊斯兰文化也一直是阿拉伯民族的主流文化，和阿拉伯文化在时间和空间上交接叠印在一起，形成阿拉伯—伊斯兰文化体系"，详情请见国少华《阿拉伯—伊斯兰文化研究——文化语言学视角》，时事出版社2009年版，第11页。
③ 纳忠等：《传承与交融：阿拉伯文化》，浙江人民出版社1993年版，第1页。
④ 肖凌：《阿拉伯固有文化研究》，社会科学文献出版社2017版，第17页。
⑤ ［荷］吉尔特·霍夫斯泰德、格特·扬·霍夫斯泰德：《文化与组织：心理软件的力量》（第二版），李原、孙健敏译，中国人民大学出版社2010年版，第47页。

显特点，一是宗教本位，二是承上启下，三是连贯东西。

所谓"宗教本位"，指的是伊斯兰教在阿拉伯文化中的地位与影响力，概括来说，就是阿拉伯—伊斯兰文化以《古兰经》的语言——阿拉伯语为载体，以宗教文化为基础与核心[①]，以阿拉伯民族意识和伊斯兰教信仰为核心价值观中最基本的因素[②]，派生出宗教文化、政治文化、制度文化、社会习俗文化等许多方面内容。"承上启下"与"连贯东西"分别从历史及地理的角度说明了阿拉伯文化在人类历史发展过程中所起到的横向与纵向的沟通作用。具体说来，就是阿拉伯—伊斯兰文化继承了古代世界的优秀文化，如希腊、罗马文化，在沟通东西方文化过程中，非阿拉伯民族在丰富、宣传伊斯兰文化上的作用更大，使得信仰伊斯兰教的民族和国家大大增加。得益于阿拉伯帝国所处的地理位置——介于欧、亚、非三洲，阿拉伯—伊斯兰文化呈现出跨越国家形态的发展方式及趋向，形成了我们今天看到的伊斯兰世界，其中西班牙、西西里岛和南意大利地区是阿拉伯—伊斯兰文化西传的地缘纽带。[③] 阿拉伯—伊斯兰文化对东方的影响，突出表现在伊斯兰文化在亚非地区的广泛传播。[④] 阿拉伯—伊斯兰文化作为中东国家共同的文化基础[⑤]，是一种具有广泛影响力的社会生活方式与文明方式。[⑥]

第四节　中国与中东价值观距离测度

一　文化距离测度方法比较

国内外"文化距离""（非正式）制度距离"相关研究中尚未将

[①] 李振中：《中国文化与阿拉伯文化》，《西北民族研究》2014年第3期。
[②] 国少华：《阿拉伯—伊斯兰文化研究——文化语言学视角》，时事出版社2009年版，第2页；朱威烈：《知难而进 磨杵成针——〈阿拉伯—伊斯兰文化研究——文化语言学视角〉序》，《回族研究》2010年第2期。
[③] 张倩红、刘洪洁：《从文明交往到文明自觉——彭树智先生的文明交往史观》，《史学理论研究》2016年第4期。
[④] 黄运发：《略论阿拉伯—伊斯兰文化的成因、成就和世界影响》，《西北大学学报》（哲学社会科学版）1993年第2期。
[⑤] 中东24国中，阿富汗、土耳其、伊朗，以及阿拉伯19国基本都信仰伊斯兰教，以色列主要信仰伊斯兰教和犹太教，塞浦路斯主要信仰伊斯兰教和东正教。
[⑥] 吴云贵：《伊斯兰宗教与伊斯兰文明》，《阿拉伯世界研究》2009年第1期。

"价值观距离"作为单独维度进行测量,但一些文化维度模型的测度方法与价值观差异的测量存在内在联系。"文化距离"相关研究起于克拉克洪和斯托特柏克1961年在他们的著作《价值取向的变奏》①中提出的文化差异分析模式,之后根据文化距离测度的需要发展出不同的文化维度模型,目前常用模型有三种:一是荷兰心理学家、文化学者霍夫斯泰德采用权力距离(Power Distance Index,PDI)、不确定性规避(Uncertainty Avoidance Index,UAI)、个人/集体主义(Individualism & Collectivism Index,IDV)、男性/女性度(Masculinity & Femininity Index,MDI)等四个文化维度代表的国家文化。② 随着时代变迁,他在后期研究中又加入了长/短期导向(Long-term & Short-term Orientation,LTO)和放纵与约束(Indulgence & Restraint Index,IND)两个维度,最终形成了具有六维度的国家文化模型。二是以色列社会心理学家施瓦茨基于人类基本价值观理论整理出的保守主义、自主知识权、情感自主权、等级制度、平等承诺、控制、和谐七个文化因素,进而归纳成保守与自主、等级制度与平均主义、控制与和谐三个文化维度。③ 三是美国密歇根大学社会学系教授英格尔哈特根据世界价值观调查(World Values Survey,WVS)小组提出的基于价值观与经济发展变化之间关系的理论所创建的文化两维模型,包括传统—世俗理性(Traditional and Secular-Rational,简称"TSR"或"水平")和生存—自我表现(Survival and Self-Expression,简称"SSE"或"垂直")两个维度;两维模型对调查中文化差异的解释力超过70%。④

---

① Florence Rockwood Kluckhohn, Fred L. Strodtbeck, *Variations in Value Orientations*, Evanston, Ill: Row, Peterson, 1961.
② Geert Hofstede, Gert Jan Hofstede, M. Minkov, *Cultures and Organizations: Software for the Mind*, 3rd Edition, New York: McGraw-Hill, 2010.
③ Shalom H. Schwartz, "Are There Universal Aspects in the Structure and Contents of Human Values?", *Journal of Social Issues*, Vol. 50, No. 4, 1994, pp. 19-45.
④ Ronald Inglehart, *Modernization and Postmodernization: Cultural, Economic, and Political Change in 43 Societies*, Princeton: Princeton University Press, 1997, p. 45; Ronald Inglehart, C. Welzel, *Modernization, Cultural Change, and the Democracy: The Human Development Sequence*, Cambridge: Cambridge University Press, 2005, p. 63.

对比发现，霍夫斯泰德和施瓦茨的文化维度模型在调查样本上存在较为明显的局限性。施瓦茨认为，霍夫斯泰德的调查对象面向全球IBM员工，其样本代表性不高，对国家文化的解释力尚显不足。[①] 另外，该研究所使用的数据时效性较低，并且缺少对非洲国家文化指标的测量。施瓦茨的研究样本源于高校教师和学生群体，所以同样不能代表国家文化。政治文化学者英格尔哈特能够考虑到世界不同国家政治民主的对比和世界价值观历时发展的特性，他领导的"世界价值观调查"，关注到价值观对社会和政治生活影响的动态变化，所以他的文化模型对国家文化核心内涵给予了很好的诠释。以第六次调查为例，涉及国家60个，调查样本超过90000人，在数据的搜集和更新上具有明显优势。而且之后的调查进一步扩大了研究样本的范围和容量。实际上，WVS调查的重要贡献在于开发了稳定且可重复测量的价值观指标[②]，所以本书选用英格尔哈特的文化模型和WVS调查数据测算中国与中东国家的价值观距离。

二 数据来源介绍

虽然以往研究多采用霍夫斯泰德的文化维度模型测量不同国家之间的文化差异，但是他的数据缺少对非洲各国文化指标的测量统计，且统计时间久远、数据缺乏更新，尤其考虑到阿拉伯文化的最大特点是与宗教紧密结合在一起[③]，因而霍夫斯泰德的国家文化模型及相关调查数据并非测算中国与中东国家文化层面差异的最佳之选。而价值观作为文化内涵的核心因素，正好与宗教文化有着密切联系。[④] 自20世纪80年代，社会学家开始通过对民众价值观的普查，探索个体微

[①] Shalom H. Schwartz, "Universals in the Content and Structure of Values: Theoretical Advances and Empirical Tests in 20 Countries.", *Advances in Experimental Social Psychology*, Vol. 25, No. 2, 1992, pp. 1–65.

[②] 任钊逸、范薇、李妍：《霍夫斯坦特国家文化模型与世界价值观调查的比较研究》，《上海管理科学》2014年第5期。

[③] 《阿拉伯伊斯兰文化与中国文化的比较与交流》，中国社会科学网：http://philosophychina.cssn.cn/zxts/wgzx/albyslzx/201507/t20150713_2726819.shtml。

[④] Geert Hofstede, Gert Jan Hofstede, *Lokales Denken, Globales Handeln Interkulturelle Zusammenarbeit und Globales Management*, München: Deutscher Taschenbuch Verlag, 2011, p. 8.

观价值观的发展变化及其对宏观世界的关键作用，英格尔哈特领导的"世界价值观调查"就是这类研究的杰出代表。

WVS 调查始于 1981 年，平均每 4—5 年开展一次普查（见表 5.4），至今已经覆盖了世界六大洲的发达国家、发展中国家与贫困国家中 90 多个社会群体的世界人口，是目前世界上规模最大的价值观调查行动。WVS 的调查方式是委托被调查地区当地的研究机构，以随机抽样访谈的方式完成数据采集，同时委派该组织成员进行督导和协助。WVS 的调查内容主要涉及受访者关于宗教、性别、民主、环境保护以及主观幸福感等各方面的价值观念及其转变的情况。同时，考虑到宗教信仰与价值观念的关联性，该调查从第三轮普查开始扩充了伊斯兰宗教形态的调研区域，之后逐次扩大对相关人群的调查规模。WVS 在与系统的文化变迁保持紧密相关、相互影响的同时，力求更加宽广地理解社会的变迁，以避免在看待社会问题时对经济发展研究路径过分依赖。

表 5.4　　　　历次世界价值观调查（WVS）情况汇总

调查	周期	覆盖国家	样本（百人）	阿拉伯国家
第 1 轮	1981—1984	8	136	—
第 2 轮	1990—1994	18	246	—
第 3 轮	1995—1998	53	771	—
第 4 轮	1999—2004	40	600	6
第 5 轮	2005—2009	58	840	4
第 6 轮	2010—2014	60	904	11
第 7 轮	2015—2020	>70	>1000	>14

注：由世界价值观调查（WVS）官网信息整理得到。

上文提到，英格尔哈特创建了文化差异测量模型，包括传统—世俗理性（TSR）和生存—自我表现（SSE）两个维度，亦分别称为水平维度和垂直维度。他认为，宗教文化作为一种信念体系，具有支配性的影响力，其中"传统—世俗理性"维度关注人们对于宗教和政治之间关系的看法,"生存—自我表现"维度关注人们如何身处宗教服务之中,以及宗教文化对于他们的重要性。①

具体来说,"传统—世俗理性"的研究内容聚焦于宗教发展程度不同的社会群体:靠近"传统"的社会重视宗教,提倡对权威、权力当局以及传统家庭观念的服从,反对堕胎、离婚、自杀等行为,因此这样的社会具有较高的民族自豪感和民族主义情怀;靠近"世俗理性"的社会则更加追求自由平等和思想解放、强调个人感受。"生存—自我表现"主要反映人类社会从摆脱生存的困扰到追求自我表现发展过程中的文化变迁;"生存"阶段强调劳动以及物质和经济的保障,对社会决策较为冷漠;"自我表现"阶段主张性别平等、妇女解放,鼓励共同参与社会决策,并对外来文化等异端问题持开放宽容的态度。以中国为例,两千多年来中国社会中的世俗文化体系一直占据强势地位,而当代社会距离后物质主义社会还有较大的差别,所以中国在该调查中是最少宗教性而最强国家性的社会。②

不可否认,霍夫斯泰德的文化维度因涵盖大多数发达国家、数据可得性强等特点,常被用于经济学、管理学研究中。相较而言,基于 WVS 调查的文化距离算法较为复杂,首先需要基于英格尔哈特的文化两维度分别算出 TSR 和 SSE 两个维度值,再通过公式 5.1 计算得出最终差异。其中,$\overline{TSR_m} - \overline{TSR_n}$ 是 m 国与 n 国在"传统—世俗理性(TSR)"维度上的差异,反映双边文化在水平维度上的距离;$\overline{SSE_m} - \overline{SSE_n}$ 是 m 国与 n 国在"生存—自我表现(SSE)"维度上的差异,反映双边文化在垂直维度上的距离;CD_{mn} 是 m 国与 n 国在文化层面上的整体差异。由于 WVS 调查所代表的文化研究具有客观性、时效性和全面性,故逐渐成为跨文化研究领域较为成熟的指标测量依据。

$$CD_{mn} = \sqrt{(\overline{TSR_m} - \overline{TSR_n})^2 + (\overline{SSE_m} - \overline{SSE_n})^2} \quad (公式 5.1)$$

---

① 张宇、王冰:《观念改变世界——"世界价值观调查"研究评介》,《华中科技大学学报》(社会科学版)2012 年第 4 期。

② 项皓、张晨:《变化中的价值观——基于中国 WVS 的调查实践研究》,《云南社会主义学院学报》2015 年第 1 期。

前面提到，WVS 调查的重要贡献在于开发了稳定且可重复测量的价值观指标，因而本书认为，采用 WVS 调查结果测算文化距离，实际上是将文化距离限制在价值观层面的简化形式；英格尔哈特基于 WVS 数据创建的文化两维模型，其实际更加侧重对价值观文化的测量；塔德塞和怀特在欧几里得空间距离基础上构建的 WTI 文化距离指数（White & Tadesse Index）[①]（见公式 5.1），严格来讲测算的是价值观距离。

三 价值观距离测算及结果描述

囿于第六轮世界价值观调查数据仅覆盖 13 个中东国家，本书参考綦建红等[②]、宋渊洋[③]的方法，基于英格尔哈特的文化两维模型分别计算中东 13 国和中国分别在传统—世俗理性（TSR）和生存—自我表现（SSE）两个维度上的得分，再采用 WTI 指数公式计算出中国与 13 个中东国家双边价值观差异（见表 5.5）。需要说明的是，TSR 和 SSE 两维度上的分别得分本身不具有对比意义，只有通过距离公式的计算才能获得研究价值。

表 5.5　　　　　　　　中国与中东 13 国的价值观距离

国别	TSR	SSE	CD	国别	TSR	SSE	CD
塞浦路斯（CYP）	0.374	0.404	1.052	土耳其（TUR）	-0.234	0.077	0.465
黎巴嫩（LBN）	0.582	0.015	0.992	埃及（EGY）	-0.779	-0.393	0.45
伊拉克（IRQ）	0.422	-0.367	0.751	约旦（JOR）	-0.203	0.047	0.445
卡塔尔（QAT）	-0.776	-0.81	0.621	也门（YEM）	-0.106	-0.641	0.345
利比亚（LBY）	-0.39	-0.973	0.598	阿尔及利亚（DZA）	-0.018	-0.321	0.316
巴勒斯坦（PLE）	0.264	-0.343	0.594	摩洛哥（MAR）	-0.183	-0.199	0.231
突尼斯（TUN）	0.117	-0.113	0.519				

---

① Bedassa Tadesse, Roger White, "Does Cultural Distance Hinder Trade in Goods? A Comparative Study of Nine OECD Member Nations", *Open Economies Review*, Vol. 21, No. 2, 2010, pp. 237-261.

② 綦建红、李丽、杨丽：《中国 OFDI 的区位选择：基于文化距离的门槛效应与检验》，《国际贸易问题》2012 年第 12 期。

③ 宋渊洋：《制度距离、制度相对发展水平与服务企业国内跨地区经营战略——来自中国证券业的经验证据》，《南开管理评论》2015 年第 3 期。

考虑到 TSR 和 SSE 两维度上的取值具有正负方向性，为清晰直观地体现出中国与各国文化差异的程度和方向性，本书采用 Python 语言绘制出不同国家与中国（数轴原点）的文化差异分布图，其中 dTSR 代表对象国与中国在水平维度上的差异，dSSE 代表垂直维度上的差异，CD 代表整体差异（见图 5.1）。①观察发现，中国与阿拉伯国家之间的文化差异各不相同（没有坐标重合），不仅体现在与各个国家的整体差异不同，而且不同维度差异也非常明显。

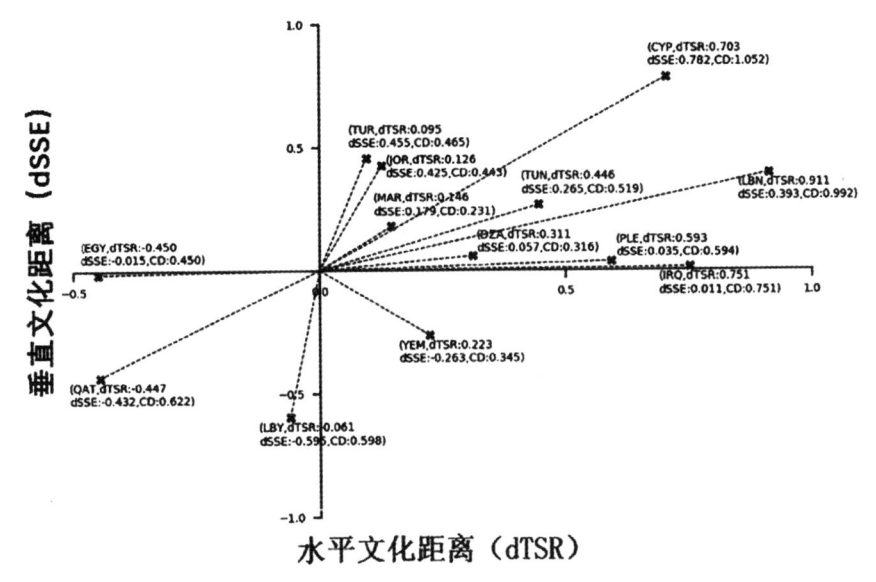

图 5.1　中国与中东 13 国价值观差异示意

基于 WVS 问卷调查结果，不同中东国家的价值观文化对其社会生活的影响程度存在差异。从经济发展与人文关怀的平衡关系来看，埃及对经济发展需求高于对人文关怀的要求，卡塔尔、巴勒斯坦、约旦、以色列等国对经济发展和人文关怀的需求较为平衡，巴林对人文关怀的要求远远超过对经济发展的需求。从对政府和宗教组织的信任

---

① 图 5.1 中每一点的坐标值（dTSR，dSSE）对应的是每一国家与中国分别在水平维度和垂直维度上的差值，也是相对值，而表 5.5 中 TSR 和 SSE 两个维度上的得分，是原始值。

度对比来看，伊拉克、也门、巴勒斯坦和埃及对宗教的信任度偏低，而巴林、卡塔尔对政府的信任度偏高。从宗教对生活的影响程度来看，也门、巴勒斯坦、约旦、卡塔尔、埃及等国认为宗教极其重要，巴林则认为一般重要。具体在工作与宗教的重要程度对比上，国家之间又各有区别，埃及和巴林分别认为工作的重要性表现为一般重要，其他国家则认为工作像宗教一样重要，并且认为获得财富与宗教传统同等重要。

四 价值观差异的描述与分析

"传统—世俗理性"维度。上文提到，该维度主要反映不同社会的宗教氛围程度。靠近"传统"的社会重视宗教，靠近"世俗理性"的社会则态度相反，追求自由平等和强调个人感受。中国是具有悠久历史和优秀传统文化的无神论国家，民众宗教信仰自由，长久以来，儒家思想体系成为了中国传统文化的主流，一定程度上对宗教发展形成拮抗，可以说，中国是"以孔子伦理为准则而无宗教"的国家。[①] 中东国家除以色列、塞浦路斯外基本都是伊斯兰国家，"伊斯兰(الإسلام)"原意就是"顺从"，强调对真主的绝对服从，以及对《古兰经》和《圣训》的恪守。伊斯兰教不仅是穆斯林价值观的坐标，同时还为他们规定了一整套的政治制度、经济制度、法律制度和生活方式。[②] 一直以来，伊斯兰社会中传统与世俗观念之间的较量持续不断。在一些阿拉伯国家，代表这两种主流观念的力量角力集中在政治方面，掌握政权的一方或推行世俗化进程，或推进政教合一的政体，从而影响整个社会在民主、司法和营商环境等方面的发展。

"生存—自我表现"维度。本书就性别问题和妇女地位问题做一探讨。在中国，现行宪法规定了"妇女在政治的、经济的、文化的、社会的和家庭的生活等各方面享有同男子平等的权利"，为女性人权

[①] 梁漱溟：《中国文化要义》，上海世纪出版集团 2005 年版，第 12 页。
[②] 张雪鹏、施雁红：《美国—伊斯兰世界冲突的价值观因素研究》，《云南行政学院学报》2017 年第 3 期。

的保护与实践提供了最高的法律依据和制度保障。[1] 2019年9月，国务院发布《平等 发展 共享：新中国70年妇女事业的发展与进步》白皮书，指出"我国妇女政治地位显著提高，在民主政治建设中的作用越来越大"，以及"妇女接受高中阶段和高等教育水平实现历史新高"，体现出中国在促进男女平等和妇女全面发展上取得了历史性新成就。在伊斯兰国家，虽然《古兰经》规定妇女与男子享有平等的权利，但穆斯林妇女受到更多宗教和传统习俗的束缚。巴基斯坦著名的女权理论家瑞伏坦·哈桑认为，许多穆斯林妇女遭遇的不平等待遇是由社会和文化影响造成的。[2] 至今，一些伊斯兰国家的妇女深居简出，长期脱离社会和政治活动，恪守男女分离、佩戴面纱等各种复杂的社会规范，在一定程度上阻碍了穆斯林妇女走出家庭、融入社会、参与社会化生产，加剧了国际社会对穆斯林女性社会地位和形象的偏见。

---

[1] 魏健馨：《女性人权保护的宪法学审视》，《南开学报》（哲学社会科学版）2015年第1期。
[2] 吕耀军、张红娟：《伊斯兰世界女权主义理论的历史流变》，《阿拉伯世界研究》2019年第4期。

第六章　非正式制度距离对中国向中东出口贸易影响分析

一般而言，两国间非正式制度距离越小，说明双边国民消费者习惯越接近，相互之间产品认可度也越高，有利于扩大贸易规模。中国与中东国家在语言和价值观等因素方面特征差异明显，依据经验，中国对中东地区出口贸易可能受到双边非正式制度距离的负向影响。据此，有必要采用计量经济学方法，围绕非正式制度距离对中国向中东地区出口贸易影响展开实证分析，一方面可以验证以往经验是否对中国与中东之间的贸易合作奏效，另一方面有助于科学度量非正式制度对双边贸易活动的影响程度。

第一节　非正式制度距离对出口贸易的影响机理

中东国家整体上制度质量水平较低，非正式制度因素会在一定程度上起到替代正式制度功能的作用。所以，"一带一路"背景下中国与中东国家开展国家贸易和投资合作，不仅要考虑其经济发展、制度环境等因素，还应该考虑其非正式制度因素的影响。东道国非正式制度环境的构成要素非常复杂，而文化是其中最重要的方面。[①] 语言、价值观是构成非正式制度文化环境的要素，因语言互通、价值观文化

---

① 祁春凌、邹超：《东道国制度质量、制度距离与中国的对外直接投资区位》，《当代财经》2013 第 7 期。

认同等问题造成国与国之间在语言和心理上沟通信息的不对称，不利于双方信任关系的建立，由此生成的贸易成本与真实的关税壁垒非常接近①，影响相互间的经济行为。

从经济角度看，语言在贸易活动中不仅起到媒介作用，还起到了类似货币的作用。所以，语言成本是国际贸易中非常重要的交易成本，在大国和小国的贸易中，语言的学习成本由小国来承担②，一般来讲，一个国家的语言越稀缺，在国际交易中所需付出的代价就越大。③ 虽然使用翻译能起到沟通的作用，但会增加成本，减缓交易速度，无论是口头交流还是书面函电都存在信息不对称甚至流失的风险。因此，缩小两国语言距离可以通过使用标准语或通用语，一方面为信息搜索、传递提供便利，减少贸易中的翻译成本和时间成本，另一方面让贸易双方更加熟悉对方的法律制度，提高彼此的信任感。

同时，一定社会环境中的价值体系会在经贸活动中产生信任问题，从而影响人们对于事物的判断和态度，造成贸易获利的不确定性。根据需求偏好理论，价值观会通过影响需求偏好进而影响人们对跨国贸易中外来产品的看法。所以，文化距离的缩小，有助于提升国民消费习惯的相似度和产品需求偏好的共性，更容易让东道国对母国的产品产生认可，从而提升贸易需求。另外，非正式制度差异越大，国家间的沟通难度越大，无形中提升了贸易双边的沟通成本、签约成本和监督成本。据此，本书预测非正式制度距离对中国向中东国家出口贸易产生负向影响。

第二节 计量模型构建、变量解释及其数据说明

传统的贸易引力模型源自于牛顿的万有引力定律。在模型中，

---

[1] James E Anderson, Eric van Wincoop, "Trade Costs", *Journal of Economic Literature*, Vol. 42, No. 3, 2004, pp. 691–751.

[2] 谢孟军、郭艳茹：《语言交易成本对中国出口贸易的影响》，《现代财经》（天津财经大学学报）2013年第5期。

[3] 张卫国：《语言的经济学分析：一个初步框架》，博士学位论文，山东大学，2008年，第82页。

丁伯根[①]和珀伊霍宁[②]通过解决两国间贸易流量问题，发现双边贸易流量与两国的经济规模成正比，与地理距离成反比。此后，众多学者基于贸易理论对引力模型进行更为扎实的推导，通过扩展和修正解释变量使模型的解释力不断提升。

在模型中，丁伯根假设双边贸易流量与两国经济体量成正比，与地理距离成反比，模型的建议表达式为：$T_{ij}=A(Y_iY_j)/D_{ij}$。基于变量之间的非线性关系，模型转化成对数形式以削弱异常值对数据平稳性的影响：

$$Ln\ T_{ij}=\beta_0+\beta_1Ln\ Y_i+\beta_2Ln\ Y_j+\beta_3Ln\ D_{ij}+\varepsilon_{ij}$$

其中，T_{ij}是i国和j国之间的贸易量，Y_i是i国的经济规模GDP，Y_j是j国的GDP，D_{ij}是i国与j国之间的地理距离，ε_{ij}为随机扰动项。然而，随时代的不断发展与进步，地理因素在现代国际贸易中的作用不断弱化，学者们在基于新经济地理理论的引力模型中不断引入贸易国政经体制、文化软实力、贸易合作等因素变量。

本书在引力模型基础上构建模型的半对数形式。为研究语言距离、价值观距离分别对出口贸易造成的影响，构建模型6.1和模型6.2；为研究基于语言、价值观因素的非正式制度距离对出口贸易产生的综合影响，构建模型6.3。变量下标t表示时间，M表示东道国。β_0为常数，β为估计参数，ε为随机扰动项。

$$Ln\ EX_{Mt}=\beta_0+\beta_1Ln\ LAN_M+\beta_2Ln\ pGDP_{Mt}+\beta_3Ln\ pGDP\_CN_t+\beta_4Ln\ TF_{Mt}$$
$$+\beta_5Ln\ TF\_CN_t+\beta_6D_M+\varepsilon_{Mt} \quad\text{（模型6.1）}$$

$$Ln\ EX_{Mt}=\beta_0+\beta_1Ln\ VAL_M+\beta_2Ln\ pGDP_{Mt}+\beta_3Ln\ pGDP\_CN_t+\beta_4Ln\ TF_{Mt}$$
$$+\beta_5Ln\ TF\_CN_t+\beta_6D_M+\varepsilon_{Mt} \quad\text{（模型6.2）}$$

$$Ln\ EX_{Mt}=\beta_0+\beta_1Ln\ LAN_M+\beta_2Ln\ VAL_M+\beta_3Ln\ pGDP_{Mt}+\beta_4Ln\ pGDP\_CN_t$$
$$+\beta_5Ln\ TF_{Mt}+\beta_6Ln\ TF\_CN_t+\beta_7D_M+\varepsilon_{Mt} \quad\text{（模型6.3）}$$

本书选取中东24国作为研究样本，数据时间跨度为2007—2016

[①] Jan Tinbergen, "Shaping the World Economy, Analysis of World Trade Flows", In Jan Tinbergen (ed.), *Shaping the World Economy*, New York: The Twentieth Century Fund, 1962, pp. 27-30.

[②] Pentti Pöyhönen, "A Tentative Model for the Volume of Trade between Countries", *Weltwirtschaftliches Archiv*, 1963, pp. 93-100, http://www.jstor.org/stable/40436776.

第六章 非正式制度距离对中国向中东出口贸易影响分析

年。其中，被解释变量EX_{Mt}表示t时期中国对中东国家的出口贸易额，数据来源于国家统计局公布的《中国统计年鉴》（www.stats.gov.cn）。核心解释变量LAN_M代表中国与中东地区国家的语言距离，表示不同国家之间的语言差异程度，数据来源于世界语言结构地图数据库（WALS），VAL_M代表中国与中东国家的价值观距离，表示不同国家之间的价值观差异程度，数据来源于世界价值观调查数据库（WVS）。在主要控制变量中，考虑到中国和中东各国经济体量（国内生产总值）相差悬殊，而人均国内生产总值亦可以准确真实地反映一国经济社会可持续发展的潜力和经济发展程度[1]，本书采用历年分国别的人均国内生产总值代表中国和中东国家的经济发展水平，数据来源于世界银行的世界发展指数（World Development Indicator，WDI）。在代表地理因素的变量上，24个样本国分布于西亚和北非两片区，但同一片区国家聚集且毗邻，已有研究表明聚集国家的地理距离会对结果产生反作用。[2] 鉴于中东国家有明显的地缘特征，本书采用分类变量D_M作为洲际的划分，亚洲取"0"，非洲取"1"，控制地区固定效应。除了引力模型中的基本变量以外，控制变量TF_{Mt}和TF_CN_t分别代表t时期中东国家和中国的贸易自由度。该变量表示一国进出口贸易的开放程度，用以衡量进出口的关税、非关税壁垒等对货物和服务进出口的影响，因而被广泛用于实证研究中[3]，其测量数据来源于美国传统基金会（www.heritage.org）每年发布的经济自由度指数（Index of E-

---

[1] 相关研究请参见周超、刘夏、辜转《营商环境与中国对外直接投资——基于投资动机的视角》，《国际贸易问题》2017年第10期；贺娅萍、徐康宁：《"一带一路"沿线国家的经济制度对中国OFDI的影响研究》，《国际贸易问题》2018年第1期；袁其刚、邬晨：《企业对东盟直接投资的政治风险分析》，《国际商务》（对外经济贸易大学学报）2018年第3期。

[2] 尚宇红、崔惠芳《文化距离对中国和中东欧国家双边贸易的影响——基于修正贸易引力模型的实证分析》，《江汉论坛》2014年第7期。

[3] 相关研究请参见郭苏文、黄汉民《中国贸易政策的制度质量分析——基于制度有效性和稳定性视角》，《经济经纬》2014年第6期；王恕立、向姣姣：《中国对外直接投资的贸易效应——基于2003—2012年跨国面板的经验分析》，《经济体制改革》2014年第4期；刘再起、张永亮、王阳：《"一带一路"背景下中国对欧盟直接投资的贸易效应》，《学习与实践》2017年第8期；林玲、闫玉宁、赵素萍：《中美两国贸易效率及潜力研究》，《国际商务》（对外经济贸易大学学报）2018年第2期；贺娅萍、徐康宁：《"一带一路"沿线国家的经济制度对中国OFDI的影响研究》，《国际贸易问题》2018年第1期。

121

conomic Freedom，EFI）中的贸易自由度（Trade Freedom，TF）指数，变量取值范围 0—100。一般地，不同分数段代表各经济体的不同发展水平，常见分为 5 个水平区间，经济自由度区间在 80—100 表示"自由"，70—80 表示"较自由"，60—70 表示"中等自由"，50—60 表示"较不自由"，50 以下表示"不自由"。

为消除通货膨胀的影响，令数据具有可比性，本书将中国对中东国家的出口贸易额进行处理，利用世界银行数据库以 2010 年为基期的居民消费价格指数 CPI（2010＝100）进行换算；中国与贸易对象国的地区人均生产总值，均采用以 2011 年为基期的、美元为单位的不变价（Constant 2011 PPP＄）表示。

第三节　描述性统计、相关系数矩阵与 VIF 检验

如表 6.1 所示，中国对外出口贸易额（EX_{Mt}）的标准差较大，说明中国与中东不同国家的经贸合作存在较大差异[①]。总体而言，中国对西亚地区的阿联酋、沙特、土耳其、伊朗、以色列，以及北非地区的阿尔及利亚、埃及等国出口贸易额较大，对塞浦路斯、阿富汗、巴勒斯坦等国的出口较少。

人均国民生产总值是一国经济发展水平和市场潜力的综合体现，描述性统计结果显示，中东各国的人均生产总值（$pGDP_{Mt}$）也存在较大差异[②]，具体差异情况已在本章第一节内容中进行过分析。另外，对象国的贸易自由度（不取对数，不含缺失值）最小值为 39.6，最

---

① 按照 2007—2016 年中国对中东国家出口贸易额平均值排序，本书统计结果从大到小依次为阿联酋、沙特、土耳其、伊朗、埃及、以色列、阿尔及利亚、伊拉克、摩洛哥、科威特、约旦、苏丹、利比亚、阿曼、黎巴嫩、卡塔尔、也门、塞浦路斯、毛里塔尼亚、阿富汗、巴勒斯坦。

② 按照 2007—2016 年中东国家人均国民生产总值平均值排序，本书统计结果从大到小依次为卡塔尔、科威特、阿联酋、沙特、阿曼、巴林、塞浦路斯、以色列、利比亚、土耳其、伊朗、黎巴嫩、阿尔及利亚、伊拉克、突尼斯、埃及、约旦、摩洛哥、巴勒斯坦、也门、毛里塔尼亚、苏丹、阿富汗。

第六章 非正式制度距离对中国向中东出口贸易影响分析

大值为90，通过计算不同贸易国家10年的贸易自由度平均值发现，以色列、土耳其、塞浦路斯、阿曼、阿联酋、巴林、卡塔尔等西亚国家属于自由经济体，科威特、黎巴嫩、沙特、约旦、也门、利比亚、摩洛哥等国属于较自由经济体，毛里塔尼亚、埃及、阿尔及利亚、突尼斯等北非国家属于中等自由经济体，苏丹等国属于较不自由经济体，伊朗等国属于不自由经济体。中国贸易自由度的算术平均值为71.34，属于较自由经济体。

表6.1　　各变量的描述性统计结果

变量	最小值	最大值	平均值	标准差	观测值
$Ln\ EX_{Mt}$	7.796	15.054	12.198	1.419	240
$Ln\ VAL_M$	-1.466	0.051	-0.652	0.418	130
$Ln\ LAN_M$	4.575	5.037	4.909	0.161	240
$Ln\ pGDP_{Mt}$	7.158	11.770	9.639	1.111	230
$Ln\ pGDP\_CN_t$	8.894	9.575	9.261	0.220	240
$Ln\ TF_{Mt}$	1.598	4.500	4.284	0.238	199
$Ln\ TF\_CN_t$	4.220	4.288	4.268	0.018	240
D_M	0	1	0.292	0.455	240

通过检验模型中各变量之间的相关性发现（见表6.2），自变量之间的相关系数均低于0.51（临界值为0.7）。共线性检验发现，各变量的方差膨胀因子值（VIF）均小于10，VIF平均值为1.76，表明计量模型中不存在严重的多重共线性问题。

表6.2　　各变量的相关系数矩阵表与VIF检验

变量	VIF	$Ln\ VAL_M$	$Ln\ LAN_M$	$Ln\ pGDP_{Mt}$	$Ln\ pGDP\_CN_t$	$Ln\ TF_{Mt}$	$Ln\ TF\_CN_t$	D_M
$Ln\ VAL_M$	1.75	1.000						
$Ln\ LAN_M$	1.19	-0.220	1.000					
$Ln\ pGDP_{Mt}$	1.61	0.456	-0.279	1.000				
$Ln\ pGDP\_CN_t$	2.60	-0.000	0.000	0.001	1.000			

续表

变量	VIF	Ln VAL$_M$	Ln LAN$_M$	Ln pGDP$_{Mt}$	Ln pGDP_CN$_t$	Ln TF$_{Mt}$	Ln TF_CN$_t$	D$_M$
Ln TF$_{Mt}$	1.19	0.222	-0.105	0.380	-0.027	1.000		
Ln TF_CN$_t$	2.61	0.000	-0.000	0.003	0.685	0.033	1.000	
D$_M$	1.35	-0.506	0.232	-0.378	-0.000	-0.230	0.000	1.000
Mean VIF	1.76							

第四节 回归分析、稳健性检验与出口潜力测算

一 回归结果分析

考虑到核心解释变量语言距离（LAN_M）、价值观距离（VAL_M）在时间序列上是常数，存在严重的序列相关问题，给相应的 F 检验的处理带来了一系列困难，尤其对固定效应产生较大影响。因此本书借鉴尚宇红和崔惠芳[1]、田晖[2]等人在研究中的处理方法，采用混合最小二乘法（Pooled OLS）并使用稳健标准误对结果进行估计，计量分析工具选取 Stata15.0，具体回归结果见表 6.3。

表 6.3　　　　　　　模型回归结果汇总

	模型 6.1	模型 6.2	模型 6.3
Ln LAN$_M$	-2.645***（0.417）		-3.097***（0.372）
Ln VAL$_M$		-0.998***（0.205）	-1.141***（0.210）
Ln pGDP$_{Mt}$	0.222***（0.083）	0.082（0.097）	-0.052（0.069）
Ln pGDP_CN$_t$	0.838*（0.508）	0.652（0.568）	0.532（0.437）
D$_M$	-0.027（0.126）	0.007（0.189）	0.105（0.108）
Ln TF$_{Mt}$	-0.542（0.347）	0.552***（0.198）	0.312*（0.119）

---

[1] 尚宇红、崔惠芳：《文化距离对中国和中东欧国家双边贸易的影响——基于修正贸易引力模型的实证分析》，《江汉论坛》2014 年第 7 期。

[2] 田晖：《国家文化距离对中国进出口贸易影响的区域差异》，《经济地理》2015 年第 2 期。

续表

	模型6.1	模型6.2	模型6.3
$Ln\ TF\_CN_t$	2.165(6.779)	1.756(6.808)	2.680(4.689)
Intercept	8.557(25.286)	-5.028(25.202)	9.454(17.469)
R^2	0.245	0.243	0.560
N	191	108	108

注：***、**、*分别表示在1%、5%和10%的显著性水平上显著；括号中数据为标准误。

结果显示，在控制经济发展水平、贸易自由度等影响因素之后，语言距离（LAN_M）、价值观距离（VAL_M）不管是单独作用，还是综合作用，均对中国向中东国家出口贸易（EX_{Mt}）产生负向影响，结果在1%水平上显著，实证结果与预期相符，表明中国与中东国家在语言、价值观方面的差异越大，中国对该地区贸易出口越少。在模型6.1中，中国的经济发展程度（$pGDP\_CN_t$）、对象国的经济发展程度（$pGDP_M$）均与中国向该地区贸易出口呈正相关关系，说明经济社会可持续发展潜力越高的中东国家，中国对其贸易出口越大，而且中国的经济发展程度越高，对外出口量也越大。在模型6.2和模型6.3中，对象国的贸易自由度指数（TF_{Mt}）与中国的对外出口贸易额呈正向关系，说明贸易开放度越高的中东国家，中国对其出口贸易量越大。

二 稳健性检验

本书参考朱明宝和杨云彦[①]的方法对模型6.3采用分组检验。考虑到中东国家地理特征，以及实证结果中区位因素（D_M）的显著影响，本书基于模型6.3将样本分为亚洲国家、非洲国家并进行分组回归，结果见表6.4。

---

① 朱明宝、杨云彦：《幸福感与居民的生育意愿——基于CGSS2013数据的经验研究》，《经济学动态》2017年第3期。

表6.4 稳健性检验分析结果

变量	模型6.3分组 亚洲	模型6.3分组 非洲
$Ln\ LAN_M$	-3.008***(0.591)	-4.922***(0.158)
$Ln\ VAL_M$	-1.127**(0.285)	-2.270***(0.138)
$Ln\ pGDP_{Mt}$	-0.141(0.094)	1.438***(0.139)
$Ln\ pGDP\_CN_t$	0.560(0.661)	0.674***(0.260)
$Ln\ TF_{Mt}$	0.429***(0.113)	0.171(0.271)
$Ln\ TF\_CN_t$	2.510(6.996)	1.527(3.251)
D_M	—	
Intercept	9.858(26.303)	7.832(12.117)
R^2	0.518	0.921
N	60	48

注：***、**、*分别表示在1%、5%和10%的显著性水平上显著；括号中数据为标准误。

稳健性检验结果显示，不管是西亚地区国家还是北非地区国家，核心解释变量语言距离（LAN_M）、价值观距离（VAL_M）均对中国对中东国家出口贸易产生显著负向影响，结果的符号方向与实证结果一致，进一步说明了非正式制度距离对中国向该地区出口贸易的负向作用结果稳健。在亚洲组国家中，东道国贸易自由度（TF_{Mt}）结果为正且在1%水平上显著，说明中国对地理距离较小的西亚国家投资时，更倾向于选择贸易自由度较大的国家；在非洲组国家中，中国的经济发展程度（$pGDP\_CN_t$）和对象国的经济发展程度（$pGDP_{Mt}$）结果均显著为正且在1%水平上显著，从侧面证明了中国对地理距离较大的北非国家投资时，倾向于经济水平相近的国家。

三 出口潜力分析

考虑到价值观距离变量（VAL_M）缺失值较多，本书利用语言距离变量（LAN_M）作为非正式制度距离的代理变量，采用Stata15.0测算2007—2016年中国对中东24国的理论出口贸易额，并根据公式$INDEX_E = E_R/E_T$计算中国出口潜力指数，其中，E_R为实际出口贸易额，

第六章 非正式制度距离对中国向中东出口贸易影响分析

表 6.5　2007—2016 年中国出口不足的中东国家的贸易潜力指数结果

国别 年份	突尼斯 (TUN) E_R/E_T	突尼斯 E_T-E_R	塞浦路斯 (CYP) E_R/E_T	塞浦路斯 E_T-E_R	毛里塔尼亚 (MRT) E_R/E_T	毛里塔尼亚 E_T-E_R	利比亚 (LBY) E_R/E_T	利比亚 E_T-E_R	黎巴嫩 (LBN) E_R/E_T	黎巴嫩 E_T-E_R	科威特 (KWT) E_R/E_T	科威特 E_T-E_R	卡塔尔 (QAT) E_R/E_T	卡塔尔 E_T-E_R	巴林 (BHR) E_R/E_T	巴林 E_T-E_R	阿曼 (OMN) E_R/E_T	阿曼 E_T-E_R
2007	0.362	91.960	0.211	283.008	0.121	108.405	0.446	116.089	0.544	63.518	0.704	61.139	0.273	179.300	0.279	107.767	0.283	150.458
2008	0.443	89.570	0.287	285.788	0.140	118.692	0.720	65.448	0.709	45.569	0.805	43.535	0.385	175.723	0.407	97.607	0.347	153.403
2009	0.355	133.188	0.285	311.813	0.173	119.317	1.252	-41.625	0.647	59.423	0.664	80.474	0.312	198.643	0.272	130.924	0.300	179.532
2010	0.441	125.960	0.286	336.333	0.173	136.312	1.103	-19.329	0.711	53.566	0.719	72.351	0.270	231.336	0.414	113.190	0.336	186.482
2011	0.442	133.078	0.214	392.066	0.209	138.657	0.384	109.710	0.705	57.713	0.732	73.854	0.337	223.584	0.407	121.536	0.320	200.827
2012	0.530	113.897	0.192	425.620	0.226	143.979	1.069	-14.231	0.756	50.291	0.661	98.762	0.313	244.081	0.511	106.293	0.534	145.924
2013	0.440	144.817	0.157	470.394	0.260	152.876	1.183	-39.422	1.025	-5.408	0.755	78.107	0.408	223.350	0.480	120.903	0.498	172.296
2014	0.414	154.231	0.157	490.420	0.317	143.839	—	—	0.975	5.969	0.908	30.804	0.494	203.705	0.432	142.892	0.508	176.796
2015	0.387	170.389	0.086	542.509	0.316	151.222	0.699	71.042	0.806	47.992	0.937	21.942	0.475	219.117	0.333	176.370	0.483	197.496
2016	0.376	183.168	0.062	595.036	0.315	161.012	—	—	0.682	83.638	0.691	114.745	0.291	314.448	0.246	206.794	0.475	202.230

127

E_T为理论出口贸易额。当$E_R/E_T>1$时，表现为出口过度；当$E_R/E_T<1$时，表现为出口不足。另外，E_T-E_R表示理论值与实际值的差值，单位为百万美元。如表6.5所示，从历时角度看，中国对突尼斯、塞浦路斯、毛里塔尼亚、黎巴嫩、科威特、卡塔尔、巴林、阿曼等国长期出口不足，由于利比亚长期社会动荡，近几年对利比亚出现贸易出口不足情况。另外，尽管苏丹缺失值较多，但从近几年数据看，中国对其出口潜力在0.65—0.84浮动，同样属于出口不足状况，而伊拉克、叙利亚、巴勒斯坦、阿富汗由于存在缺失值而无法估计。

本书从共时的角度对2016年中国对中东国家出口贸易潜力进行测算（见表6.6）。参考李俊久和丘俭裕[①]在研究中的分类标准，本书根据E_R/E_T的不同取值将对象国出口贸易潜力类型分为四类：当$E_R/E_T \geqslant 1.2$时，说明中国对贸易国的出口贸易潜力已充分发挥，属于潜力再造型，如阿联酋、沙特、阿尔及利亚、土耳其、伊朗、埃及等国家；当$0.8 \leqslant E_R/E_T < 1.2$时，说明中国对贸易国的出口贸易潜力尚未充分发挥，属于潜力开拓型，主要包括摩洛哥、约旦、以色列等国；当$0.5 \leqslant E_R/E_T < 0.8$时，说明中国对贸易国的出口贸易潜力提升空间大，属于潜力较大型，如黎巴嫩、苏丹；当$E_R/E_T < 0.5$时，说明中国对贸易国的出口贸易极具潜力，属于潜力巨大型，主要包括阿曼、突尼斯、毛里塔尼亚、卡塔尔、巴林、也门、塞浦路斯等国。由统计结果分析来看，近几年中国对海湾国家，尤其海合会主要大国，以及北非地区主要大国的出口潜力发挥较好。

表6.6　　2016年中国对中东国家出口贸易潜力指数及类型

国别	E_R/E_T	类型	国别	E_R/E_T	类型
阿联酋（ARE）	6.200	潜力再造	黎巴嫩（LBN）	0.682	潜力较大
沙特（SAU）	5.367	潜力再造	苏丹（SDN）	0.651	潜力较大
阿尔及利亚（DZA）	2.198	潜力再造	阿曼（OMN）	0.475	潜力巨大

---

① 李俊久、丘俭裕：《中国对APEC成员的出口潜力及其影响因素研究——基于贸易引力模型的实证检验》，《亚太经济》2017年第6期。

续表

国别	E_R/E_T	类型	国别	E_R/E_T	类型
土耳其（TUR）	1.971	潜力再造	突尼斯（TUN）	0.376	潜力巨大
伊朗（IRN）	1.819	潜力再造	毛里塔尼亚（MRT）	0.315	潜力巨大
埃及（EGY）	1.445	潜力再造	卡塔尔（QAT）	0.291	潜力巨大
摩洛哥（MAR）	1.112	潜力开拓	巴林（BHR）	0.246	潜力巨大
约旦（JOR）	0.963	潜力开拓	也门（YEM）	0.206	潜力巨大
以色列（ISR）	0.957	潜力开拓	塞浦路斯（CYP）	0.062	潜力巨大
科威特（KWT）	0.691	潜力较大			

注：利比亚、叙利亚、伊拉克、巴勒斯坦、阿富汗存在缺失值，无法测算。

第七章 非正式制度距离对中国向中东直接投资影响分析

一般而言，由于不同国家间存在语言、文化、风俗等方面差异，投资者为较快适应当地文化开展经营，倾向于选择非正式制度差异较小的国家进行跨国投资。中国与中东在语言和价值观等方面存在显著差异，依据经验可能会加大中国向中东地区的跨国投资风险，对中国向中东的投资规模产生负向影响，因此有必要借助计量经济学方法，围绕非正式制度距离对中国向中东地区直接投资影响展开实证分析，一方面可以验证以往经验是否对中国与中东之间的投资合作奏效，另一方面有助于科学度量非正式制度对双边投资活动的影响程度。

第一节 非正式制度距离对跨国投资的影响机理

与非正式制度距离对中国贸易出口影响机制相似，非正式制度对跨国公司的生产经营也造成一定影响，尤其在正式制度不完善的国家，非正式制度起到了重要作用，很大程度上决定了跨国公司本土化经营的社会合法性和东道国对跨国公司的认可程度。与正式制度强制、外在的"他律"实现机制不同，在社会交往和市场运作中，非正式制度的实施主要依靠内在的"自律"，所以运行成本较低，但比正式制度对人的行为具有更大范围的约束作用，有助于正式制度更加有效地运作和调节人们错综复杂的关系。

由于非正式制度不容易被掌握和了解，因此加大了企业了解合作伙伴真实想法的难度。随着非正式制度差异的增加，企业与当地合作者之间的认知差异增大，沟通过程中的难度加大，导致企业成本上升，进而影响跨国公司的持久经营。在跨国公司数量和规模日益扩大的情况下，东道国对跨国文化的认同感逐渐增强，跨文化水平逐渐提升，一定程度上削弱了非正式制度对跨国公司的影响。但不同国家在语言、文化、风俗方面存在差异，无形中促使投资者更倾向于对非正式制度差异小的国家进行投资，有利于其较快地适应和融入当地文化，正常开展生产经营。因此，具有相似文化背景的国家之间更容易建立信任关系，使用相同语言传递或接收信息的国家之间更有可能发生投资活动和达成协议。

以阿拉伯—伊斯兰文化为代表的中东文化圈在丝绸之路上占据重要位置，与中国在语言和价值观等方面特征差异明显，加大了跨国投资的风险，提高了海外经营的成本，直接影响"一带一路"在该地区的任务与愿景。尤其该地区部分国家政治、经济制度体系尚不完善，风险系数高，通常借助双方高层互访、中国单方面提供人员和技术援助等非正式制度层面的交流来支持贸易和投资合作，所以基于语言、价值观等非正式制度因素的"软联通"既能与正式制度优势互补，也是促进双方民众"民心相通"的有力保障。据此，本书预测非正式制度距离对中国向中东国家直接投资产生负向影响。

第二节 计量模型构建、变量解释及其数据说明

本部分内容依旧将语言距离（LAN_M）、价值观距离（VAL_M）作

为核心解释变量，分别构建模型7.1、模型7.2进行结果估计；为考察基于语言、价值观因素的非正式制度距离对中国直接投资的综合影响，构建模型7.3。变量下标t表示时间，M表示东道国。β_0为常数，β为估计参数，ε为随机扰动项。

$$Ln\ OFDI_{Mt} = \beta_0 + \beta_1 Ln\ LAN_M + \beta_2 Ln\ pGDP_{Mt} + \beta_3 Ln\ pGDP\_CN_t +$$
$$\beta_4 Ln\ IF_{Mt} + \beta_5 Ln\ IF\_CN_t + \beta_6 D_M + \beta_7 Ln\ RES_{Mt} + \varepsilon_{Mt}$$

（模型7.1）

$$Ln\ OFDI_{Mt} = \beta_0 + \beta_1 Ln\ VAL_M + \beta_2 Ln\ pGDP_{Mt} + \beta_3 Ln\ pGDP\_CN_t +$$
$$\beta_4 Ln\ IF_{Mt} + \beta_5 Ln\ IF\_CN_t + \beta_6 D_M + \beta_7 Ln\ RES_{Mt} + \varepsilon_{Mt}$$

（模型7.2）

$$Ln\ OFDI_{Mt} = \beta_0 + \beta_1 Ln\ LAN_M + \beta_2 Ln\ VAL_M + \beta_3 Ln\ pGDP_{Mt}$$
$$+ \beta_4 Ln\ pGDP\_CN_t + \beta_5 Ln\ IF_{Mt} + \beta_6 Ln\ IF\_CN_t +$$
$$\beta_7 D_M + \beta_8 Ln\ RES_{Mt} + \varepsilon_{Mt}$$

（模型7.3）

被解释变量为对外直接投资$OFDI_{Mt}$，表示t时期中国对中东国家的对外直接投资流量，数据来源于《中国对外直接投资统计公报》，时间跨度为2007—2016年。为消除通货膨胀影响，本书根据中国历年GDP平减指数（2015＝100）将对外直接投资数额换算成实际值，单位是万美元。

控制变量。大量文献从不同视角对影响对外直接投资的因素进行了研究，本书借鉴相关研究成果，选取以下控制变量，时间跨度为2007—2016年。在对外投资环境下，考虑到中国的投资活动受到东道国的投资开放程度影响，控制变量设为投资开放度，采用投资自由度（Investment Freedom，IF）指数表示，其中IF_{Mt}和IF_CN_t分别表示t时期中东国家和中国的投资自由度，代表一国投资流动的开放程度，与贸易自由度指数一样，其数据来源于美国传统基金会中的经济自由度指数（EFI），取值范围0—100。另外，考虑到对外直接投资过程中东道国自然资源禀赋是非常重要的因素，资源寻求也是中国对外直接投资的重要动因之一，本书在模型中加入变量RES_{Mt}代表t时期中东

◆ 第七章　非正式制度距离对中国向中东直接投资影响分析 ◆

国家的自然资源禀赋，具体做法参考周超等[①]、黎绍凯等[②]的研究，采用历年分国别燃料、矿石和金属出口占商品总出口的比重来表示，数据来自世界银行数据库。

核心解释变量、其他控制变量及相关解释，与第六章节中模型6.1—6.3中的解释保持一致。

第三节　描述性统计、相关系数矩阵与 VIF 检验

表7.1结果显示，中国对中东各国的直接投资流量差异较大，对象国的人均国民生产总值和自然资源禀赋差异也较为明显。具体地，中国对伊朗、阿联酋、阿尔及利亚、以色列、沙特、苏丹、土耳其等国的年平均投资流量超过1亿美元，而对摩洛哥、阿曼、叙利亚、约旦、突尼斯、黎巴嫩、巴勒斯坦等国的年平均投资流量不足0.1亿美元。本书采用燃料、矿石和金属出口占商品总出口的比重来衡量中东各国的资源禀赋水平，并从高到低进行排序，年均占比超过90%的国家有伊拉克、利比亚、阿尔及利亚、科威特等国，超过80%的国家有卡塔尔、沙特、巴林、阿曼等海合会国家，超过70%的国家有也门、伊朗，而资源禀赋最不发达的国家有约旦、巴勒斯坦、土耳其、以色列和阿富汗等国，其资源出口占比不足10%。人均国民生产总值是一国经济发展水平和居民消费能力的综合体现，本书已在第六章第三节中对中东国家的人均国民生产总值差异情况进行过分析。另外，对象国的投资自由度（不取对数）最小值为5，最大值为85，也表现出较大差异。通过计算不同国家10年的投资自由度平均值发现，在投资

[①] 周超、刘夏、辜转：《营商环境与中国对外直接投资——基于投资动机的视角》，《国际贸易问题》2017年第10期。

[②] 黎绍凯、张广来、张杨勋：《东道国投资风险、国家距离与我国OFDI布局选择——基于"一带一路"沿线国家的经验证据》，《商业研究》2018年第12期。

自由度方面以色列属于自由经济体，塞浦路斯属于较自由经济体，巴林、摩洛哥、土耳其、约旦、阿富汗等国属于中等自由经济体，阿曼、黎巴嫩、巴勒斯坦、埃及、黎巴嫩等国属于较不自由经济体，也门、毛里塔尼亚、卡塔尔、沙特、阿联酋、阿尔及利亚、突尼斯、叙利亚、利比亚、苏丹、伊朗等国属于不自由经济体。此外，中国投资自由度的算术平均值为27，其主要原因在于，中国在改革开放40多年发展历程中形成了政府主导型的市场经济体制[1]。

表7.1　　　　　　　　各变量的描述性统计结果

变量	最小值	最大值	平均值	标准差	观测值
$Ln\ OFDI_{Mt}$	0.702	12.112	7.418	2.303	199
$Ln\ VAL_M$	-1.466	0.051	-0.651	0.418	130
$Ln\ LAN_M$	4.575	5.037	4.909	0.161	240
$Ln\ pGDP_{Mt}$	7.158	11.770	9.639	1.112	230
$Ln\ pGDP\_CN_t$	8.894	9.575	9.261	0.220	240
$Ln\ IF_{Mt}$	1.609	4.443	3.785	0.546	207
$Ln\ IF\_CN_t$	2.996	3.401	3.288	0.130	240
$Ln\ RES_{Mt}$	-1.981	4.605	3.330	1.346	200
D_M	0	1	0.292	0.455	240

通过检验模型中各变量之间的相关性发现（见表7.2），自变量之间的相关系数均低于0.51（临界值为0.7）。共线性检验发现，各变量的方差膨胀因子值（VIF）均小于10，VIF平均值为1.63，表明计量模型中不存在严重的多重共线性问题。

---

[1] 《政府投资与社会资本双轮驱动中国未来30年发展》，人民网：http://finance.people.com.cn/n1/2020/0828/c1004-31841074.html。

第七章 非正式制度距离对中国向中东直接投资影响分析

表 7.2 各变量的相关系数矩阵与 VIF 检验

变量	VIF	$Ln\,VAL_M$	$Ln\,LAN_M$	$Ln\,pGDP_{Mt}$	$Ln\,pGDP\_CN_t$	$Ln\,TF_{Mt}$	$Ln\,TF\_CN_t$	$Ln\,RES_{Mt}$	D_M
$Ln\,VAL_M$	1.99	1.0000							
$Ln\,LAN_M$	1.53	-0.220	1.000						
$Ln\,pGDP_{Mt}$	1.91	0.456	-0.279	1.000					
$Ln\,pGDP\_CN_t$	1.12	-0.000	0.000	0.001	1.000				
$Ln\,IF_{Mt}$	2.13	-0.037	-0.294	0.036	0.048	1.000			
$Ln\,IF\_CN_t$	1.04	-0.000	-0.000	-0.005	-0.135	-0.026	1.000		
$Ln\,RES_{Mt}$	1.68	-0.050	0.359	0.374	-0.098	-0.421	0.004	1.000	
D_M	1.67	-0.506	0.232	-0.378	-0.000	-0.347	-0.000	0.125	1.000
Mean VIF	1.63								

第四节 回归分析、稳健性检验与投资潜力测算

一 回归结果分析

考虑到核心解释变量语言距离（VAL_M）、价值观距离（VAL_M）在时间序列上是常数，给相应的 F 检验的处理带来了一系列困难，尤其是对固定效应产生较大影响（如核心解释变量存在被剔除的风险），本节采用混合最小二乘法（Pooled OLS）和稳健标准误对结果进行估计，借助 Stata15.0 进行计量分析，具体的回归结果见表 7.3。

表 7.3　　　　　　　　　　模型回归结果汇总

	模型 7.1	模型 7.2	模型 7.3
$Ln\,VAL_M$		-2.245***(0.724)	-3.181***(0.619)
$Ln\,LAN_M$	-6.695***(1.076)		-7.901***(1.088)
$Ln\,pGDP_{Mt}$	0.163(0.211)	1.080***(0.307)	0.542**(0.230)
$Ln\,pGDP\_CN_t$	3.021***(0.711)	2.127***(0.790)	2.626***(0.660)
D_M	0.821*(0.444)	0.968**(0.476)	0.373(0.410)
$Ln\,IF_{Mt}$	-1.323(0.882)	1.482**(0.619)	-0.199(0.557)
$Ln\,IF\_CN_t$	1.621(1.090)	0.944(1.449)	1.084(1.085)
$Ln\,RES_{Mt}$	0.877***(0.178)	1.143***(0.267)	1.294***(0.206)
Intercept	7.008(9.417)	-37.760***(9.731)	6.520(9.028)
R^2	0.373	0.445	0.668
N	145	89	89

注：***、**、*分别表示在1%、5%和10%的显著性水平上显著；括号中数据为标准误。

在控制经济发展水平、贸易自由度等影响因素之后，核心解释变量语言距离（LAN_M）、价值观距离（VAL_M）不管是单独作用，还是综合作用，均对中国向中东国家直接投资（$OFDI_{Mt}$）产生负向影响，结果在1%水平上显著，实证结果与预期相符，表明中国与中东国家的非正式制度距离越大，中国对其直接投资越少。另外，中国的经济

发展程度（$pGDP\_CN_t$）、对象国的经济发展程度（$pGDP_{Mt}$）均与中国向该地区直接投资呈正相关关系，说明经济社会可持续发展潜力越高的中东国家，中国对其投资规模越大；中国的经济发展程度越高，越促进中国的对外投资。在模型 7.1—7.3 中对象国的自然资源禀赋（RES_{Mt}）与对外直接投资呈显著正相关关系且在 1% 水平上显著，说明自然资源禀赋越好的国家越吸引中国的对外投资，也说明了中国对中东国家投资具有市场寻求型和资源寻求型动因。在模型 7.1 和模型 7.2 中分类变量（D_M）表现出与投资规模显著的正相关关系，说明中国更倾向于向北非国家投资，从侧面证明了长期以来中国加强与非洲国家合作的积极成果，当下通过"一带一路"倡议和中非合作论坛等机制拉动与沿线非洲国家合作，可以进一步扩大中国对该地区的投资规模。

二 稳健性检验

本章采用两种方法进行稳健性检验。

第一种方法是替换被解释变量。参考袁其刚和郜晨①的稳健性检验方法，本书采用中国对中东国家直接投资存量作为被解释变量。

$$Ln\ SOFDI_{Mt} = \beta_0 + \beta_1 Ln\ LAN_M + \beta_2 Ln\ VAL_M + \beta_3 Ln\ pGDP_{Mt} +$$
$$\beta_4 Ln\ pGDP\_CN_t + \beta_5 Ln\ IF_{Mt} + \beta_6 Ln\ IF\_CN_t +$$
$$\beta_7 D_M + \beta_8 Ln\ RES_{Mt} + \varepsilon_{Mt} \quad （模型\ 7.4）$$

第二种方法采用分组回归法。与第六章采用的稳健性检验方法相同，对模型 7.3 采用分组检验，将样本分为亚洲国家、非洲国家进行分组回归。

稳健性检验结果显示（见表 7.4），稳健性检验一的结果与实证分析结果相同，核心解释变量语言距离（LAN_M）、价值观距离（VAL_M）均对中国对中东国家的直接投资产生显著负向影响，结果在 1% 水平上显著，进一步证明了非正式制度距离对中国的对外投资产

---

① 袁其刚、郜晨：《企业对东盟直接投资的政治风险分析》，《国际商务》（对外经济贸易大学学报）2018 年第 3 期。

生抑制作用。同时，东道国自然资源禀赋（RES_{Mt}）、中国的经济发展程度（$pGDP\_CN_t$）、对象国的经济发展程度（$pGDP_{Mt}$）等变量也对中国对中东国家的直接投资产生显著正向影响，结果也均在1%水平上显著。稳健性检验二的结果显示，不管是西亚地区国家还是北非地区国家，核心解释变量语言距离（LAN_M）、价值观距离（VAL_M）均对中国对中东地区直接投资产生显著负向影响，结果在1%水平上显著，进一步说明了非正式制度距离对中国向该地区直接投资的负向作用结果稳健。分组检验中，东道国自然资源禀赋（RES_{Mt}）、中国的经济发展程度（$pGDP\_CN_t$）在亚洲组和非洲组回归结果中均显示正向结果。与亚洲组国家结果不同的是，在非洲组国家回归中，中国的投资开放度呈显著正相关影响，说明中国的投资自由度越大，中国对北非国家的投资规模越大。对此结果本书认为，相比于西亚国家，长期以来中国对北非国家直接投资面临较多问题，如非洲国家缺乏高技术人员和管理人员，其基础设施和融资环境较差，宏观经济波动性强，政治和安全风险较高，政策变动相对频繁，营商环境透明度低等，增大了中国对其直接投资的制度成本。事实上，相对西亚地区，北非地区的全球外资流入中更多的是资源驱动型和市场驱动型投资，效率驱动型投资的比重很低，所以需要中国注重推动对北非国家投资合作模式的创新，加大对非投资开放程度，通过优化投资合作的产业布局助力北非国家经济可持续发展进程，提升中国对非洲经济可持续发展的贡献度。

表7.4　　　　　　　　　　稳健性检验分析结果

变量	方法一 模型7.4	方法二 模型7.3 分组 亚洲	方法二 模型7.3 分组 非洲
$Ln\ LAN_M$	-7.158***(0.712)	-9.040***(2.033)	-5.545***(1.843)
$Ln\ VAL_M$	-4.169***(0.514)	-3.795***(1.019)	-3.111***(1.126)
$Ln\ pGDP_{Mt}$	0.636***(0.244)	0.527(0.361)	1.559(1.061)
$Ln\ pGDP\_CN_t$	3.030***(0.589)	2.702**(1.357)	2.855***(0.817)

续表

变量	方法一	方法二	
	模型 7.4	模型 7.3 分组	
		亚洲	非洲
$Ln\ IF_{Mt}$	−0.305(0.630)	1.378(2.311)	0.442(0.493)
$Ln\ IF\_CN_t$	0.292(0.919)	0.396(1.997)	2.078*(1.060)
$Ln\ RES_{Mt}$	0.973***(0.258)	1.306***(0.376)	1.590***(0.373)
D_M	−0.168(0.376)	—	—
Intercept	3.785(7.181)	7.009(17.840)	−22.867*(11.662)
R^2	0.705	0.646	0.810
N	106	48	41

注：***、**、* 分别表示在 1%、5% 和 10% 的显著性水平上显著；括号中数据为标准误。

三 投资潜力测算

考虑到价值观距离变量（VAL_M）缺失值较多，本书利用语言距离变量（LAN_M）作为非正式制度距离的代理变量，采用 Stata15.0 测算 2007—2016 年中国对中东 24 国的理论投资规模，然后计算实际投资规模与理论投资规模的比值，即投资潜力指数，公式记为 $INDIV_o = I_R/I_T$，I_R 为实际对外直接投资额，I_T 为理论对外直接投资额。在部分文献中，有的学者将投资潜力指数取值为 1 作为适度投资规模的判断标准，也有的学者将这个标准设定为 2，等等。本书采用翟卉[1]使用的划分标准，即当 $I_R/I_T \geq 1.3$ 时，表明中国对对象国家"投资过度"；当 $0.9 \leq I_R/I_T < 1.3$ 时，表明中国对对象国家"投资饱和"；当 $I_R/I_T < 0.9$ 时，表明中国对对象国家"投资不足"。如表 7.5 所示，从历时角度看，中国对突尼斯、塞浦路斯、黎巴嫩、巴林、巴勒斯坦、阿曼等国长期投资不足。此外，中东剧变后埃及社会出现动荡，导致中国对其对外投资出现下滑，中国对卡塔尔的投资则不时出现波动。由于本节潜力在预测中面临的缺失值较多，计算的潜力指数结果仅作为参考。

---

[1] 翟卉：《中国对"一带一路"国家直接投资影响因素及投资潜力——基于扩展"引力模型"的实证研究》，硕士学位论文，青岛大学，2017 年。

表 7.5　2007—2016 年中国投资不足的中东国家的投资潜力指数结果

国别 年份	突尼斯（TUN） I_R/I_T	突尼斯 I_T-I_R	塞浦路斯（CYP） I_R/I_T	塞浦路斯 I_T-I_R	黎巴嫩（LBN） I_R/I_T	黎巴嫩 I_T-I_R	卡塔尔（QAT） I_R/I_T	卡塔尔 I_T-I_R	巴林（BHR） I_R/I_T	巴林 I_T-I_R	巴勒斯坦（PLE） I_R/I_T	巴勒斯坦 I_T-I_R	埃及（EGY） I_R/I_T	埃及 I_T-I_R	阿曼（OMN） I_R/I_T	阿曼 I_T-I_R
2007	0.089	0.458	0.045	0.839	—	—	0.388	2.040	—	—	—	—	0.430	4.351	0.239	1.086
2008	—	—	—	—	—	—	0.277	3.189	0.031	0.458	—	—	0.191	7.550	1.955	-1.368
2009	0.216	0.578	—	—	—	—	0.143	2.734	—	—	—	—	1.818	-7.358	0.451	0.928
2010	0.075	0.406	4.689	-7.441	0.634	0.028	0.546	1.060	—	—	—	—	0.947	0.333	0.942	0.078
2011	0.476	0.438	0.140	2.212	—	—	0.928	0.316	—	—	—	—	0.837	1.367	0.425	1.361
2012	0.058	1.098	3.436	-5.462	0.192	0.288	1.384	-2.450	0.731	0.193	0.015	0.137	1.172	-1.812	0.106	2.931
2013	0.539	0.609	—	—	0.031	0.286	0.347	6.750	0.659	0.279	0.009	0.218	0.146	13.66	0.018	3.968
2014	0.036	1.877	—	—	—	—	1.598	-5.273	—	—	—	—	0.607	10.54	0.289	3.740
2015	0.519	0.524	0.033	5.118	—	—	0.682	4.436	1.688	-1.470	0.080	0.228	0.458	9.546	0.295	2.616
2016	—	—	0.051	9.610	—	—	—	—	—	—	—	—	0.526	10.67	0.085	4.935

第八章　制度距离框架下的实证拓展与分析

非正式制度和正式制度同属于社会规则的两个层面，非正式制度距离和正式制度距离是制度距离统一框架下的两个层面。以往大量研究聚焦正式制度，对其相应指标进行了详细刻画，并证明了其在贸易和投资活动中的作用；在制度距离相关研究中，也着重刻画正式制度距离指标，对非正式制度距离的指标刻画不够细致。本书立足于区域国别研究视角，以中东国家为研究样本聚焦分析非正式制度距离相关内容，第三章从语言学、文化学、经济学等学科视角，对非正式制度指标体系构建的理论与跨学科背景进行了分析，尤其是对非正式制度距离指标的文化属性和制度属性进行了论证；第五章对基于语言、价值观因素的中国与中东国家之间非正式制度距离进行了测度；第六章分析了非正式制度距离对中国向中东国家出口贸易的影响；第七章分析了非正式制度距离对中国向中东地区对外直接投资的影响。然而，本书提供的非正式制度距离指标体系，在制度距离视角下能否依旧有效地解释经济现象，还是一个值得进行拓展研究的问题。

祝树金等人的研究《出口目的地非正式制度、普遍道德水平与出口产品质量》是比较有代表性的专门聚焦非正式制度与出口贸易相关性的实证研究，其研究在最后部分专门加入了非正式制度与正式制度交互作用的扩展研究。[①] 有鉴于此，本书设置专门章节进行实证拓展。

---

① 祝树金、段凡等：《出口目的地非正式制度、普遍道德水平与出口产品质量》，《世界经济》2019年第8期。

实际上，在第六章和第七章构建模型时已经考虑到正式制度因素（而非正式制度距离）的影响，并参考已有研究的做法，加入了贸易自由度（TF）、投资自由度（IF）等指标作为控制变量。

综上，在制度距离视角下引入本书所构建的非正式制度距离指标变量，一是对以往制度距离研究中较常缺失的非正式制度距离因素进行补充和完善；二是进一步检验本书构建的非正式制度指标在制度距离视角下的研究是否稳健；三是在第六章和第七章基础上，健全制度距离的分析视角，内容构架亦有提高。

第一节 中国与中东国家制度距离指标构建

前文提到，制度包括正式制度和非正式制度，其中正式制度的范畴主要包括对物质资本、人力资本和技术水平等要素产生激励影响的规则、规定、法律和政策。大量研究为构建正式制度距离的具体测量指标做出尝试。

本书已在前文中对制度距离的提出及其维度的厘定做了较为详细的文献梳理，并且指出，目前大多数研究采用"正式制度距离"的处理方法来测度"制度距离"。其中，美国传统基金会每年发布的经济自由度指数（EFI）和世界银行每年发布的全球治理指数（WGI），是构建正式制度距离的重要指标数据，具体可以分为经济制度距离和政治制度距离，也是以往研究中常被采用的指标数据。① 据此，本书借鉴谢孟军②的研究方法，采用全球治理指数和经济自由度指数测量正式制度距离，而非正式制度距离的测度结果则沿用前文中的数据。

政治制度距离指标的构建及含义。世界银行全球治理指数共包括6个指标，分别是话语权与责任（Voice and Accountability）、政治稳

---

① 相关研究请参见郭苏文、黄汉民《中国贸易政策的制度质量分析——基于制度有效性和稳定性视角》，《经济经纬》2014年第6期；谢孟军：《出口抑或对外投资——基于制度距离的视角》，《国际商务》（对外经济贸易大学学报）2015年第6期。

② 谢孟军：《出口抑或对外投资——基于制度距离的视角》，《国际商务》（对外经济贸易大学学报）2015年第6期。

定性（Political Stability）、政府效能（Government Effectiveness）、监管质量（Regulatory Quality）、腐败控制（Control Corruption）和法制水平（Rule of Law），各指标取值范围-2.5—2.5。话语权与责任主要衡量政府在履行管理职责过程中负责任的程度、公民参与选举的程度和公民享受的民主程度；政治稳定性主要衡量政局稳定、社会群体安定程度，同时反映政府掌控、平息意外暴乱和恐怖事件的能力；政府效能主要衡量政府机构职能履行、政策执行力、政策连续性的程度；监管质量主要衡量政府实施政策的质量，监管的程度以及对不友好市场的响应能力；腐败控制主要衡量政府和社会贪污腐败程度；法制水平主要衡量法律体系完善和法律执行的程度。本书选取以上6个指标构建政治制度距离。

经济制度距离指标的构建及含义。美国传统基金会经济自由度指数共包含12个指标，包括政府开支（Government Spending）、税收负担（Tax Burden）、财政状况（Fiscal Health）、营商自由度（Business Freedom）、劳工自由度（Labor Freedom）、货币自由度（Monetary Freedom）、贸易自由度（Trade Freedom）、投资自由度（Investment Freedom）、金融自由度（Financial Freedom）、产权保障度（Property Rights）、政府健全度（Government Integrity）和司法效能（Judicial Effectiveness）。各指标含义明晰，取值范围0—100。鉴于中国在"财政状况"和"司法效能"两项指标上暂无统计数据，本书选择其余10个指标构建经济制度距离。前文提到，经济自由度被分为五级区间，80—100代表"自由"，70—80代表"较自由"，60—70代表"中等自由"，50—60代表"较不自由"，50以下代表"不自由"。

第二节　中国与中东国家正式制度距离测度

对于正式制度距离的测度方法，科格特和辛格设计的KSI指数法（Kogut & Singh Index）[①]是目前最为广泛接受和使用的制度距离测度

[①] Bruce Kogut, Harbir Singh, "The Effect of National Culture on the Choice of Entry Mode", *Journal of International Business Studies*, Vol. 19, No. 3, 1988, pp. 411-432.

方法。

基于制度是一个 N 维构念,该测量公式如下:

$$I_{ij} = \frac{1}{N}\sum_{k=1}^{N}\left[\frac{(I_{ki} - I_{kj})^2}{\sigma_k}\right]$$ （公式 8.1）

其中,I_{ij} 是指地区 i 和 j 之间的制度距离,I_{ki} 是 i 国在制度维度 k 上的得分,I_{kj} 是 j 国在制度维度 k 上的得分。σ_k 是制度 K 维度的方差。在本书中,当测量政治制度距离（PD_{Mt}）时 N 取 6;当测量经济制度距离（ED_{Mt}）时 N 取 10。测算结果发现（见表 8.1）,中国与中东国家之间的政治制度距离、经济制度距离的差异较大。回溯数据发现,在政治制度距离上,中国与阿联酋、也门、伊拉克、土耳其、突尼斯、以色列、沙特、阿富汗、卡塔尔等国存在较大差异;在经济制度距离上,中国与约旦、伊拉克、苏丹、阿曼、阿联酋、毛里塔尼亚、突尼斯、以色列、沙特、巴林、卡塔尔、塞浦路斯等国存在较大差异。其他变量的描述性统计结果与前文内容相同。

表 8.1　　　　正式制度距离变量的描述性统计结果

变量	最小值	最大值	平均值	标准差	观测值
$Ln\ PD_{Mt}$	-1.936	1.658	-0.004	0.807	230
$Ln\ ED_{Mt}$	-1.256	1.562	0.432	0.568	215

第三节　中国对中东出口贸易实证研究拓展

一　模型构建、变量选取及数据来源

考虑到一国对外进行投资还将面临东道国复杂多样的新环境,包括经济、政治等不确定性因素,本书在非正式制度距离指标基础上构建了基于政治制度距离和经济制度距离的正式制度距离指标,旨在考察制度因素,即正式制度距离和非正式制度距离的综合影响效应。

第八章 制度距离框架下的实证拓展与分析

本书为分析制度距离框架下语言距离对出口贸易的影响,构建模型 8.1;为分析制度距离框架下价值观距离对出口贸易的影响,构建模型 8.2;为考察制度距离(包括正式制度距离和非正式制度距离)对出口贸易的综合影响,构建模型 8.3。除了这 4 个解释变量之外,模型中还包括中国的人均国内生产总值($pGDP\_CN_t$)、对象国的人均国内生产总值($pGDP_{Mt}$)以及地理变量(D_M)这 3 个控制变量。

$$Ln\,EX_{Mt} = \beta_0 + \beta_1 Ln\,LAN_M + \beta_2 Ln\,pGDP_{Mt} + \beta_3 Ln\,pGDP\_CN_t + \beta_4 Ln\,PD_{Mt}$$
$$+ \beta_5 Ln\,ED_{Mt} + \beta_6 D_M + \varepsilon_{Mt} \quad \text{(模型 8.1)}$$

$$Ln\,EX_{Mt} = \beta_0 + \beta_1 Ln\,VAL_M + \beta_2 Ln\,pGDP_{Mt} + \beta_3 Ln\,pGDP\_CN_t + \beta_4 Ln\,PD_{Mt}$$
$$+ \beta_5 Ln\,ED_{Mt} + \beta_6 D_M + \varepsilon_{Mt} \quad \text{(模型 8.2)}$$

$$Ln\,EX_{Mt} = \beta_0 + \beta_1 Ln\,LAN_M + \beta_2 Ln\,VAL_M + \beta_3 Ln\,pGDP_{Mt} + \beta_4 Ln\,pGDP\_CN_t$$
$$+ \beta_5 Ln\,PD_{Mt} + \beta_6 Ln\,ED_{Mt} + \beta_7 D_M + \varepsilon_{Mt} \quad \text{(模型 8.3)}$$

二 相关系数矩阵与 VIF 检验

通过检验模型中各变量之间的相关系数发现(见表 8.2),自变量之间的相关系数均低于 0.62(临界值为 0.7)。共线性检验发现,各变量的方差膨胀因子值(VIF)均小于 10,VIF 平均值为 1.60,表明模型中不存在严重的多重共线性问题。

三 回归结果分析及稳健性检验

研究结果见表 8.3,分析发现,在正式制度共同作用下,语言距离(LAN_M)、价值观距离(VAL_M)均对中国对中东地区出口贸易产生显著负向影响,进一步说明非正式制度距离对中国向该地区出口贸易的负向作用结果稳健。除了非正式制度因素的影响,正式制度因素中的政治制度距离(PD_{Mt})同样起到了显著的负向作用,说明中国对中东地区出口贸易中,政治制度政策上的融通可以促进中国向该地区贸易出口。另外,中国的人均生产总值($pGDP\_CN_t$)对中国的出口贸易产生正向影响,说明中国经济发展程度越高,越促进中国的商品走出国门。从地区固定效应来看,地理变量(D_M)对贸易

表8.2　各变量的相关系数矩阵与VIF检验

变量	VIF	$Ln\ VAL_M$	$Ln\ LAN_M$	$Ln\ pGDP_{Mt}$	$Ln\ pGDP\_CN_t$	$Ln\ PD_{Mt}$	$Ln\ ED_{Mt}$	D_M
$Ln\ VAL_M$	2.35	1.0000						
$Ln\ LAN_M$	1.16	-0.220	1.000					
$Ln\ pGDP_{Mt}$	1.80	0.456	-0.279	1.000				
$Ln\ pGDP\_CN_t$	1.05	-0.000	0.000	0.001	1.000			
$Ln\ PD_{Mt}$	1.95	0.615	-0.266	0.005	0.068	1.000		
$Ln\ ED_{Mt}$	1.26	-0.106	-0.070	0.183	-0.013	0.222	1.000	
D_M	1.59	-0.506	0.232	-0.378	-0.000	-0.230	-0.153	1.000
Mean VIF	1.60							

表 8.3　　　　　　　　　　模型回归结果汇总

变量	模型 8.1	模型 8.2	模型 8.3
$Ln\ LAN_M$	-3.324*** (0.317)		-2.707*** (0.368)
$Ln\ VAL_M$		-0.714*** (0.251)	-0.719*** (0.213)
$Ln\ pGDP_{Mt}$	0.260*** (0.075)	0.208** (0.109)	0.032 (0.082)
$Ln\ pGDP\_CN_t$	1.222*** (0.309)	1.044*** (0.366)	1.100*** (0.297)
$Ln\ PD_{Mt}$	-0.121 (0.363)	-0.421*** (0.118)	-0.432*** (0.098)
$Ln\ ED_{Mt}$	0.828*** (0.131)	-0.214** (0.137)	-0.115 (0.152)
D_M	0.062 (0.128)	-0.345* (0.187)	-0.245* (0.131)
Intercept	14.757*** (3.493)	0.475 (3.572)	14.806*** (3.235)
R^2	0.394	0.271	0.509
N	205	113	113

注：***、**、*分别表示在1%、5%和10%的显著性水平上显著；括号中数据为标准误。

起到负向作用，说明中国对地理距离较近的西亚地区国家有更多的贸易出口。

分组回归一方面可以证明结果的稳健性，另一方面可以分析中国对西亚地区国家贸易出口与对北非地区国家贸易出口的差别（见表8.4）。分组回归中，非正式制度距离对中国向西亚国家和北非国家出口均显示显著负向影响，说明实证研究结果稳健。而相比于北非国家，西亚国家还受到政治制度距离（PD_{Mt}）的显著负向影响，说明中国与西亚国家之间的政治制度距离越大，越不利于中国向该地区的贸易出口。

中国在出口方面倾向于政治制度差异较小的国家，本书认为主要是因为本国的政治经验可降低双边在经济活动中面临的潜在风险，并且在情况类似国家能发挥一定的作用，此外，那些与中国制度距离相对较小的国家往往腐败现象较少、政权也比较稳定。经济制度距离没有起到显著作用，并非因为这个变量不重要，这里并不排除是由于样本少、数据缺失等问题导致经济制度距离的结果不显著。

表 8.4　　　　　　　　　稳健性检验分析结果

变量	模型 8.3 分组	
	亚洲	非洲
$Ln\ LAN_M$	-3.405*** (0.493)	-5.108*** (0.189)
$Ln\ VAL_M$	-0.381** (0.195)	-2.490*** (0.120)
$Ln\ pGDP_{Mt}$	-0.115 (0.075)	1.505*** (0.140)
$Ln\ pGDP\_CN_t$	0.968** (0.406)	0.456** (0.203)
$Ln\ PD_{Mt}$	-0.799*** (0.102)	0.130 (0.084)
$Ln\ ED_{Mt}$	0.038 (0.186)	-0.080 (0.085)
D_M	—	—
Intercept	21.078*** (4.486)	17.282*** (2.963)
R^2	0.578	0.921
N	66	47

注：***、**、* 分别表示在 1%、5% 和 10% 的显著性水平上显著；括号中数据为标准误。

第四节　中国对中东直接投资实证研究拓展

一　模型构建、变量选取及数据来源

本书为研究制度距离框架下语言距离对直接投资的影响，构建模型 8.4；同理为研究制度距离框架下价值观距离对直接投资的影响，构建模型 8.5；为考察制度距离（包括正式制度距离和非正式制度距离）对中国向中东地区直接投资的综合影响，构建模型 8.6。除了语言距离、价值观距离、政治制度距离和经济制度距离这 4 个解释变量

之外，模型中还包括中国的人均国内生产总值（$pGDP\_CN_t$）、对象国的人均国内生产总值（$pGDP_{Mt}$）、对象国的自然资源禀赋（RES_{Mt}），以及地理变量（D_M）这4个控制变量。

$$Ln\ OFDI_{Mt} = \beta_0 + \beta_1 Ln\ LAN_M + \beta_2 Ln\ pGDP_{Mt} +$$
$$\beta_3 Ln\ pGDP\_CN_t + \beta_4 Ln\ PD_{Mt} +$$
$$\beta_5 Ln\ ED_{Mt} + \beta_6 D_M + \beta_7 Ln\ RES_{Mt} + \varepsilon_{Mt} \quad \text{（模型8.4）}$$

$$Ln\ OFDI_{Mt} = \beta_0 + \beta_1 Ln\ VAL_M + \beta_2 Ln\ pGDP_{Mt} +$$
$$\beta_3 Ln\ pGDP\_CN_t + \beta_4 Ln\ PD_{Mt} + \beta_5 Ln\ ED_{Mt} +$$
$$\beta_6 D_M + \beta_7 Ln\ RES_{Mt} + \varepsilon_{Mt} \quad \text{（模型8.5）}$$

$$Ln\ OFDI_{Mt} = \beta_0 + \beta_1 Ln\ LAN_M + \beta_2 Ln\ VAL_M +$$
$$\beta_3 Ln\ pGDP_{Mt} + \beta_4 Ln\ pGDP\_CN_t + \beta_5 Ln\ PD_{Mt} +$$
$$\beta_6 Ln\ ED_{Mt} + \beta_7 D_M + \beta_8 Ln\ RES_{Mt} + \varepsilon_{Mt} \quad \text{（模型8.6）}$$

二 相关系数矩阵与VIF检验

通过检验模型中各变量之间的相关系数发现（见表8.5），自变量之间的相关系数均低于0.62（临界值为0.7）。共线性检验发现，各变量的方差膨胀因子值（VIF）均小于10，VIF平均值为1.85，表明模型不存在严重多重共线性的问题。

三 回归结果分析及稳健性检验

研究结果见表8.6，分析发现，在正式制度距离的共同作用下，解释变量语言距离（LAN_M）、价值观距离（VAL_M）均对中国对中东地区直接投资产生显著负向影响，说明非正式制度距离对中国向该地区直接投资的负向作用结果稳健。综合正式制度因素和非正式制度因素影响来看，除了非正式制度因素的影响，正式制度因素中的经济制度距离（ED_{Mt}）同样起到了显著负向作用，说明中国与中东在语言、文化上的沟通，以及经济政策上的融通，都可以促进中国向该地区直接投资。

表 8.5　各变量的相关系数矩阵与 VIF 检验

变量	VIF	$Ln\ VAL_M$	$Ln\ LAN_M$	$Ln\ pGDP_{Mt}$	$Ln\ pGDP\_CN_t$	$Ln\ PD_{Mt}$	$Ln\ ED_{Mt}$	$Ln\ RES_{Mt}$	D_M
$Ln\ VAL_M$	2.83	1.000							
$Ln\ LAN_M$	1.42	-0.220	1.000						
$Ln\ pGDP_{Mt}$	2.03	0.456	-0.279	1.000					
$Ln\ pGDP\_CN_t$	1.04	-0.000	0.000	0.001	1.000				
$Ln\ PD_{Mt}$	2.80	0.615	-0.266	0.005	0.068	1.000			
$Ln\ ED_{Mt}$	1.39	-0.106	-0.070	0.183	-0.013	0.222	1.000		
$Ln\ RES_{Mt}$	1.43	-0.050	0.359	0.374	-0.098	-0.317	-0.138	1.000	
D_M	1.85	-0.506	0.232	-0.378	-0.000	-0.230	-0.153	0.125	1.000
Mean VIF	1.85								

表 8.6　　　　　　　　　模型回归结果汇总

变量	模型 8.4	模型 8.5	模型 8.6
$Ln\ LAN_M$	-5.115*** (1.190)		-6.868*** (0.877)
$Ln\ VAL_M$		-3.012*** (0.752)	-3.127*** (0.579)
$Ln\ pGDP_{Mt}$	-.151 (0.178)	0.844*** (0.261)	0.336* (0.211)
$Ln\ pGDP\_CN_t$	2.719*** (0.726)	2.859*** (0.738)	3.063*** (0.609)
$Ln\ PD_{Mt}$	-0.358* (0.214)	0.179 (0.437)	0.036 (0.358)
$Ln\ ED_{Mt}$	0.186 (0.301)	-1.122*** (0.435)	-0.578* (0.336)
D_M	0.178 (0.406)	-0.144 (0.516)	-0.186 (0.390)
$Ln\ RES_{Mt}$	0.689*** (0.216)	0.923*** (0.200)	1.387*** (0.170)
Intercept	6.306 (8.004)	-32.044*** (7.160)	14.806*** (3.235)
R^2	0.238	0.411	0.635
N	150	90	90

注：***、**、*分别表示在1%、5%和10%的显著性水平上显著；括号中数据为标准误。

中国在投资方面倾向于经济制度距离较小国家，本书认为，与中国经济制度差异较小的中东国家，往往经济制度环境质量较高，拥有较为自由、宽松的投资环境，使得中国的外来资金进出该市场相对容易，总体投资风险较低。政治制度距离没有起到显著作用，可能原因是制度距离较大的中东国家，一般政治风险较高，但这些国家往往具有丰富的自然资源禀赋，资源因素对中国对外投资的吸引力超过了当地政治风险的负面影响。从另一角度讲，中国作为世界第二大经济体，具有较大的规模优势和较强的经济抗风险能力对风险问题施以"屏蔽"。由此可见，中国对中东地区的投资具有特殊的"风险偏好"，事实上，政治风险影响固然重要，但不会严重阻碍中国的对外直接投资活动[1]。

另外，中国人均生产总值（$pGDP\_CN_t$），对象国人均生产总值

---

[1] Peter J. Buckley, L. Jeremy Clegg, Adam R. Cross, Xin Liu, Hinrich Voss, Ping Zheng, "The Determinants of Chinese Outward Foreign Direct Investment", *Journal of International Business Studies*, Vol. 38, No. 4, 2007, pp. 499-518.

（$pGDP_{Mt}$）以及资源禀赋（RES_{Mt}）均对中国向该地区的直接投资产生正向影响，说明对象国的可持续发展潜力越大，资源越充裕，对中国的投资吸引力越强，而中国的经济发展程度越高，其对外直接投资规模也越大，中国对中东地区直接投资兼具资源寻求动因和市场寻求动因。

分组回归一方面可以证明结果的稳健性，另一方面可以分析中国分别对西亚地区国家和北非地区国家直接投资的差别，为此，在模型8.6基础上采用控制变量（D_M）对样本进行分组回归。另外，本书还采用直接投资存量替代被解释变量做稳健性检验，具体地，基于模型8.4—8.6基础上，构建模型8.7—8.9，将投资流量$OFDI_M$换成投资存量，其他变量保留不变。结果显示（见表8.7），在分组回归中，非正式制度距离中的语言距离和价值观距离对中国向西亚国家和北非国家对外直接投资均产生显著负向影响。中国的人均生产总值（$pGDP\_CN_t$）和对象国的资源禀赋（RES_{Mt}）均产生显著正向影响。采用投资存量作为被解释变量时，在正式制度距离的共同作用下，非正式制度距离中的语言距离和价值观距离均对中国对中东地区的直接投资活动产生负向影响，结果在1%水平上显著。同时，中国的人均生产总值（$pGDP\_CN_t$）和对象国的资源禀赋（RES_{Mt}）均产生正向影响，结果在1%水平上显著，而地理因素（D_M）表现为明显的负相关关系。

表8.7 稳健性检验分析结果

变量	模型8.6分组 亚洲	模型8.6分组 非洲	模型8.7	模型8.8	模型8.9
$Ln\ LAN_M$	-10.728*** (2.286)	-6.854*** (1.371)	-6.161*** (0.928)		-5.915*** (0.616)
$Ln\ VAL_M$	-2.031** (0.962)	-4.507*** (1.200)		-3.583*** (0.493)	-3.370*** (0.391)
$Ln\ pGDP_{Mt}$	0.005 (0.225)	1.451 (1.214)	-0.723*** (0.150)	0.508*** (0.191)	-0.021 (0.147)

续表

变量	模型8.6分组 亚洲	模型8.6分组 非洲	模型8.7	模型8.8	模型8.9
$Ln\,pGDP\_CN_t$	3.510*** (1.025)	1.779** (0.871)	4.307*** (0.640)	3.921*** (0.503)	4.162*** (0.375)
$Ln\,PD_{Mt}$	-0.978 (0.827)	0.559 (0.315)	-0.504*** (0.196)	0.365 (0.299)	0.093 (0.300)
$Ln\,ED_{Mt}$	-0.583 (0.545)	-0.591 (0.446)	0.365 (0.299)	-0.638** (0.299)	-0.316 (0.235)
D_M	—	—	-0.077 (0.323)	-0.683* (0.369)	-0.788*** (0.244)
$Ln\,RES_{Mt}$	1.772*** (0.429)	1.400*** (0.370)	0.780*** (0.154)	0.923*** (0.200)	1.191*** (0.185)
Intercept	20.076 (17.107)	2.818 (8.810)	3.582 (7.255)	-32.044*** (7.160)	-6.115 (4.550)
R^2	0.602	0.803	0.3571	0.6395	0.815
N	50	40	175	106	106

注：***、**、*分别表示在1%、5%和10%的显著性水平上显著；括号中数据为标准误。

第九章　非正式制度促进中国与中东经贸合作的启示

　　非正式制度下的特殊信任和合作关系能够有效降低制度运作中的交易成本和道德风险，保证经济合作的顺利进行，这使得越来越多的学者将研究视野和兴趣投入到非正式制度相关研究中，这也让人们深刻地认识到非正式制度往往比正式制度更能影响经济增长和社会发展水平，因为在非正式制度所组成的共同体中更加容易构建普遍认同的习俗、价值、社会规范以及人格化的特殊信任关系[①]，而这种关系在国与国之间更体现出一种人文关系，与我们常说的"民心互通"关联紧密。

　　学界对其中的关系和作用机理不断探究，总体可以归纳为三个方面：一是人文交流有力夯实民意基础。"以利相交，利尽则散；以势相交，势去则倾；惟以心相交，方成其久远。"人文交流可以让贸易双方消除地理距离和语言差异带来的心理隔阂，增进相互信任，促进民心相通，推动贸易合作不断走深走实。二是人文交流助力消除贸易壁垒。经济全球化趋势下，商品"走出去"速度加快，不熟悉对象国的国情、社情，就难以理解贸易合作法律法规；不熟悉对象国民情，就难以理解其发展需求和消费需求，而人文交流是双方民众文化知识、兴趣爱好、价值观念等方方面面的交流碰撞，加强人文交流有利于贸易双方了解彼此国情民情和市场行情，为贸易往来提供"润

[①] 《论正式制度与非正式制度的融合》，中国人民大学亚太法学研究院网站：http://apil.ruc.edu.cn/xsky/ytflpl/5d39548359c745f3af9683d894c03005.htm。

滑、助推"作用。三是人文交流提升贸易合作收益。数字创意、生命健康、影视传媒、教育培训、文化体育、旅游观光等领域已经成为日益重要的新兴产业,"一带一路"倡议提出后,中国先后与沿线国家签署了一系列教科文卫合作协议,人文交流与经贸合作的相互推动作用更加突出①。

第一节　对增进中国与中东文化认同的启示

中国与中东国家的文明历史悠久,交往源远流长,世界四大文明古国中,中国、埃及和伊拉克占据其三;中国与中东文明底蕴深厚,历经沧桑变化和众多磨砺而不衰,成为人类文明的瑰宝。历史上,中国不仅输出了丝绸、瓷器和四大发明,经阿拉伯传到欧洲并影响了世界,同时还传播了"丝绸之路"这一公共产品;古老的海陆丝绸之路连接东西方长达数世纪之久,除了促进中国与地中海地区的贸易发展外,丝绸之路还通过促进各种形式文化交流将中国与中东国家联系起来。②双方文明包含着人类进步所积淀的共同理念和共同追求,不仅都具有强大的兼容性和吸纳性,同时还在形成和发展过程中具有博大的文化吸纳胸怀、积极的文化互动态度和出色的文化融合能力,都为人类历史的发展和进步做出了伟大贡献。③"求知吧,哪怕远在中国!"这句阿拉伯圣训,既肯定了中阿具有灿烂辉煌的互学互鉴历史传统,以及双方文化交往的价值,也鼓励后人继续加强双方的交流。④

自"一带一路"倡议和"命运共同体"理念提出以来,人文交

---

① 邢丽菊:《人文交流与人类命运共同体建设》,《国际问题研究》2019年第6期。
② [美]丽萨·布赖德斯、[美]克里斯托弗·派克等:《丝绸之路上的贸易与政治破碎:中国—东方穆斯林历史交往的经济文化影响》,《国外社会科学前沿》2021年第11期。
③ 杨福昌:《传承中阿传统友谊推进全面战略合作》,载中华人民共和国外交部亚非司编《中阿合作论坛第五届中阿关系暨中阿文明对话研讨会发言汇编》(2013年6月),世界知识出版社2014年版,第7页。
④ 杨福昌:《中阿关系的回顾与展望》,载安惠侯、黄舍骄、陈大维、杨健主编《丝路新韵:新中国和阿拉伯国家50年外交历程》,世界知识出版社2006年版,第5页。

流更加突显其重要性，中国对中东人文交流活动的力度逐渐增强，双方文明交融互鉴的共同记忆夯实了命运共同体的人文基础[①]，双方文明交流也进入全面发展的新阶段。2013年10月，习近平主席在周边外交工作座谈会上首次提出了"亲诚惠容"理念，其中"亲"即亲缘纽带，注重情感渊源，是基础；"诚"即真诚有信，突出诚实守信，是态度；"惠"即互惠互利，强调惠利道义，是目的；"容"即宽广包容，彰显胸怀气度，是境界。[②] 由此可以看出，与美国等西方国家不同[③]，中国与中东国家在人文交流中始终坚持相互尊重、平等交往的原则，秉持文明对话、交流互鉴的人文精神，强调充分理解和尊重阿拉伯民族的文化特性和自主选择的发展道路，引领当代世界文明交往互鉴的正确方向，与中东国家共同向国际社会展现不同文明"交而通""交而和"的伟大智慧，为当代世界文明交往树立了交而能通、互学互鉴、和合共生的典范。[④]

中国与中东"民心相通"为双边"贸易畅通""资金融通"筑牢社会根基。中国与中东日趋密切的人文交流为双方日益增强的政治互信与经贸交往不断注入活力，"一带一路"延伸之处也成为双方人文交流聚集活跃之地。随着中国与中东国家加强"一带一路"经贸合作，双方人文交流机制也不断完善。2016年1月，中国政府发布《中国对阿拉伯国家政策文件》，首次系统性地阐述了中国与阿拉伯国家在包括人文交流在内的五大领域全面合作的整体规划，确立了新

[①] 李伟建、唐志超等：《中阿峰会成果丰硕 中阿关系谱写新篇》，《阿拉伯世界研究》2023年第1期。

[②] 《人文外交：中国特色的外交战略制度与实践》，复旦大学国际问题研究院网站：https://iis.fudan.edu.cn/22/d2/c6840a74450/page.htm，2014年12月1日。

[③] 2022年7月，沙特王储穆罕默德·本·萨勒曼与美国总统拜登会晤期间表示，"世界所有国家，包括美国和沙特在内，都拥有相似的价值观，但每个国家也有自己的价值观。正确的价值观和原则会吸引人们，但将其强加于别人会导致相反的结果，这发生在伊拉克和阿富汗，美国在这些地方遭受了失败"。报道详情请参见《沙特王储萨勒曼：若美国强加自己的价值观，则只有北约会留在身旁》，搜狐网：https://www.sohu.com/a/568856714_626761。

[④] 丁俊、朱琳：《新时代中国与阿拉伯国家合作的机制、成就与意义》，《阿拉伯世界研究》2022年第3期。

◈　第九章　非正式制度促进中国与中东经贸合作的启示　◈

时代中阿全面合作与共建"一带一路"的指导原则①，人文交流在中阿关系中的重要性进一步提升。文件中多次出现"平台""机制"建设，表明中国对中东国家的人文交流从零散化、碎片化过渡到了平台化和机制化。② 为了让人才和思想在"一带一路"上流动起来，习近平主席在阿盟宣布实施增进中阿友好的"百千万"人文交流工程。③ 2018年7月，中阿合作论坛第八届部长级会议召开，会议发布《中国和阿拉伯国家合作共建"一带一路"行动宣言》④，双方一致同意建立"全面合作、共同发展、面向未来的中阿战略伙伴关系"，自此中阿关系经历了从新型伙伴关系到战略合作关系再到战略伙伴关系的发展历程，中阿人文交流的战略意义进一步凸显，深切关乎着中阿战略伙伴关系的推进。⑤ 2020年7月6日，中国—阿拉伯国家合作论坛第九届部长级会议以视频方式举行，其主题为"携手打造面向新时代的中阿命运共同体"，并发表了《中国—阿拉伯国家合作论坛2020年至2022年行动执行计划》，详细阐释了中阿双方在人文交流领域的合作。⑥ 中国与中东国家人文交流已经从形式简单的历史文化介绍、

---

① 五大领域分别是政治领域、投资贸易领域、社会发展领域、人文交流领域和和平与安全领域。"人文交流"涉及"文明和宗教交流""文化、广播影视、新闻出版、智库等领域合作""民间交往和青年、妇女交流"以及"旅游合作"等方面，且每个方面都提出了明确的发展目标。详情请参见《中国对阿拉伯国家政策文件》，《人民日报》2016年1月14日第13版。

② 刘胜湘、高瀚：《中东剧变背景下中国中东大国外交论析》，《西亚非洲》2020年第5期。

③ 工程包括落实"丝路书香"设想，开展100部中阿典籍互译；加强智库对接，邀请100名专家学者互访；提供1000个阿拉伯青年领袖培训名额，邀请1500名阿拉伯政党领导人来华考察，培育中阿友好的青年使者和政治领军人物；提供1万个奖学金名额和1万个培训名额，落实1万名中阿艺术家互访。详情请参见习近平《共同开创中阿关系的美好未来——在阿拉伯国家联盟总部的演讲》，《人民日报》2016年1月22日第3版。

④ 《中国和阿拉伯国家合作共建"一带一路"行动宣言》，中阿合作论坛网站：http://www.chinaarabcf.org/chn/lthyjwx/bzjhywj/dbjbzjhy/201807/t20180713_6836934.htm。

⑤ 包澄章：《中国与阿拉伯国家人文交流的现状、基础及挑战》，《西亚非洲》2019年第1期。

⑥ 合作涉及旅游合作、人力资源开发合作、知识产权合作、文化合作和文明对话、教育和科研合作、新闻合作、民间合作、青年合作等内容。详情请参见《中国-阿拉伯国家合作论坛2020年至2022年行动执行计划》，中阿合作论坛网站：http://www.chinaarabcf.org/chn/lthyjwx/bzjhywj/djjbzjhy/202008/t20200810_6836922.htm。

文明成果宣讲向固定化、组织化的交流发展，其人文交流机制化主要表现为定期举办文明对话会议、建设合作研究中心及建设孔子学院。①2022年12月7—10日，习近平主席赴沙特利雅得出席首届中国—阿拉伯国家峰会、首届中国—海湾阿拉伯国家合作委员会峰会并对沙特进行国事访问，这是一次罕见的三环相扣的元首外交，被普遍认为是"三环峰会"。同时，这也是党的二十大胜利召开后习近平主席首次访问中东地区国家，又是新中国成立以来中国面向阿拉伯世界规模最大、规格最高的外交行动，在中阿关系发展史上具有里程碑意义，引领中阿文明交流进入新的发展阶段。中阿首届峰会发布了《首届中阿峰会利雅得宣言》《中阿全面合作规划纲要》《深化面向和平与发展的中阿战略伙伴关系文件》②，为新时代中阿关系发展指路定向。习近平主席在首届中阿峰会上的主旨讲话提出，构建更加紧密的中阿命运共同体要从四个方面着手③，为中阿命运共同体建设把舵定向，规划路径，为中阿关系未来发展擘画蓝图，其中"加强文明交流，增进理解信任"更是为中阿加强文明互鉴，推动文明交往起到纲举目张的作用。此外，习近平主席在首届中阿峰会上提出中阿务实合作"八大共同行动"，其中"文明对话共同行动"④ 和"青年

---

① 刘胜湘、高瀚：《中东剧变背景下中国中东大国外交论析》，《西亚非洲》2020年第5期。

② 《首届中阿峰会利雅得宣言》指出，中阿双方一致同意全力构建面向新时代的中阿命运共同体；《中阿全面合作规划纲要》就双方在政治、经贸、投资、金融等18个领域合作作出规划；《深化面向和平与发展的中阿战略伙伴关系文件》，涉及双方同意深化中阿战略伙伴关系、倡导多边主义、加强在"一带一路"倡议框架内合作、加强中阿合作论坛建设等重要内容。详情请参见《开启中国同阿拉伯世界关系新时代——记习近平主席出席首届中国—阿拉伯国家峰会》，人民网：http://politics.people.com.cn/n1/2022/1213/c1001-32586060.html。

③ 一是要坚持独立自主，维护共同利益；二是聚焦经济发展，促进合作共赢；三是维护地区和平，实现共同安全；四是加强文明交流，增进理解信任。详情请参见习近平《弘扬中阿友好精神 携手构建面向新时代的中阿命运共同体——在首届中国—阿拉伯国家峰会开幕式上的主旨讲话》，《人民日报》2022年12月10日第4版。

④ "文明对话共同行动"内容：中方将邀请阿方1000名政党、议会、媒体、智库等人士来华交流；推动500家中阿文化和旅游企业开展合作，为阿国培养1000名文化和旅游人才；同阿方共同实施百部典籍互译工程和50部视听节目合作工程；持续做强中阿改革发展研究中心，增进文明对话和治国理政经验交流。详情请参见《习近平在首届中国—阿拉伯国家峰会上提出中阿务实合作"八大共同行动"》，中华人民共和国中央人民政府网站：https://www.gov.cn/xinwen/2022-12/10/content_5731138.htm。

◆ 第九章 非正式制度促进中国与中东经贸合作的启示 ◆

成才共同行动"① 对未来中阿加强文明交流，增进理解信任，扩大人员往来等人文交流领域目标的具体落地，给予了明确的发展方向。

第二节 案例启示：宁夏与中阿博览会机制

进入 21 世纪以来，中国政府为促进西部地区发展、推动西部大开发，构建更加均衡有效的开放平台，先后批准设立了一些大型涉外机制性论坛和博览会，比如广西南宁的中国—东盟博览会（2004 年首届）、新疆乌鲁木齐的中国—亚欧博览会（2011 年首届）、云南昆明的中国—南亚博览会（2012 年首届）② 等。作为西北地区重镇的宁夏，其省会银川市于 2010 年被国务院批准为中阿经贸论坛（又为"宁洽会"）的永久性举办地。2013 年，中阿经贸论坛升格为中国—阿拉伯国家博览会（简称"中阿博览会"）③，由此填补了中国在中东方向上缺乏区域性博览会的空白。④

---

① "青年成才共同行动"内容：中方将举办中阿青年发展论坛，启动"中阿高校 10+10 合作计划"；邀请阿方 100 名青年科学家来华开展科研交流，邀请 3000 名青少年参与中阿文化交流，邀请 1 万名阿拉伯人才参加扶贫减贫、卫生健康、绿色发展等领域专业培训；推动在阿国建设更多鲁班工坊。详情请参见《习近平在首届中国—阿拉伯国家峰会上提出中阿务实合作"八大共同行动"》，中华人民共和国中央人民政府网站：https://www.gov.cn/xinwen/2022-12/10/content_5731138.htm。

② 首届中国—东盟博览会于 2004 年 11 月在广西南宁开幕；中国—亚欧博览会前身是乌鲁木齐对外经济贸易洽谈会（简称"乌洽会"），首届中国—亚欧博览会举办时间为 2011 年 9 月；中国—南亚博览会前身是南亚国家商品展，首届中国—南亚博览会举办时间为 2012 年 10 月。

③ 中阿博览会是经国务院批准，由中国商务部、中国国际贸易促进委员会和宁夏回族自治区人民政府共同主办的高规格的、涉及中国与多个国家合作的国家级、国际性综合博览会，是中国的机制性涉外展会性活动，也是中国和阿拉伯国家务实合作的重要平台。所以，中阿博览会不是简单地服务于宁夏社会发展与对外开放，更重要的是落实中国的丝绸之路经济带建设，为中国与阿拉伯国家的合作共赢而服务。中阿博览会机制性涉外展会性活动要求协调好中阿博览会各个部分之间关系，采用展会活动模式发挥与阿拉伯国家的合作功能；促进各部分之间的有效协调，使中阿博览会作为中阿合作的重要平台发挥功能，扩大国际影响力。详情请参见杨泽林《中国—阿拉伯国家博览会功能研究》，硕士学位论文，中央民族大学，2016 年，第 25 页。

④ 杨子实：《"嵌入式互动"：中阿博览会与对阿经贸合作机制研究》，博士学位论文，宁夏大学，2022 年，第 1 页。

然而，从地缘角度看，由于阿拉伯地区属于中国地缘政治中的"中邻"范畴，所以宁夏作为中国西部内陆省区，一定程度上与阿拉伯世界处于"凌空对接"；从中国与阿拉伯国家友好贸易往来历史来看，中国的浙江省、广东省经过若干年的努力，已经与阿拉伯地区形成了一定的贸易网络，广州、义乌等城市已经成为阿拉伯商人聚集之地。那么，国务院批准宁夏回族自治区成为中阿经贸论坛（2013年升格为中阿博览会）永久性举办地的主要原因是什么？而中阿博览会又为何会成为中国唯一主要担任推进中阿经贸合作与文化沟通重任的国家级、国际性综合博览会呢？

"国之交在于民相亲，民相亲在于心相交。"人文资源作为经济资源的重要组成部分，与社会资源、自然资源一样，对社会经济的发展有着重要的意义。回顾2015年3月经国务院授权，由国家发展改革委、外交部、商务部联合发布的《推动共建丝绸之路经济带和21世纪海上丝绸之路的愿景与行动》，其内容在论及如何充分发挥国内各地区尤其西部地区比较优势时，重点均聚焦于发挥民族人文优势。[①]

宁夏回族自治区在"向西开放"的发展格局中并不占有地缘经济上的优势。然而，它作为中国唯一的省级回族自治区和最大的穆斯林聚居区，当地回族人口占全区人口比例的35.04%[②]、全国回族总人

[①] 在《愿景与行动》中，"西北地区"要"发挥新疆独特的区位优势和向西开放重要窗口作用，深化与中亚、南亚、西亚等国家交流合作，形成丝绸之路经济带上重要的交通枢纽、商贸物流和文化科教中心，打造丝绸之路经济带核心区。发挥陕西、甘肃综合经济文化和宁夏、青海民族人文优势，打造西安内陆型改革开放新高地，加快兰州、西宁开发开放，推进宁夏内陆开放型经济试验区建设，形成面向中亚、南亚、西亚国家的通道、商贸物流枢纽、重要产业和人文交流基地"，西南地区要"发挥广西与东盟国家陆海相邻的独特优势，加快北部湾经济区和珠江—西江经济带开放发展，构建面向东盟区域的国际通道，打造西南、中南地区开放发展新的战略支点，形成21世纪海上丝绸之路与丝绸之路经济带有机衔接的重要门户。发挥云南区位优势，推进与周边国家的国际运输通道建设，打造大湄公河次区域经济合作新高地，建设成为面向南亚、东南亚的辐射中心"。详情请参见《推动共建丝绸之路经济带和21世纪海上丝绸之路的愿景与行动》，国务院新闻办公室网站：http://www.scio.gov.cn/31773/35507/35519/Document/1535279/1535279.htm。

[②] 《宁夏回族自治区第七次全国人口普查公报》（第一号），宁夏回族自治区统计局网站：https://tj.nx.gov.cn/tjsj_htr/tjgb_htr/202105/t20210525_2854292.html。

口的 18.9%①，其长期以来形成的传统回族文化习俗，在中华民族传统文化发展中占有一席之地。

不同于新疆更适合与中亚五国发展睦邻友好关系，宁夏回族的生活习俗与阿拉伯国家存在一些相似性，这一突出的民族人文优势具有稀缺性和唯一性②，宁夏回族文化也自然成为中阿经贸合作的天然纽带，在推动中国与阿拉伯世界进行经济与文化的交流活动中具有显性优势，在增进中国与阿拉伯国家之间的对话、交流和理解，促进"引进来、走出去"中发挥重要作用，进而为深化双边在政治、经济、文化、社会各项事业中的合作与发展奠定了坚实基础。早在改革开放之初，宁夏已经在开展对阿拉伯国家公共外交方面做了大量的工作。1985 年，经中央和外交部批准，时任宁夏自治区主席的黑伯理同志亲率穆斯林友好访问团出访巴基斯坦、埃及、科威特、北也门、沙特、阿联酋 6 个国家。此次出访积极宣传了中国的对外开放政策和宗教政策，增进了阿拉伯世界对中国的了解，其间破例受到沙特的高规格接待，也对 1990 年中沙建交打开沙特大门起到促进作用。③ 正是因为宁夏的人文历史文化资源对阿拉伯国家具有自然的亲和力，所以创办中阿博览会是内陆地区在寻求扩大对外开放与服务国家总体外交之间的一个独特案例，就其发展逻辑来说，中阿博览会作为中阿关系不断深化的产物，以传承宁夏对阿拉伯国家经济交往经验为基点④，为适应中国、宁夏对外开放程度的提高而发展。总结来说，宁夏作为丝绸古道的要塞之一，以及中阿经贸合作和文明往来的重要交汇地之一，在对阿拉伯世界开放方面的人文优势和情感优势主要体现为三点。

第一，渊源深厚的文史交往。先知穆罕默德曾说："知识，虽远在中国，亦当求之。"两千多年前古丝绸之路已把中国和阿拉伯地区

---

① 《回族》，搜狗百科网站：https://baike.sogou.com/v101805633.htm。
② 马丽蓉：《"以文促经"：宁夏参与中国对阿人文外交的路径探索》，《回族研究》2011 年第 3 期。
③ 《宁夏回族自治区原主席黑伯理遗体告别仪式在京举行》，中国共产党新闻网：http://cpc.people.com.cn/n/2015/0216/c87393-26576036.html。
④ 杨子实：《中阿博览会的起源、贡献与展望》，《西亚非洲》2021 年第 4 期。

两个民族连在一起,而宁夏作为丝绸之路长安至安息、条支的重要驿站,与阿拉伯人的交往由来已久。俯瞰宁夏大地,北有贺兰,南有六盘,黄河之水穿行而过(俗称"贺兰六盘夹黄河"),是古代丝绸之路东段北道上必经驿站,其境内形成了以原州(今固原市)、灵州(今吴忠市)为交通枢纽的网络状丝路线段。典型代表为汉唐时期长安(西安)至凉州(武威)之间经过宁夏南部的萧关道。唐宋时期,丝绸之路在宁夏境内以灵州为中心,形成了环灵道和长安西域道,从长安北上经环州(环县)到灵州,再向西渡黄河,经中卫到甘肃武威,或者经过银川,向西翻越贺兰山,从内蒙古阿拉善到达甘肃河西走廊。[1] 在此时期,阿拉伯人开始沿陆上和海上丝绸之路到中国经商,伊斯兰教也于7世纪中叶从阿拉伯地区传入中国[2],而随着大批阿拉伯商贾进驻中原从事商贸活动,与当地人通婚并定居中原,在与儒家文化的碰撞与磨合中形成了中国的回族文化。

宁夏回汉关系水乳交融,共同开创了宁夏经济发展、社会安定、民族团结、宗教和顺的良好发展进步局面,"四个认同"(即对祖国的认同、对中华民族的认同、对中华文化的认同、对中国特色社会主义道路的认同)意识深入人心[3],堪称中国民族区域自治制度的典范,在世界上也是民族关系和谐交融的样板。作为中国公共外交的重要主体,宁夏肩负着在中阿之间消除误解、增进理解的责任,是对内影响各族人民热爱祖国,对外连接阿拉伯世界拥抱中国的不二之选。[4] 因此,中阿经贸论坛(中阿博览会前身)落户宁夏及其永久性举办制度,充分体现出党中央、国务院对宁夏的信任、关心和支

---

[1] 《宁夏二十一景丨丝路古道:千年萧关道 驼铃悠韵美》,人民网:http://nx.people.com.cn/n2/2023/0119/c192493-40274018.html。

[2] 《中国伊斯兰教》,百度百科网站:https://wapbaike.baidu.com/item/%E4%B8%AD%E5%9B%BD%E4%BC%8A%E6%96%AF%E5%85%B0%E6%95%99/1271312。

[3] 宁夏社会科学院课题组、丁克家:《中阿博览会可持续发展与试验区建设》,载袁家军、王和山主编《中国—阿拉伯国家博览会理论研讨会论文集》(2013第四辑),黄河出版传媒集团、宁夏人民出版社2013年版,第148页。

[4] 马晓霖:《从战略高度重视宁夏中阿经贸合作论坛及文明交流格局的构建》,《回族研究》2010年第4期。

第九章 非正式制度促进中国与中东经贸合作的启示

持；宁夏通过举办中阿博览会及"两区"① 建设密切中国与阿拉伯国家的经贸往来，对于带动宁夏和西北地区发展和推动西部大开发，强化中阿友谊纽带，深化双方合作与交流，都具有十分深远的战略和全局意义。

第二，阿语人才培养的漫长历史沿革。宁夏地区民间阿拉伯语教学的历史渊源可溯至中国经堂教育创始人胡登州②的弟子海氏（陕西咸阳渭城人）。"海氏完成学业后，远离故土来到业已成为穆斯林聚居区的宁夏同心城和韦州城，招收门徒，传道授业"，随后阿拉伯语教学便在宁夏拉开了序幕。这种传统的民间外语教育教学历经400多年，为宁夏回族文化和教育的发展发挥了积极作用。③

当前，宁夏的阿拉伯语人才培养有四类形式。一是"清真寺院式"，即延续五百余年的回族清真寺培养阿訇的体制；二是"官批民办式"，指官方批准民间办学的培养体制，如银川市兴庆区阿拉伯语职业技能培训学校；三是"官办学校式"，指官方办学的培养体制，如宁夏伊斯兰教经学院与同心阿拉伯语学校；四是"国民教育式"，如宁夏大学（2003年开始招收阿拉伯语专业本科生）。④ 2010年，宁夏颁布《宁夏回族自治区中长期人才发展规划纲要（2010—2020

---

① 2012年9月12日，国务院批准了在宁夏建立中国首个也是唯一内陆开放型经济试验区和设立银川综合保税区，简称"两区"。

② 胡登洲（1522—1597），回族，中国伊斯兰教经堂教育的奠基人、著名经师。陕西省咸阳市渭城胡家沟人。他将以清真寺为中心的教学形式与中国传统的私塾教育结合起来，向学生用经堂语言讲解授课，并在教学结构、课程设置、授课方式，成绩考核等方面初步形成了一套制度，奠定了中国伊斯兰教经堂教育的基础。胡登洲十分看重汉语修养在讲经中的重要作用，尤其重视儒学的修养。经过一段时间的艰辛探索，胡登洲开创了一套用精准平实的汉语讲解伊斯兰教经典的方法，实现了"贯通一家""练字成句，贯句成章"的宏愿，改变了浅尝辄止、不明经义，或虽明经义而不能用汉语精确表达的现状。他所开创的用中国传统思想和话语体系讲译伊斯兰教经典的方式为随后的"伊儒会通"奠定了基础。详情请参见《胡登洲：中国传统伊斯兰教经学的奠基者》，中国民族宗教网：http://www.mzb.com.cn/html/report/22121228-1.htm。

③ 金忠杰：《阿拉伯语教学在宁夏的历史沿革及其民间特点》，《西北第二民族学院学报》（哲学社会科学版）2007年第3期。

④ 金忠杰：《宁夏阿拉伯语高层次人才培养与中阿经贸论坛》，载王正伟主编《中国—阿拉伯国家经贸论坛理论研讨会论文集》（2010第一辑），黄河出版传媒集团、宁夏人民出版社2010年版，第242—243页。

年）》，实施"阿语人才"培养工程①，对加强宁夏与阿拉伯国家区域人才开发合作起到了积极作用。

鉴于中阿博览会作为一个长效机制，它对阿拉伯语高层次人才的需求也将是长期的，因此为培养中阿语言文化兼通并能够从事中东区域国别研究的高层次人才，在自治区党委政府的领导下，宁夏大学于2011年9月21日成立阿拉伯学院（中国阿拉伯研究院），这是全国高校阿拉伯语教学首家整建制二级学院，也是宁夏省唯一具有阿拉伯语本科、硕士研究生学历教育的学院，同时也是一所集人才培养、科学研究、社会服务、决策咨询于一体的国际化教学研究型学院。此外，宁夏民间各种形式的阿拉伯语培训机构增加至几十所，其中正式挂牌且初具规模的民办阿拉伯语学校就近20所②，这些学校为中阿博览会举办期间的志愿者服务和阿拉伯语翻译工作的开展提供了一定的支持。近年来，中阿双方在高等教育领域交流不断深入，其中，中阿博览会框架下的中阿大学校长论坛的平台作用更加凸显③，进一步推进了中国与阿拉伯国家高等教育的全面合作与共同发展，为中阿双方达成民心相通做出重要贡献。

第三，享誉世界的清真产业品牌。为充分发挥地方优势探索对外经贸合作的途径，宁夏在围绕地域特色发展地方民族经济过程中，注重将地区民族人文优势和自然优势转换成经济优势和市场优势，把清真产业作为特色给予多方面的政策和措施的扶持，清真产业也成为宁夏"向西开放"过程中的先导产业和支柱产业，其中银川市和吴忠市的清真食品产业发展成为宁夏清真产业发展的重要组成部分。依托

---

① 具体内容为"立足开发区内资源，依托'中阿经贸论坛'等国际国内人才交流与合作平台，大力培养阿语人才，办好阿语翻译和志愿者培训班，鼓励和支持阿语人才进修研修和学历提升，努力打造'阿语人才'品牌"。详情请参见《宁夏回族自治区中长期人才发展规划纲要（2010—2020年）》，中国共产党新闻网：http://cpc.people.com.cn/GB/64093/64387/12555031.html。

② 杨秋杰、马兰：《中阿博览会框架下宁夏民办阿拉伯语教学发展的机遇与挑战》，《西北民族大学学报》（哲学社会科学版）2014年第5期。

③ 《中阿深化高等教育领域交流合作探讨扩大交流途径》，中华人民共和国中央人民政府网站：https://www.gov.cn/jrzg/2013-09/11/content_2486421.htm。

当地的设施农业、清真食品、牛羊肉生产基地，宁夏诞生出贺兰山清真肉羊产业集团公司、伊布拉欣、伊品集团等清真企业品牌，并在上海、北京、浙江等地设立了办事处、配送中心。同时，宁夏在谋划区域型经济跨越式发展中，不断加快清真产业开拓国际市场步伐，因此逐步形成独具特色、享誉世界的出口品牌，在贯彻实施西部大发展的国家战略和构建中国对外开放的新格局发挥出重要作用。

宁夏清真产业不断向品牌化、规模化、特色化的方向迈进。2008年1月，宁夏人民政府批准成立宁夏清真食品国际贸易认证中心，试行开展清真食品认证工作。2011年，利用中阿经贸论坛的平台，宁夏清真食品国际认证中心成功地与沙特、埃及、卡塔尔的清真食品认证机构签订了清真食品标准互认合作协议。[1] 2013年2月，由国家质检总局批准、宁夏质监局负责筹建的全国首家清真食品质量监督检验中心，获得国家认证认可监督管理委员会授权。[2] 2014年10月，中国首个国家级清真食品贸易认证中心——宁夏清真食品国际贸易认证中心在宁夏银川正式设立。[3] 为促进清真食品"走出去"，目前已与沙特、埃及等15个国家的19个认证机构建立清真食品标准互认合作协议。[4] 除中阿博览会为中国与阿拉伯国家开展清真产业合作交流搭建平台，银川综合保税区也成为宁夏乃至中国清真产业"走出去"的重要通道，综合保税区已将清真食品及穆斯林用品产业确定为六大主导产业之一。[5] 根据《关于融入"一带一路"加快开放宁夏建设的意见》[6]，

---

[1] 《宁夏与3个阿拉伯国家签订清真食品标准互认协议》，中华人民共和国中央人民政府网站：https://www.gov.cn/govweb/jrzg/2011-09/21/content_1953360.htm。

[2] 《全国首家清真食品质量监督检验中心获得授权》，中华人民共和国中央人民政府网站：https://www.gov.cn/gzdt/2013-02/20/content_2335426.htm。

[3] 《首个国家级清真食品贸易认证中心在宁夏设立》，中国政协新闻网：http://www.cppcc.people.com.cn/n/2014/1023/c34948-25892143.html。

[4] 《宁夏已与19个国外认证机构达成清真食品标准互认》，环球网：https://m.huanqiu.com/article/9CaKrnJPJoB。

[5] 《"一带一路"建设助力宁夏清真产业"走出去"》，中央政府门户网站：https://www.gov.cn/xinwen/2015-08/26/content_2920102.htm。

[6] 《关于融入"一带一路"加快开放宁夏建设的意见》，新华丝路网站：https://www.imsilkroad.com/news/p/70632.html。

宁夏将加快创建国家级清真食品安全综合服务示范区，推动清真食品和穆斯林用品产业规模化、集群化、国际化发展，旨在借助国内强大的制造业能力，打造出中国清真产业生产基地和国际清真产品进出口集散中心。

第三节　对促进中国与中东语言互通的启示

语言是民族和国家的象征①，语言的兴衰表明国家的强弱②，一个国家越强盛，其官方语言就会伴随着国家影响力延伸与辐射。在欧洲，拉丁语曾经是罗马帝国的通用语，法语在二次世界大战前曾是世界的"通用语"，德国也在走上工业化道路后，诞生了大批世界顶尖科学家和哲学家，使得德语在一段时期内超越法语成为"最科学的语言"；随着第一次和第二次工业革命在英美两国兴起，英国和美国实力迅速提升，英语的国际影响力逐步加强；到20世纪70—80年代，以信息技术为核心的第三次工业革命在美国兴起，美国一跃成为世界超级大国，英语作为世界通用语的地位更加巩固。汉语在清朝早期之前曾是东亚文化圈的通用语，随着近代西方文化、思想和科技涌入东亚各国，东亚各国转向学习西方科技、文化与制度，与西方国家加强经贸往来，汉字逐步失去了原来优势地位。

当前，国际交往日益密切，世界各国全面博弈也随之加剧，如何扩大自身影响力，已不单单属于语言学范畴，而是上升到国家战略高度，即各国纷纷争取在国际经贸合作、调节国际争端、处理国际事务中拥有更多话语权，让自己的主张被更多国家和地区接受并支持，从而处于国际竞争的优势地位。在这期间，语言与国家政治、经济、军事等重要利益的相互依存度比以往任何时期都要更加紧密、更加复杂。这使得语言能力成为国家软实力的组成部分，也是硬实力的

---

① 赵世举：《全球竞争中的国家语言能力》，《中国社会科学》2015年第3期。
② 文秋芳：《国家语言能力的内涵及其评价指标》，《云南师范大学学报》（哲学社会科学版）2016年第2期。

构成要素。①

语言同样可以促进国家发展，这是因为国家语言能力同时兼具软、硬实力。软实力是指它主要体现为一种无形的力量，具有强大的内在凝聚力、号召力和对外的隐性渗透力及同化力；硬实力是指其功能张力不断释放，日益成为助推经济发展和科技创新、保障国家安全的关键要素。②语言对经贸活动的影响是本书讨论的重点内容之一，用语言蕴含的经济属性促进对外经贸合作是国家语言能力在经贸活动中的具体应用。"一带一路"倡议提出后，中国与沿线国家交往逐步密切，经贸往来持续攀升，国内掀起了非通用语热。中国谋求提高国家语言能力是希望在多边合作中互利共赢，尤其是在推进"一带一路"建设中，提高国家语言能力首要目的是促进民心相通，进而推动政策沟通、设施联通、贸易畅通和资金融通。

第四节　案例启示：义乌与当代阿拉伯蕃客

义乌市属浙江省辖县级市，由金华市代管，位于浙江省中部，处省会城市杭州以南100公里处。义乌自1982年建立起第一代小商品市场，后随着中国加入世界贸易组织真正进入了世界市场，并借助其铺市林立的商业氛围、开放包容的多元文化以及邻近上海、宁波等港口城市的地缘优势，逐渐发展成为世界超市。

义乌发展市场的过程是与城市品牌建设的过程相联系的。作为"世界超市"，义乌沿着"兴商建市"的道路，锚定"打造国际枢纽城、奋进现代都市区"的目标③，从一个"鸡毛换糖"的民间农村市场，演变为包含所有小商品门类的全球最大的小商品市场，也因此成为世界对中国的认知符号。习近平总书记在浙江工作时，就曾将义乌经验生动且高度地概括为"莫名其妙""无中生有""点石成金"的

---

① 赵世举：《切实推进国家语言能力发展战略》，《光明日报》2016年5月11日第16版。
② 赵世举：《全球竞争中的国家语言能力》，《中国社会科学》2015年第3期。
③ 韩维正、窦皓、袁子涵：《兴商建市勇立潮头》，《人民日报》2023年6月14日第7版。

发展奇迹。①

一 义乌商贸环境及特征

义乌是一座建在市场上的城市,营商环境的好坏关乎城市的兴衰,本书从以下三个方面概括义乌商贸环境、风貌及其特征。

(一) 商贸市场环境:"世界超市"义乌国际商贸城

义乌国际商贸城也叫"中国小商品城",是国际性小商品集散中心和外商重要采购基地,早在2005年就被联合国、世界银行与摩根士丹利等权威机构称为"全球最大的小商品批发市场"②,也被中国列为第一批国家新型城镇化综合试点地区,带动了全国20多个产业集群、210万家中小微企业。义乌国际商贸城汇集了7万多个商铺,经营着180多万种商品③,其三期一阶段市场的建筑面积已超过了首都机场T3航站楼,是国内建筑面积最大的单体建筑④。作为一个出口导向型的市场,义乌国际商贸城的外国企业常驻代表机构数达3059家,居全国县域首位,常驻外商达1.3万名;其外贸出口占65%,商品远销200多个国家和地区⑤,向全球持续输出中国小商品的品牌与标准⑥。

早在1995年,义乌本着"为市场找产品,为产品找市场",创办了第一届中国义乌国际小商品博览会(简称"义博会"),后于2020年第26届时更名为中国义乌国际小商品(标准)博览会,自此成为国内首个植入标准元素的国际展览会,目前也已成为国内最大规模、

---

① 《从"无中生有"到"无奇不有"义乌发展经验:永载史册的改革丰碑》,金华市人民政府外事办公室网站:http://swb.jinhua.gov.cn/art/2021/6/8/art_1229168159_58851423.html。
② 《迪拜义乌中国小商品城》,百度百科网站:https://baike.baidu.com/item/%E4%B8%AD%E5%9B%BD%E5%B0%8F%E5%95%86%E5%93%81%E5%9F%8E。
③ 《义乌:从"卖全球"到"买全球"》,浙江新闻网:https://zjnews.zjol.com.cn/zjnews/sxnews/201703/t20170326_3367441.shtml。
④ 《浙江义乌建成全世界单体面积最大的商品批发市场》,中央政府门户网站:https://www.gov.cn/govweb/fwxx/sh/2008-10/22/content_1127165.htm。
⑤ 《迪拜义乌中国小商品城》,百度百科网站:https://baike.baidu.com/item/%E4%B8%AD%E5%9B%BD%E5%B0%8F%E5%95%86%E5%93%81%E5%9F%8E。
⑥ 《"世界小商品之都"义乌40年再出发》,中国日报网:https://cn.chinadaily.com.cn/a/202211/25/WS63806b91a3102ada8b223d9e.html。

◆ 第九章 非正式制度促进中国与中东经贸合作的启示 ◆

最具影响、最有成效的日用消费品展会,是商务部举办的三大出口商品展之一,并获得了国际展览联盟的认证。①

(二) 商贸政策环境:多措并举打造"义乌之最"

义乌所取得的这些成就,与国家与地方政府支持义乌,通过多项创举打造"义乌之最"密不可分。在入境人口管制上,2003 年 5 月起,浙江金华市公安局出入境(义乌)签证处可以办理义乌外国人的所有签证签发、延期、加签、变更(包括 F 多次和 Z 字签证)项目,义乌因此成为全国唯一能为外国人办理所有签证的县级市。此前,义乌境外人员的签证都要到金华市公安局办理。② 2005 年 10 月,中华人民共和国公安部授权义乌市可直接办理外国人签证和居留许可,义乌成为中国第一个获得国外移民监督权的县级市。③ 在外资企业管理上,2009 年,在不断增加的外来人口要求注册企业的压力下,义乌政府向浙江省政府申请了审批外资企业的权力,义乌成为浙江省最早获得外资登记权限的县级市;2011 年,在全国首创常驻机构和外资经营主体并存的"双轨制",为外资企业快速发展腾出了空间。④在国际贸易城市发展之路上,2011 年 9 月,国务院正式批复《浙江省义乌市国际贸易综合改革试点总体方案》,义乌成为全国首个由国务院批准的县级市综合改革试点。⑤ 2013 年 5 月,义乌作为浙江省唯一、中国首批陆港城市列入联合国亚太经社会(ESCAP)以决议形式正式通过的《政府间陆港协定》⑥,"义乌港"正式升格为国际级内陆

---

① 《义博会概况》,中国义乌国际小商品(标准)博览会网站:http://www.yiwufair.com。
② 《义乌可为老外办签证》,新浪网:https://news.sina.com.cn/c/2003-06-03/1526184971s.shtml。
③ 《浙江义乌可直接办理外国人签证和居留许可》,新浪网:https://news.sina.com.cn/c/2005-10-24/16007251781s.shtml。
④ 《外资疯狂"涌入"!今年以来,义乌新增外资公司超 180 家,同比增长 123%!》,金华市人民政府外事办公室网站:http://swb.jinhua.gov.cn/art/2023/3/27/art_1229168149_58855656.html。
⑤ 《国务院正式批复浙江义乌市国际贸易综合改革试点》,中央政府门户网站:https://www.gov.cn/jrzg/2011-03/09/content_1821175.htm。
⑥ 《实现无水港功能 义乌"始发港"发出首个专列》,浙江新闻网:https://zjnews.zjol.com.cn/system/2014/11/06/020343496.shtml。

港，并获得了简化出口的许可，所有的出口贸易程序都可以直接在义乌港口完成。

（三）商贸人文环境："当代蕃客"义乌阿拉伯商人

义乌成为各国商人眼中的"小联合国"。根据义乌市第七次人口普查结果，其常住人口185.94万人（截至2020年11月），其中本地户籍人口89万人（截至2022年底）[1]，约有100万的外地籍经商务工人员常住（指居住义乌6个月以上）。据统计，每年到义乌采购的境外客商超过56万人次，包括来自100多个国家和地区的1.5万多名外商常驻义乌[2]，其中就有1万多名常住阿拉伯客商[3]。在义乌，外国移民呈现大分散、小聚居的分布态势，形成相对集中的外国人聚落。不同文化风俗、各色异国元素交织，成为这座浙中小城国际化的窗口。[4] 在义乌的常住外籍人口中，阿拉伯国家人口占比约43%。[5]

阿拉伯商人涌入义乌，一方面是由于中国加入世贸组织，对世界敞开贸易大门，义乌市场真正进入了世界市场，吸引着全世界的商人，尤其是具有经商传统和流动性特质的阿拉伯商人；另一方面，受"9·11事件"影响，到美国签证受阻的阿拉伯商人，发现了义乌这个东方县级市，正像澳大利亚学者贝哲民在《新丝绸之路》一书中描述那样："2001年9月后不久，阿拉伯商人第一次发现了义乌。这些商人发现由于签证受限，去美国越来越难……但是，世界已经变了。面对签证限制，阿拉伯商人以前可能待在家里，但现在，他们选择去义乌。"[6]

---

[1] 《义乌市》：百度百科网站：https://baike.baidu.com/item/%E4%B9%89%E4%B9%8C%E5%B8%82。

[2] 《义乌发展经验十五年："世界小商品之都"不懈探索的中国价值》，澎湃新闻网：https://www.thepaper.cn/newsDetail_forward_13043701。

[3] 义乌市委统战部：《义乌统战基本情况》（内部资料），2020年，第7页，转引自王玉强《在华阿拉伯商人社会适应研究——以义乌的调研为例》，博士学位论文，宁夏大学，2022年，第2页。

[4] 《"世界小商品之都"义乌40年再出发》，中国日报网：https://cn.chinadaily.com.cn/a/202211/25/WS63806b91a3102ada8b223d9e.html。

[5] 《范丽珠、赵春兰：我在义乌遇到的阿拉伯人和本地人一样，"努力过好日子"》，观察者网：https://www.guancha.cn/fanlizhu/2022_12_13_671035_s.shtml。

[6] ［澳］贝哲民：《新丝绸之路：阿拉伯世界如何重新发现中国》，程仁桃译，东方出版社2011年8月版，第4页。

遥想古代海上丝绸之路兴盛时期，大量来自阿拉伯地区的商人频繁往返于中国东部沿海地区与波斯湾之间，并与中国东部沿海等重要贸易港形成了独具时代特色的聚居区——"蕃坊"。①如今，义乌呈现出的经济活跃和社会稳定的繁荣市景有着中阿经贸历史的传承②，其在吸引着大批中东商人入驻本地的同时，大量的"中国制造"也经由他们进入阿拉伯市场，这种情形与唐宋时期大食、波斯商人大规模往来于广州、泉州、杭州等港口，并将丝绸、瓷器大量运回中东地区充满了历史的相似性。③

二 义乌对阿出口空间与潜力不断提升

随着义乌已逐步实现了"买全球货，卖全球货"的格局，中东地区作为义乌制造出口的重要贸易集散地，其国家数量在义乌市出口前十家榜单中占据了"半壁江山"④，每年销往中东、非洲地区的份额占到了义乌整体出口额的近70%⑤，而每年的义博会期间更是吸引几十万阿拉伯商人前来订货和下单。⑥以世界杯赛事为例，从南非到俄罗斯再到卡塔尔，"义乌制造"从未缺席，其强大的生产能力惊艳世界。据义乌体育用品协会估算，"义乌制造"几乎占2022年卡塔尔世界杯周边商品市场份额的70%。⑦

值得一提的是，义乌对中东、非洲地区的大部分出口都需要在迪

---

① 邹磊：《新丝绸之路上宗教与贸易的互动：以义乌、宁夏为例》，《世界宗教文化》2015年第1期。
② 严庭国：《"义乌模式"的文化视角——宁夏中阿经贸合作先行区之探究》，《回族研究》2010年第4期。
③ 邹磊：《新丝绸之路上宗教与贸易的互动：以义乌、宁夏为例》，《世界宗教文化》2015年第1期。
④ 《不落幕的繁华：浙江义乌与中东的小商品"大经济"》，中新网：https://www.chinanews.com.cn/cj/2016/01-18/7721703.shtml。
⑤ 《义乌发展经验十五年："世界小商品之都"不懈探索的中国价值》，澎湃新闻网：https://www.thepaper.cn/newsDetail_forward_13043701。
⑥ 《范丽珠、赵春兰：我在义乌遇到的阿拉伯人和本地人一样，"努力过好日子"》，观察者网：https://www.guancha.cn/fanlizhu/2022_12_13_671035_s.shtml。
⑦ 《世界杯70%周边商品来自义乌制造！义乌金融系统助力义乌制造闪耀世界杯》，义乌市金融办网站：http://www.yw.gov.cn/art/2022/12/12/art_1229929742_59405904.html。

拜中转，"中东门户"迪拜也因此成为了"义乌制造"在中东地区最大的贸易集散地。2019年第二届"一带一路"高峰论坛期间，迪拜环球港务集团与浙江中国小商品城集团股份有限公司达成合作协议，共同建设迪拜义乌中国小商品城。① 2022年6月，有效辐射周边（中东、北非、欧洲等地）近10亿人口消费市场的迪拜义乌中国小商品城正式投入运行。作为中国与阿联酋"一带一路"合作的标志性项目，迪拜义乌中国小商品城是"世界超市"义乌在海外设立的首个分市场，将打造成义乌小商品参与国际大循环的枢纽和服务进口商品的海外集货网络支点②，通过整合阿联酋（迪拜）和中国（义乌）两地的"人、货、场"资源，搭建具有集聚效应的商贸平台，从而助推义乌与全球中小企业的贸易合作③。这无疑也是义乌融入国内国际双循环新发展格局的重要举措之一。④ 同时，为给义乌市场与中东客商提供更丰富更便捷的支付场景，义乌与中东地区的跨境人民币支付业务也正式启用。2022年12月6日，义特网络科技有限公司通过"义支付YiwuPay"收到了来自沙特客户的跨境人民币货款，标志着义乌区块商城集团旗下的第三方支付公司推出的首单跨境人民币支付业务成功落地。⑤

三 文化牵引力驱动阿拉伯商客安居义乌

义乌商贸市场蓬勃向上与自身城市品牌建设息息相关，其开放、多元、包容、融洽的人文环境源源不断地吸引全球外商留居此地，促进义乌出口商贸不断升级发展，而阿拉伯商客的大量涌入使义乌的社

---

① 《"世界超市"义乌在迪拜开出首个海外分市场》，义乌政府门户网站：http://www.yw.gov.cn/art/2022/7/6/art_1229436591_59364898.html。
② 《义乌发展经验十五年："世界小商品之都"不懈探索的中国价值》，澎湃新闻网：https://www.thepaper.cn/newsDetail_forward_13043701。
③ 《把义乌市场"搬"到迪拜：小商品城首个海外市场开业》，新浪网：https://news.sina.com.cn/o/2022-06-30/doc-imizmscu9492575.shtml。
④ 《"世界超市"义乌在迪拜开出首个海外分市场》，义乌政府门户网站：http://www.yw.gov.cn/art/2022/7/6/art_1229436591_59364898.html。
⑤ 《正式启用！首单落地！》，澎湃新闻网：https://www.thepaper.cn/newsDetail_forward_21067339。

会文化氛围也随之改变。义乌以"信义"为发展根基,"和美"为发展追求,把多元文化融合发展理念融入城市治理,积极探索与实践文化共融的宝贵经验,成为阿拉伯商客驱向于此地安居乐业的动力源泉,进而对开拓中东地区贸易市场发挥潜在的积极作用。

(一) 文化包容

义乌政府在加强对外国人服务的政策措施中,也包括了对来自不同国家的诸多文化因素的宽容态度,特别是对宗教习俗的尊重与包容。随着当地穆斯林商客数量的增多,为满足他们履行宗教功课的需要,2004年义乌在市区修建了义乌清真大寺,还专门聘请了从沙特毕业的中国阿訇主持清真寺事务。同时,义乌也出现了不仅商店招牌上采用阿拉伯文,公共场所也使用阿拉伯文做标识的语言景观。义乌秉承"诚信包容"精神,以及尊重差异、和谐共处的城市态度,促进了城市繁荣发展,并赢得了社会的广泛好评。

民以食为天。义乌的清真餐饮产业随着外籍商客的涌入形成了集群效应,这不但满足了义乌穆斯林商客清真饮食的需求,义乌也因此成了不出国即可品尝地道"中东料理"的美食胜地,并发展为知名的"异国风情街"。其中,最具典型性的一家餐厅是贝迪餐厅,店主穆罕奈德·沙拉比2002年来到义乌,为了让走出家乡、走进义乌的中东外商吃上家乡菜,在当地开了首家外国餐厅,经过多年努力,2018年升级版的"贝迪餐厅"问世。[①] 2014年6月5日,习近平主席在中阿合作论坛第六届部长级会议上致辞时分享了穆哈奈德的故事:"在我曾经工作过的浙江,就有这样一个故事。在阿拉伯商人云集的义乌市,一位名叫穆罕奈德的约旦商人开了一家地道的阿拉伯餐馆。他把原汁原味的阿拉伯饮食文化带到了义乌,也在义乌的繁荣兴旺中收获了事业成功,最终同中国姑娘喜结连理,把根扎在了中国。一个普通阿拉伯青年人,把自己的人生梦想融入中国百姓追求幸福的中国梦中,执着奋斗,演绎了出彩人生,也诠释了中国梦和

[①] 《义乌·40青春再出发 | 新义乌人穆罕奈德:我开了第一家"老外"餐厅》,浙江新闻网:https://zj.zjol.com.cn/video.html?id=1963781&height=720。

阿拉伯梦的完美结合。"①

（二）社区融合

随着外籍人员的增多，不同文化风俗、各类异国元素的交织，打开了义乌国际化的窗口，市场需求倒逼义乌在涉外人员服务管理方面不断进行制度创新，使义乌与世界的连接与交往在细节处得到巩固。

义乌江东街道鸡鸣山社区有着"联合国社区"之称，这里接近一半的常住居民是来自近60个国家和地区的外国人②，也是阿拉伯商客的主要聚居地。2020年鸡鸣山社区境外人员服务站投入使用，通过开展一系列活动增强了境外人员的归属感和幸福感，活动包括开设社区孔子学院，定期开办法律讲堂向社区境外人员宣讲中国法律法规，邀请其参加迎龙灯、做汤圆、体验中华武术等跨文化交流活动③，由此打造出国际融合社区建设试点的样板案例。

近年来，义乌积极倡导境外人员参与义乌建设，大力推进"以外调外管外、精细精准服务"的社区共建共治共享模式④，在城市精细化管理和诸多服务管理体制等方面取得创新。为实现移民融入反哺基层治理，义乌市出入境管理局成立了"涉外社工""外籍志愿者"和"外籍调解员"三支队伍⑤。比如，鸡鸣山社区有个"国际老娘舅"⑥工作室，专门用于帮助社区里的居民化解各类矛盾纠纷，其主人公哈米是一位在义乌生活接近20年的伊朗人。此外，为吸收外籍商户积极参与义乌社区活动，使义乌外商在参与义乌社区活

---

① 习近平：《弘扬思路精神，深化中阿合作——在中阿合作论坛第六届部长级会议开幕式上的讲话》，《人民日报》2014年6月6日第2版。

② 《"世界小商品之都"义乌40年再出发》，中国日报网：https://cn.chinadaily.com.cn/a/202211/25/WS63806b91a3102ada8b223d9e.html。

③ 《全国首创"外籍商友卡"，全省首个境外人员服务站——义乌出入境提升服务效能 助力自贸区建设》，金华公安网站：http://gaj.jinhua.gov.cn/art/2020/11/5/art_1229180937_58998718.html。

④ 《浙江义乌："以外调外管外"构建社区共建共治共享新格局》，新华网：http://www.xinhuanet.com/2022-06/15/c_1211657094.htm。

⑤ 《市公安局出入境优服务提效能助力自贸区建设》，义乌市政府门户网站：http://www.yw.gov.cn/art/2020/11/6/art_1229436592_59125188.html。

⑥ "老娘舅"是江浙沪一带的话，指愿意主持公道、善于调解纠纷的人。

动中了解义乌文化、热爱义乌，市政府还民主选出了一批汉语水平较高、在当地时间较长且具有管理水平的外商加入社区民主自治组织，参与治安巡逻、文明劝导和消防检查等志愿活动中；社区里的境外人员服务中心，与多个政府部门协同，为外国居民精准推送减税降费、市场动态等方面的信息，提供"家门口的专业服务"。①

(三) 语言服务

义乌的语言服务主要分为两方面，其一是通过翻译服务减少阿拉伯商户在沟通中的语言障碍，促进贸易的发展；其二是通过汉语教学帮助阿拉伯商客感受到义乌作为国际化商贸城市的开放性和包容性，让更多的外商选择长期定居义乌，为义乌市带来更高的经济收益。

1. 阿语翻译与本地化服务

(1) 翻译服务

大量阿拉伯商客涌入义乌，促进当地多项行业的迅速发展，尤其翻译行业，可以说，"义乌的阿拉伯语翻译是自下而上地将阿拉伯世界与中国紧密联系在一起的一部分"②。据相关调查统计，除英语外，阿拉伯语口笔译需求已经攀升至义乌市场外语翻译需求的第一位③，而阿拉伯语翻译也解决了很多人的就业问题，大批毕业于西北地区阿语院校的阿语人才进入义乌从事翻译和外贸出口业务。同时，为适应市场日益国际化，义乌国际商贸城都设有外文翻译服务台，及时帮助外商解决交流障碍。另外，为减免采购过程另寻语言服务的麻烦，义乌国际商贸城的部分中东外贸公司都附带阿拉伯语翻译服务，贯穿导购、咨询、签单、法律咨询、物流保险、投诉申告全贸易流程。

(2) 多语种官网

义乌政府门户网页是由义乌市人民政府主办的政务网站，2008

---

① 韩维正、窦皓、袁子涵：《兴商建市勇立潮头》，《人民日报》2023年6月14日第7版。
② [澳] 贝哲民：《新丝绸之路：阿拉伯世界如何重新发现中国》，程仁桃译，东方出版社2011年8月版，第116页。
③ 赵丽淑：《"一带一路"背景下义乌翻译服务市场现状及人才需求调查报告》，硕士学位论文，上海外国语大学，2019年，第6页。

年起增设了英语、阿拉伯语、韩语三种外语版本,阿拉伯语的语言权势仅次于中文和英语①。除义乌政府官网外,部分推广和展示义乌小商品的网站也开设有英语、阿拉伯语、法语、俄语、西班牙语等十多种语言的网页,尤其疫情防控期间,义乌小商品城集团开发运营数字贸易综合服务平台——Chinagoods 平台,先后上线英语、阿拉伯语、西班牙语等国家站②,这既向世界宣传义乌的小商品,更提升了义乌的国际形象。

(3) 语言景观

义乌语言景观③多语现象显著,尤其义乌国际商贸城,以及外国客商主要聚集地——宾王商贸区的"异国风情街",是市政府着力打造的购物和旅游景点,所以这里的店铺招牌、道路路牌、公交站牌、酒店宾馆通常采用多种语言进行标识,其中阿拉伯语是在多语种博弈中脱颖而出的强势语言,排名紧跟汉语、英语之后。④ 对阿拉伯客商来说,阿拉伯语标识发挥着语言景观的最基本的功能——信息功能,是帮助他们获取信息的重要工具;对以阿拉伯客商为贸易对象的中国客商而言,阿拉伯语标识是迎合目标顾客的语言偏好、获得经济利益的重要手段;而对城市规划部门来说,阿拉伯语标识则是打造城市形象、促进城市旅游业发展的重要卖点。⑤

2. 汉语教学与培训服务

随着义乌着力朝着全球"小商品之都"不断迈进,越来越多的

---

① 《优化政府网站语言景观可提升城市形象——以义乌市政府网站为例》,中国社会科学杂志社网站:http://sscp.cssn.cn/xkpd/yyx_20148/201812/t20181204_4787663.html。
② 《义乌国际商贸城虎年开市 首次开启直播向全球发出邀约》,中新网:https://www.chinanews.com.cn/cj/2022/02-12/9674722.shtml。
③ 现实环境中用以陈列展示语言文字的物质载体称作语言标牌(如路牌、街牌、广告牌、警示牌、店铺招牌等),而在社会语言学中,对公共语言标牌上语言使用的研究称作"语言景观"研究。详情请参见尚国文、赵守辉《语言景观研究的视角、理论与方法》,《外语教学与研究》2014 年第 2 期。
④ 许文强:《义乌市"异国风情街"语言景观研究》,硕士学位论文,浙江工商大学,2020 年,摘要页。
⑤ 许文强、柴改英:《义乌市"异国风情街"阿拉伯语景观调查研究》,《未来传播》2020 年第 1 期。

◆ 第九章 非正式制度促进中国与中东经贸合作的启示 ◆

阿拉伯客商意识到只有了解中国语言和文化，才有可能真正融入义乌的工作和生活环境中，尤其在生意中，如果能讲一口流利的汉语，就会大大提高他们与中国合作人的沟通效率，进而提高交易成功率。这促使他们对汉语学习产生强烈需求，并投入学习汉语的行列。除了市面上开办的汉语培训班，义乌市政府在对外汉语文化教学和传播上也做出有益尝试，为阿拉伯客商提供良好的汉语学习机会。

第一，社区培训。2014年，鸡鸣山社区成立全国首个社区境外人员服务中心，联合同悦社会工作服务中心，共同架起"黄皮肤""黑皮肤""白皮肤"之间交往交流交融的桥梁。作为社区国际融合工作的明星项目，汉语班目前已开设到第十一期，累计培训超过8万人次。① 2019年，金城社区根据社区特性及学员需求，率先以汉语水平考试为培训内容为在义外商提供免费培训，在解决其汉语言学习的刚性需求外，还将充分联合公安、出入境等相关部门开展涉外服务，举办中国传统节日主题活动传播中国文化，加快其快速融入义乌生活，引导其参与志愿服务，完善准入准出机制，推动"双向"服务。②

第二，外商子女教育。早在2003年，义乌就开始陆续出台相关政策，鼓励和支持城区各类师范学校，向外事办、公安厅和省教育厅申报招收外国学生的资格。虽然这些学校专门安排了外籍教师为外商子女辅导英语、汉语和阿拉伯语，但主要还是传授中文知识，让外籍子女及早适应中国教育。③ 作为中国解决流动人口子女入学问题的实验市，义乌市较早建立"以县为主"管理体制，义乌市教育局多措并举，积极与相关部门联动，主动做好外籍人员子女入学工作④。在

---

① 《义乌鸡鸣山汉语班成"全球爆品"》，浙江新闻网：https://zjnews.zjol.com.cn/zjnews/jhnews/202011/t20201117_12425436.shtml。
② 《汉语热 义乌一社区率先为外商开设汉语水平考试培训班》，浙江新闻网：https://zj.zjol.com.cn/news.html?id=1156782。
③ 刘青：《义乌常驻外商子女教育对策研究》，《山东农业工程学院学报》2015年第3期。
④ 《30多个国家，200余名外籍孩子，义乌打造教育"联合国"》，搜狐网：https://www.sohu.com/a/128040055_508656。

义乌就读的外来建设者子女达6.5万人,有一半在公办学校就读①,较好地满足了本地外商子女入学的需求。②

---

① 《浙江义乌推进教育同等待遇、积极接纳外来建设者子女——来了就是义乌人!》,中华人民共和国教育部网站：http://www.moe.gov.cn/jyb_xwfb/moe_2082/zl_2019n/2019_zl45/201907/t20190715_390509.html。

② 阿拉伯外商为了让子女同时接受较为纯正的阿拉伯语教育,在义乌市区内开办了四所私立阿拉伯语学校,一所由也门商人开办,另一所由伊拉克人开办,还有两所由埃及人开设,教师主要来自这些学校所有者的国家；这四所学校主要用阿拉伯语授课,其中一所埃及学校同时用英语和阿拉伯语授课。详情请参见王玉强《在华阿拉伯商人社会适应研究——以义乌的调研为例》,博士学位论文,宁夏大学,2022年,第51页。

第十章 增进中国与中东文化价值观认同路径：人文交流视角

在中国传统文化里，人文的作用被放在非常重要的位置；人文交流强调的是以人员交流、思想交流、文化交流为主要内容的跨国交流现象。① 因而相较于公共外交，人文外交可能更注重文化在外交中的作用，其中"价值沟通"既是中国人文外交的重要任务，也是人文外交与公共外交实质性区别之一。② 中国与中东国家的交往是历史的延续，西汉派遣张骞出使西域开始了中国与中东国家交往的历史，通过古代陆上丝绸之路和海上香料之路，奠定了双方灿烂辉煌的互学互鉴历史传统。③ 中国与中东国家长期友好的重要原因是文化上的价值取向接近，双方"都重视中道平和、忠恕宽容、自我约束等价值观念"④，并"一起挖掘民族文化传统中积极处世之道同当今时代的共鸣点"，"共同弘扬和平、发展、公平、正义、民主、自由的全人类共同价值"，"共同以文明交流超越文明隔阂、文明互鉴超越文明冲突、文明共存超越文明优越，促进各国人民相知相亲，共同维护世界文明的多样性"⑤，中东国家也因此具有与我国人缘相亲、文缘相通

---

① 王玉珏：《推动中外人文交流机制建设的思考》，同济大学中德人文交流研究中心网站：https://sino-german-dialogue.tongji.edu.cn/57/9c/c7120a87964/page.htm。
② 马丽蓉：《"一带一路"软环境建设与中国中东人文外交》，社会科学文献出版社2016年版，第13页。
③ 刘胜湘、高瀚：《中东剧变背景下中国中东大国外交论析》，《西亚非洲》2020年第5期。
④ 习近平：《共同开创中阿关系的美好未来——在阿拉伯国家联盟总部的演讲》，《人民日报》2016年1月22日第3版。
⑤ 《新时代的中阿合作报告》，中华人民共和国外交部网站：https://www.mfa.gov.cn/web/ziliao_674904/tytj_674911/zcwj_674915/202212/t20221201_10983991.shtml。

的优势。

"民心交融要绵绵用力，久久为功。"① 2022年12月，首届中阿峰会确立"面向新时代的中阿命运共同体"的建设目标，习近平主席在主旨讲话中将跨越千年、历久弥坚的中阿友好精神凝练为"守望相助、平等互利、包容互鉴"②，其中守望相助是中阿友好的鲜明特征，平等互利是中阿友好的不竭动力，包容互鉴是中阿友好的价值取向，这也是指导构建中阿命运共同体的精神指南。③ 习近平主席在首届中阿峰会上提出中阿务实合作"八大共同行动"④，其中有两项涉及人文交流，为如何进一步促进中国与中东国家共同夯实民意基础、增进命运共同体意识和价值观认同给予了行动指南。

第一节　高等教育合作增进青年间人文交流

"国之交在于民相亲，民相亲要从青年做起"⑤，挖掘青年思想价值观念的时代共性，对促进中国与中东国家之间相互认知，进而推动双方各领域合作具有重要的现实意义⑥。

中东地区动荡的根源出在发展，出路最终也要靠发展，发展事关人民生活和尊严，而只有让青年人在发展中获得生活的尊严，才会自

---

① 习近平：《共同开创中阿关系的美好未来——在阿拉伯国家联盟总部的演讲》，《人民日报》2016年1月22日第3版。

② 习近平：《弘扬中阿友好精神 携手构建面向新时代的中阿命运共同体——在首届中国—阿拉伯国家峰会开幕式上的主旨讲话》，《人民日报》2022年12月10日第4版。

③ 李伟建、唐志超等：《中阿峰会成果丰硕 中阿关系谱写新篇》，《阿拉伯世界研究》2023年第1期。

④ "八大共同行动"包括支持发展共同行动、粮食安全共同行动、卫生健康共同行动、绿色创新共同行动、能源安全共同行动、文明对话共同行动、青年成才共同行动和安全稳定共同行动。详情请参见《习近平在首届中国—阿拉伯国家峰会上提出中阿务实合作"八大共同行动"》，中华人民共和国中央人民政府网站，https://www.gov.cn/xinwen/2022-12/10/content_5731138.htm。

⑤ 《习近平在成都第三十一届世界大学生夏季运动会开幕式欢迎宴会上的致辞（全文）》，中华人民共和国教育部网站，http://www.moe.gov.cn/jyb_xwfb/moe_176/202307/t20230728_1071301.html。

⑥ 包澄章：《中国与阿拉伯国家人文交流的现状、基础及挑战》，《西亚非洲》2019年第1期。

第十章 增进中国与中东文化价值观认同路径：人文交流视角

觉拒绝暴力，远离极端思潮和恐怖主义。① 中东国家有着庞大的青年群体，就阿拉伯国家而言，30 岁以下人口占总人口的 60%，其中青少年（15—29 岁）占总人口 30% 左右。② 该地区整体人口结构年轻化，年龄中位数是 28.2 岁，自然增长率高出全球 3‰；叙利亚、埃及、约旦、伊朗、巴勒斯坦和也门的年龄中位数都比全球年轻 6 岁以上，人均 GDP 最低的也门甚至比全球年轻 10 岁。③ 青年作为人民友谊的生力军④，是延续中国与中东友好关系、构建双边命运共同体的重要力量⑤，加强中国青年与中东青年人之间的相互理解是夯实中国与中东国家友好民意基础的重要举措。

教育交流合作影响青年一代的认知和态度，在推进文明交流互鉴中承担着不可替代的使命任务，尤其高等教育是文明深度交流互鉴的基础。⑥ 通过加强中国与中东国家之间的高等教育交流与合作，可有效促进双方青年的语言互通，增进他们的相互认识与理解，在双方青年心中打牢相互尊重、相互学习、热爱和平、维护正义、共同进步的思想根基，搭建起中国与中东国家共筑人类命运共同体的思想基础、文化基础和情感基础。⑦ 值得一提的是，中国与中东国家教育交流与合作的最初模式是以语言教学为主要内容、以服务商贸和宗教为主要目的。源于中国与中东国家对彼此直接沟通的偏好，以及语言互通是

---

① 习近平：《共同开创中阿关系的美好未来——在阿拉伯国家联盟总部的演讲》，《人民日报》2016 年 1 月 22 日第 3 版。
② 郭晓莹：《阿拉伯国家数字经济发展的现状与挑战》，中国社会科学杂志社网站：http://sscp.cssn.cn/xkpd/yw/202208/t20220815_5470860.html。
③ 《专题报告 | 2021 年中国与中东经贸关系分析和展望报告》，北京大学汇丰商学院网站：https://thinktank.phbs.pku.edu.cn/2021/zhuantibaogao_0916/41.html。
④ "青年是人民友谊的生力军"出自《习近平在哈萨克斯坦纳扎尔巴耶夫大学的演讲》，中华人民共和国中央人民政府网站：https://www.gov.cn/ldhd/2013-09/08/content_2483565.htm。
⑤ 胡文利：《阿拉伯青年政治家：文化与教育是中阿民心相通命运与共的关键》，青年在线网站：http://news.cyol.com/gb/articles/2022-05/30/content_PWGMqFx9J.html。
⑥ 张学立：《促进文明交流互鉴是当代大学的使命担当》，光明网：https://news.gmw.cn/2019-11/01/content_33283246.htm。
⑦ 《做好新时代教育对外开放》，中华人民共和国教育部网站：http://www.moe.gov.cn/jyb_xwfb/s5148/201804/t20180410_332710.html。

双方各领域合作中的先决条件,语言教学作为双方教育合作的历史主线,发挥着基础性引领作用[1],语言教学成为双边交流合作的一条既传统、又高效的成功经验[2]。目前,中国高校开设阿拉伯语专业已近80年历史,已有40多所高校开设阿拉伯语专业,为中国与中东友好源源不断培养新生力量[3],由此也出现了一大批能够熟练运用阿拉伯语又深谙阿拉伯文化的人才,在推进双边各领域合作中做出重要贡献。同时,中国自"一带一路"倡议提出以来,已为阿拉伯国家培训各类人才2.5万,向阿拉伯国家提供约1.1万个政府奖学金名额,派出医疗队80批次,医疗队员近1700人次。截至2022年10月,已有阿联酋、沙特、埃及、突尼斯等4个阿拉伯国家宣布将中文纳入国民教育体系,15个阿拉伯国家在当地开设中文院系,13个阿拉伯国家建有20所孔子学院、2个独立孔子课堂。2018年至2019年,阿拉伯国家入境中国内地人次均超34万/年,每学年在华阿拉伯留学生均超2万人。[4]

  文化与教育是中国与中东国家民心相通、命运与共的关键[5],而新时代人类命运共同体为高等教育国际合作提供了前所未有的广阔空间和发展机遇,也为高等教育国际合作提出了新使命。[6] 中阿高校教育交流与合作最初以服务双边外交和贸易为主要目的,而随着中阿政治、外交、经济、科技等合作层次规模不断提升,双方高校交流合作也不断提质升级。未来,中国与中东国家高等教育合作应在持续扩大

---

[1] 周烈:《中阿高等教育交流与合作:历史、现状及前景》,载姚匡乙、马丽蓉主编《丝路新篇——中阿合作论坛十周年论文集》,世界知识出版社2014年版,第65页。

[2] 周烈:《中阿高等教育交流与合作:历史、现状及前景》,载姚匡乙、马丽蓉主编《丝路新篇——中阿合作论坛十周年论文集》,世界知识出版社2014年版,第74页。

[3] 习近平:《习近平在沙特阿拉伯媒体发表署名文章——传承千年友好,共创美好未来》,《人民日报》2022年12月8日第1版。

[4] 《新时代的中阿合作报告》,中华人民共和国外交部网站:https://www.mfa.gov.cn/web/ziliao_674904/tytj_674911/zcwj_674915/202212/t20221201_10983991.shtml。

[5] 胡文利:《阿拉伯青年政治家:文化与教育是中阿民心相通命运与共的关键》,青年在线网站:http://news.cyol.com/gb/articles/2022-05/30/content_PWGMqFx9J.html。

[6] 周作宇、马佳妮:《以人类命运共同体引领高等教育国际合作》,中华人民共和国教育部网站:http://www.moe.gov.cn/jyb_xwfb/moe_2082/zl_2017n/2017_zl68/201711/t20171109_318759.html。

规模的基础上①，不断巩固完善"中阿大学校长论坛"②等高等教育合作长效机制，提升合作层次，向全方位、多领域、高层次的方向发展，一方面从传统的语言教学、校际互访、学生交换，不断向高层次人才联合培养、高水平合作办学、职业教育等领域拓展；另一方面，进一步支持和鼓励双方高等学校和科研机构联合开展学术研究、科技应用，并延伸至科学技术、经济贸易、体育卫生等重要学科领域。

第二节 提升媒体"能言会道"传播影响力

新中国与阿拉伯国家媒体领域的交流与合作，始于20世纪50年代中期，当时以阿卜杜勒·莫内姆·马茂德·萨韦为首的埃及新闻工作者代表团访问了中国，同新华通讯社签订了关于双方交换新闻和图片的协议，其间受到周恩来总理的接见。此后，阿尔及利亚、苏丹、摩洛哥、突尼斯等阿拉伯国家的新闻代表团陆续来华进行访问。③ 1957年，中国国际广播电台开播了阿语节目，成为中国在阿拉伯地区的发声筒和阿拉伯人民了解中国的重要窗口④，其对外广播语种还包括土耳其语、普什图语、波斯语等中东国家语言⑤。

---

① 比如，首届中海合作峰会提出，未来中海将打造语言文化合作新亮点。中国将同300所海合会国家大中小学合作开展中文教育，同海合会国家合作设立300个中文智慧教室，提供3000个"汉语桥"夏（冬）令营名额，建立中文学习测试中心和网络中文课堂，举办中海语言文化论坛，共建中海人文交流和互鉴双语文库。详情请参见《习近平出席首届中国-海湾阿拉伯国家合作委员会峰会并发表主旨讲话》，中华人民共和国中央人民政府网站：https://www.gov.cn/xinwen/2022-12/10/content_5731120.htm。

② 2011年9月，中国教育部和宁夏回族自治区政府共同在银川举办了第一届中阿大学校长论坛，并通过了《中阿大学校长论坛圆桌会议银川宣言》，宣言制定了每两年在银川举办一届中阿大学校长论坛的会议机制。第二、三届中阿大学校长论坛分别于2013年9月、2015年9月在宁夏举行，主题分别为"面向未来，推进务实合作""服务'一带一路'建设，打造创新合作平台"。2016年9月，第四届中阿大学校长论坛在约旦首都安曼隆重举办，主题为"巩固中阿传统友谊，深化互利合作关系"。

③ 王南：《中阿媒体交流与合作刍议》，《阿拉伯世界研究》2011年第1期。

④ 《阿拉伯人民了解中国的窗口》，光明网：https://www.gmw.cn/01gmrb/2003-02/25/03-C8E670C88743BDCF48256CD70082D25A.htm。

⑤ 《中国国际广播电台》，百度百科网站：https://baike.baidu.com/item/中国国际广播电台/638860。

进入新世纪，中阿媒体进一步巩固合作机制，中阿合作论坛框架下的"中阿媒体合作论坛"是重要标志之一，在双方签订的《中国—阿拉伯国家合作论坛行动计划》中就包含有关于中阿"新闻合作"的内容。① 2008 年 4 月，"中阿合作论坛"框架下以"加强媒体合作，促进中阿友谊"为主题的首届"中国—阿拉伯国家新闻合作论坛"在北京举行，双方签署了《中国与阿盟成员国新闻友好合作交流谅解备忘录》，标志着中阿媒体交流的固定平台和机制正式建立②，截至 2020 年已成功举办了四届论坛。2011 年 9 月，"首届中阿广播电视合作论坛"作为第二届中阿经贸论坛的一项分论坛活动，在宁夏银川拉开帷幕，其主题为"交流合作 共同发展"③；截至 2021 年 12 月，共成功举办了五届论坛，而在以"加强融合传播 推动文明互鉴"为主题的"第五届中阿广播电视合作论坛"上，双方正式启动了首届中阿国际短视频大赛。④

随着中阿媒体互访交流的规模和频率增加，中国电台、报纸、电视台等媒体相继增设阿文中文网与频道。比如，2002 年 5 月，中国国际广播电台的阿拉伯语网站（arabic.cri.cn）正式开通。2004 年 10 月，被誉为中国对外"窗口"和"桥梁"的《今日中国》杂志社在开罗正式开设策划编辑、出版发行《今日中国》阿文版月刊的中东分社，成为首家在海外出版和发行外文期刊的中国新闻机构。⑤ 2009 年 7 月，中国国际电

---

① 具体内容包括：（一）通过双边和多边渠道开展新闻合作，鼓励双方主要新闻媒体加强交流，继续互派新闻采访团组到对方采访，为派驻对方的记者开展工作提供协助和便利；（二）鼓励互派专业小组制作关于中国和阿拉伯国家的旅游和文化节目；（三）鼓励通过商业渠道购买对方新闻和艺术资料；（四）鼓励有关部门共同创作并宣传艺术作品。详情请参见《中国-阿拉伯国家合作论坛行动计划》，百度百科网站：https://baike.baidu.com/item/中国-阿拉伯国家合作论坛行动计划/22284024。

② 《首届中阿新闻合作论坛在京举行》，中阿合作论坛网站：http://www.chinaarabcf.org/ltjz/zaxwhzlt/dyj/200902/t20090219_6914557.htm。

③ 《"中阿广播电视合作论坛"聚焦交流合作 共话未来发展》，中阿合作论坛网站：http://www.chinaarabcf.org/chn/ltjz/zagbdshzlt/dyj/202008/t20200804_6914690.htm。

④ 《（首届）中阿国际短视频大赛在第五届中阿广播电视合作论坛上正式启动》，环球网：https://world.huanqiu.com/article/45t8dbcif5b。

⑤ 《〈今日中国〉中东分社建在开罗》，光明网：https://www.gmw.cn/01gmrb/2004-10/20/content_117254.htm。

第十章 增进中国与中东文化价值观认同路径：人文交流视角

视台（CGTN）阿拉伯语频道正式开播，其前身是中央电视台开办的阿拉伯语国际频道，也是央视继中、英、法、西之后的第5个国际频道，节目内容以新闻为核心，文化、服务和娱乐节目为补充，服务22个阿拉伯国家近3亿观众。[①] 不仅如此，中国多家重要新闻网站开始增设阿语频道，其中包括新华网、人民网、中国网、国际在线等中央新闻网站。

此外，中国媒体在阿拉伯国家设立了许多分社和记者站。比如，目前新华社驻中东地区有20多家分支机构[②]，人民日报社在阿联酋、叙利亚、以色列、埃及、突尼斯等中东国家设有分社[③]。中东国家媒体在中国设立的分社的数量也在增加，如继埃及中东通讯社在中国设立分社之后，卡塔尔半岛电视台于2002年6月在北京设立分社，摩洛哥通讯社2005年在北京设立分社，该通讯社自1984年起就与中国的新华社建立了合作关系。[④]

然而，相较于"中阿合作论坛"框架下的其他领域合作，尤其是政治、经济领域合作而言，中阿媒体合作的发展规模和水平同双边关系的发展需求还存在一定差距。当前，西方媒体中始终存在"中国威胁论"的声音，而在美国媒体长期以来形成的话语霸权下，中国提出的"人类命运共同体"被视为中国企图重塑世界格局的野心[⑤]，"中

---

① 《央视阿拉伯语国际频道开播》，中国青年报网站：http://zqb.cyol.com/content/2009-07/30/content_2780791.htm。
② 分别为中东总分社（埃及）、阿尔及尔分社（阿尔及利亚）、阿布扎比分社（阿联酋）、迪拜分社（阿联酋）、马斯喀特分社（阿曼）、开罗分社（埃及）、加沙分社（巴勒斯坦）、麦纳麦分社（巴林）、多哈分社（卡塔尔）、科威特分社（科威特）、贝鲁特分社（黎巴嫩）、的黎波里分社（利比亚）、拉巴特分社（摩洛哥）、利雅得分社（沙特）、喀土穆分社（苏丹）、安卡拉分社（土耳其）、伊斯坦布尔分社（土耳其）、突尼斯分社（突尼斯）、大马士革分社（叙利亚）、萨那分社（也门）、巴格达分社（伊拉克）、德黑兰分社（伊朗）、耶路撒冷分社（以色列）、安曼分社（约旦）。详情请参见《派驻国（境）外分支机构》，新华网：http://www.xinhuanet.com/xhsld/2021-02/09/c_1211019859.htm。
③ 《人民日报社机构设置》，人民网：http://www.people.com.cn/GB/50142/208384/index.html。
④ 王南：《中阿媒体交流与合作刍议》，《阿拉伯世界研究》2011年第1期。
⑤ 高金萍、余悦：《美国媒体视域下"人类命运共同体"理念的呈现》，北京外国语大学国际新闻与传播学院网站：https://sijc.bfsu.edu.cn/info/1084/2308.htm。

国形象"的世界解读被西方国家所左右。同时，虽然中东国家的大众传媒取得了发展，但在以美国为首的西方媒体占主导性地位的世界大背景下，其媒体在世界范围内的影响力也还存在局限。[1] 据此，中国与中东国家媒体交流与合作对增强双方在国际舆论中的"共同声音"，弘扬全人类共同价值，以及讲好中阿故事具有重要性和特殊意义。

习近平主席曾在全国宣传思想工作会议上的讲话中指出："展形象，就是要推进国际传播能力建设，讲好中国故事、传播好中国声音，向世界展现真实、立体、全面的中国，提高国家文化软实力和中华文化影响力。"[2] 未来，中国对阿传播的媒体除制作播出与生活和群众贴近性强、具有鲜明观点和思想深度的新闻节目之外，还应多播出中国各类题材影视作品[3]，尤其输出中东国家观众喜闻乐见的精品内容，为中东民众提供更加亲民且有效的认知窗口，有助于他们从日常生活了解中国，从而打破刻板印象，消融文化理解偏误。[4] 此外，尽管传统官方新闻媒体在中国与中东国家媒体传播方面仍发挥着重要的舆论引导作用，但随着数字媒介技术和移动互联网在大数据时代的飞速发展，传统媒体与新媒体的融合带动国际传播迈入媒介融合时代，促进中国与中东国家媒体合作方式从纸质媒体向数字媒体拓展。比如，当前中东地区的社交媒体行业迅猛发展，短视频、"社交商务"等业态蓬勃发展，但对外依赖度高，来自美国的"油管"、推特、图享等实力雄厚的媒介集团通过丰富的海外市场开拓经验和先进

---

[1] 朱建荣：《阿拉伯世界的中国形象探析——基于中阿交往历史进程背景下的形象审视》，《学术探索》2015 第 11 期。

[2] 《习近平：讲好中国故事，传播好中国声音》，求是网：http://www.qstheory.cn/zhuanqu/2021-06/02/c_1127522386.htm。

[3] 沈小晓：《中阿加强影视交流合作》（国际视点），人民网：http://world.people.com.cn/n1/2022/0228/c1002-32360744.html。

[4] 2012 年 1—2 月，中央电视台阿拉伯语国际频道通过中国网络电视台阿语网站进行观众问卷调查，共有来自 22 个国家和地区的 4583 名观众参与。观众最喜欢的节目分别是《话说中国》《中国之旅》以及《纪录片》，表明阿拉伯国家受众对反映中国历史文化、现实生活和旅游的内容最感兴趣。详情请参见《CCTV 阿语国际频道完成网络问卷调查及分析工作》，央视网：https://www.cctv.com/stxmt/20120328/110259.shtml。

的技术抢先占领了阿拉伯国家短视频平台市场；来自中国的抖音国际版、比戈全球直播平台等应用后来居上，也加入了中东国家短视频平台的竞争。① 而短视频作为传播闭环中辐射更广、频率更高的媒体形式，为讲好中国故事提供了与时俱进的表达方式，所以双边媒体合作要注重充分发挥短视频以小博大的精准触达功能。②

第三节　经典翻译"走出去"更要"走进去"

中国文化"走出去"背景下，中国主题类图书走向中东的步伐不断加快，中国文化也通过"图书"这一文化使者抵达中东国家，使得"中国故事"得以更准确地传播。

"典籍是一个民族文明的'基因库'。"③ 典籍外译传播项目已经成为中国以书为媒，向中东世界翻译和传播中国理想、中国故事与中国形象的重要手段。早在1995年立项的《大中华文库》（汉英对照版），就是中国首次系统推出外文版中国文化典籍的国家重大出版工程。④ 之后，国家新闻出版主管部门通过设立一系列资助项目，助力中国文化的图书走向世界，其中包括"中国图书对外推广计划"（2006年启动）⑤、

---

① 《阿拉伯国家短视频发展的四个特征》，流媒体网：https://lmtw.com/mzw/content/detail/id/185465。

② 冷淞：《讲好中国故事 提升文化传播力》，光明网：https://epaper.gmw.cn/gmrb/html/2021-09/23/nw.D110000gmrb_20210923_1-15.htm。

③ 韩寒：《浩瀚典籍，在这里汇流成海》，光明网：https://news.gmw.cn/2023-08/18/content_36772380.htm。

④ 当时《大中华文库》（汉英对照版）经典著作的题材甄选涵盖了文学、史学、哲学、军事、科技等众多领域，先由古文译成白话文，再译成英文，并延展到英、俄、日、韩、美、法、德、拉丁8种语言。2012年12月，第七届北京文博会期间宁夏黄河出版传媒集团与中国《大中华文库》工作委员会签订国家出版基金资助项目协议，标志《大中华文库》（汉阿对照版）项目正式启动。详情请参见《〈大中华文库〉阿文项目启动》，宁夏网络广播电视台网站：https://wap.nxtv.cn/newsinfo/188147.html。

⑤ 2006年1月，国务院新闻办、国家新闻出版总署开始联合组织实施"中国图书对外推广计划"。2009年，作为"中国图书对外推广计划"加强版的"中国文化著作翻译出版工程"也正式启动，从更大规模、更多投入与更广领域支持中国图书"走出去"。详情请参见《"中国图书对外推广计划"简介》，中华人民共和国国务院新闻办公室网站：http://www.scio.gov.cn/ztk/dtzt/22/5/Document/585676/585676.htm。

"经典中国国际出版工程"（2009年启动）①和"中国当代作品翻译工程"（2013年启动）②等项目。"一带一路"倡议提出后，"丝路书香出版工程"（简称"丝路书香工程"）③于2014年12月正式获得中宣部批准立项，成为新闻出版业唯一进入"一带一路"倡议的重大项目，重点推动中国主题出版物在"一带一路"沿线国家的翻译出版。这些项目为中国向世界展示自己、为世界更好地读懂中国做出了突出贡献，同时也有力地促进了中国与中东国家的出版交流合作。截至2022年，"经典中国国际出版工程"累计资助77个项目在沙特、埃及、黎巴嫩、阿联酋等阿拉伯国家翻译出版；"丝路书香工程"已资助521个阿文版图书在阿拉伯国家翻译出版，诸多诠释中国梦、中国道路、中国模式和承载当代中国价值观的主题图书通过互译出版合作走进中东地区。④值得一提的是，2010年国家社科基金设立的"中华学术外译项目"⑤，也成为提升中国文化影响力、传播中国学术成果的重要途径，旨在使国外的学者或读者能够比较系统地了解中国学术的思想内容与发展脉络、中国学术体系的发展动态等，使中国学术理论能够完整地呈现于国际学术舞台，从而进入国际学术的交流互动中。⑥中

---

① "经典中国国际出版工程"是2009年新闻出版总署启动的工程，旨在鼓励和支持适合国外市场需求的外向型优秀图书选题的出版，有效推动中国图书"走出去"。详情请参见《经典中国国际出版工程》，百度百科网站：https://baike.baidu.com/item/经典中国国际出版工程/318340。

② "中国当代作品翻译工程"于2013年由中共中央宣传部组织启动，该工程重点遴选资助具有代表性的中国当代影视作品并进行多语种翻译向世界推介，在讲好中国故事、传播中华文化方面发挥了积极作用。详情请参见《"中国故事"走出国门 影视佳作海外热播——中国当代作品翻译工程成效显著》，人民网：http://world.people.com.cn/n1/2015/1229/c1002-27987614.html。

③ 该工程涵盖重点翻译资助项目、丝路国家图书互译项目、汉语教材推广项目、境外参展项目、出版物数据库推广项目等。详情请参见覃博雅、常红《背景：丝路书香工程》，人民网：http://world.people.com.cn/n1/2017/0509/c1002-29264190.html。

④ 张捷、涂晓韦：《"一带一路"背景下中国—阿拉伯国家出版交流合作探析》，《新闻爱好者》2023年第6期。

⑤ 2011年，中华学术外译项目在原有英语、法语、西班牙语、俄语和德语的基础上，增添了阿拉伯语项目。

⑥ 袁鑫：《补上中华学术外译的"短板"》，光明网：https://epaper.gmw.cn/gmrb/html/2021-11/25/nw.D110000gmrb_20211125_3-02.htm。

◆ 第十章 增进中国与中东文化价值观认同路径：人文交流视角 ◆

国典籍外译出版工程对渴望学习中国文化、了解中国社会的中东国家读者来说，是一场中国文化的"及时雨"，因为早期中东国家文化市场上关于中国的图书不仅很少，而且大多是以西方视角写作或通过英法文转译的书籍，不利于中东人民了解真实的中国。[1]

此外，"一带一路"倡议同样促进"中阿典籍互译出版工程"（简称"中阿互译工程"）[2]的不断推进，相较于中国经典著作外译中的中华文化单向性输送而言，中阿互译更加凸显中阿互通有无的双向交流与互鉴。[3] 实际上，早在2010年5月中阿合作论坛第四届部长级会议即将召开之际，新闻出版总署与阿拉伯国家联盟秘书处签署了《中阿典籍互译出版工程合作备忘录》[4]；2011年9月，中阿双方启动了"阿拉伯语十年千部经典著作翻译出版工程"和"中阿双百经典图书互译出版工程"。[5]在"一带一路"倡议驱动下，中阿典籍互译合作迎来新机遇。2014年6月，中国国家新闻出版广电总局与科威特国家文化艺术文学委员会签署了《中科经典和当代文学作品互译出版项目合作议定书》。[6] 2015年8月，为推动中国文化走出去，中国出版集团与阿拉伯出版商协会签署了战略合作协议。[7] 2016年初，

---

[1] 张贺：《图书互译 我们更懂彼此（讲好亚洲故事）》，人民网：http://world.people.com.cn/n1/2019/0522/c1002-31097011.html。

[2] 2008年5月，中阿合作论坛第三届部长级会议确定启动"中阿典籍互译出版工程"，这是中阿之间第一个国家级的互译出版工程。详情请参见邱华栋《文学互译架设中阿文明交流之桥》，人民网：http://world.people.com.cn/n1/2023/0210/c1002-32621021.html。

[3] 林丰民：《中阿经典互译：新时代文明互鉴的实际行动》，《中国穆斯林》2021年第1期。

[4] 《中国与阿盟签署中阿典籍互译出版工程合作备忘录》，中华人民共和国中央人民政府网站：https://www.gov.cn/govweb/gzdt/2010-05/13/content_1605561.htm。

[5] 秦春、张钦、赵倩：《开拓新兴领域—中阿经贸合作谱"丝绸之路"新篇章》，中华人民共和国中央人民政府网站：https://www.gov.cn/jrzg/2011-09/25/content_1956225.htm。

[6] 根据协议，双方将启动"中科经典和当代文学作品互译出版项目"，计划5年内相互翻译出版不少于25种作品和不少于50种的图书。详情请参见《中国科威特签约经典互译协议》，新浪网：https://news.sina.com.cn/m/2014-06-05/174730300808.shtml。

[7] 中阿双方以合作共赢为原则，将在建立联合工作小组、共同设立并推广"中阿典籍互译出版工程"、共同建立互访合作机制以及探索建立中阿合资企业等四个方面展开合作。详情请参见《翻译出版在"一带一路"战略中发力》，国务院新闻办公室网站：http://www.scio.gov.cn/ztk/wh/slxy/31200/Document/1446525/1446525.htm。

习近平主席在阿盟总部演讲时宣布实施中阿"百千万"人文交流工程，包括开展100部中阿典籍互译。① 同年8月，中国国家新闻出版广电总局与沙特文化新闻部在北京签署了《"中沙经典和现当代作品互译出版项目"执行计划》②。2021年3月，中国与伊朗签署了《中华人民共和国国家新闻出版署与伊朗伊斯兰共和国伊斯兰文化联络组织关于经典著作互译出版的备忘录》。③ 2023年8月，中国与约旦签署了《中华人民共和国国家新闻出版署与约旦哈希姆王国文化部关于经典著作互译出版的备忘录》，成为亚洲经典著作互译计划实施以来中国与亚洲国家组织实施的第12个双边互译项目，也是在中阿百部典籍互译工程框架下中国与阿拉伯国家签署的第一份双边互译协议，对于促进中阿两大文明交流对话、共同发展具有重要意义。④ 当前，"中阿典籍互译出版工程"已资助翻译出版50部中阿双方具有代表性的传统经典著作和现当代文学精品，极大地促进了双方民心相通。⑤

作为典籍翻译工程中最重要的环节之一，翻译在经典互译中是非常值得关注的一个重要问题，以莫言获诺贝尔文学奖为例，优秀的外译工作就发挥了非常大的作用。如何保证在经典互译的过程中内容不丢失、思想不走样、可读性不减弱，对能否为中国与中东国家读者提供高质量、系统性的参考，以及深入全面了解对方文化至关重要。⑥ 近些年，中国与

---

① 习近平：《共同开创中阿关系的美好未来——在阿拉伯国家联盟总部的演讲》，《人民日报》2016年1月22日第3版。

② 根据执行计划，双方启动"中沙经典和现当代作品互译出版项目"，目标是五年内双方至少相互翻译和出版对方国家的25部作品或一共翻译和出版至少50部作品。中阿经典互译项目最初由人民出版社具体负责实施，之后由五洲出版社承接该项目，并同时承担其它与阿拉伯典籍翻译相关的项目。

③ 《中伊签署关于经典著作互译出版的备忘录 以书为媒推动中伊文明交流互鉴》，中华人民共和国中央人民政府网站：https://www.gov.cn/xinwen/2021-03/16/content_5593277.htm。

④ 根据备忘录，中约双方将在未来五年内，共同翻译出版25种两国经典著作。详情请参见《中约签署经典著作互译出版备忘录 促进两国人文交流互鉴》，国家新闻出版署网站：https://www.nppa.gov.cn/xxfb/ywxx/202308/t20230802_748822.html。

⑤ 张捷、涂晓韦：《"一带一路"背景下中国—阿拉伯国家出版交流合作探析》，《新闻爱好者》2023年第6期。

⑥ 《"一带一路"为各国加强文化交流提供新契机》，国务院新闻办公室网站：http://www.scio.gov.cn/ztk/wh/slxy/31209/Document/1473041/1473041.htm。

◈ 第十章 增进中国与中东文化价值观认同路径：人文交流视角 ◈

中东国家互译项目的翻译水平不断提升。2013年1月，在中国作家莫言获得诺贝尔文学奖3个月后，其代表作《红高粱家族》便由埃及艾因·夏姆斯大学语言学院中文系翻译和比较文学专业方向教师哈赛宁·法赫米博士翻译成为阿拉伯语，由埃及国家翻译中心出版发行，在埃及国际书展和众多阿拉伯国际书展中入选畅销书之列。这也是莫言的作品首次被翻译成阿拉伯语，其译者也因此而荣获第十届"中华图书特殊贡献奖"。① 叙利亚诗人、思想家、文学理论家阿多尼斯的诗集《风的作品之目录》（فهرس لأعمال الريح）由北京外国语大学薛庆国教授翻译，其中译本于2022年11月获第八届鲁迅文学奖文学翻译奖项，作品中的诗句让很多中国读者领略到阿拉伯文化之美，这也是中阿两大文明之间交流对话的又一见证。② 然而，目前中国与中东国家相关的经典互译项目多以文学作品为主，这对于"一带一路"建设中的文化相通、民心相通是远远不够的，未来双方互译项目还需要不断扩大到各个领域，让双方读者领略到不同领域的文化瑰宝③，极大促进"民心相通"工程。

需要注意的是，在中国文化"走出去"过程中翻译只是第一步，借助良好的渠道进入对方国家，抵达读者心中，才能发挥文化交流的影响价值。④ 近年来，中国出版物对外输出数量不断增加，但出版物贸易仍处于逆差状态，与世界出版强国相比还存在着"有高原，无高峰"等诸多问题。⑤ 以2021年为例，中国引进图书、音像制品和电子出版物版权12220项，输出图书、音像制品和电子出版物版权12770项⑥，

---

① 《翻译家，在海外用外语讲述中国故事》，上海翻译家协会网站：http://www.sta.org.cn/02zxzx/detail.asp？id=6067。
② 《共建"一带一路"走深走实推动构建中阿命运共同体》，中华人民共和国中央人民政府网站：https://www.gov.cn/xinwen/2022-12/08/content_5730665.htm。
③ 林丰民：《中阿经典互译：新时代文明互鉴的实际行动》，《中国穆斯林》2021年第1期。
④ 孙丽萍：《翻译，如何助力中国文化走出去？》，新华网：http://www.xinhuanet.com/politics/2017-06/10/c_1121120670.htm。
⑤ 王关义：《建成文化强国须从六个方面推动出版业高质量发展》，人民日报海外网：https://m.haiwainet.cn/middle/3541089/2021/0609/content_32122839_1.html。
⑥ 《2021年新闻出版产业分析报告》，国家新闻出版署网站：https://www.nppa.gov.cn/xxgk/fdzdgknr/tjxx/202305/P020230530667517704140.pdf.

排名前列的主要为欧美出版强国和日韩等周边国家和地区,中东未进入前十位引进地和输出地。① 当前,数字"一带一路"建设开拓了数字化的人文交流模式,也对中国与中东国家出版合作提出了新的要求,双边出版合作领域需要从纸质图书逐步扩展至共建数字平台。比如,2015 年,五洲传播出版社搭建了国内最大的阿语数字内容的运营平台——"that's"阿语数字阅读平台②,包含大量国际获奖图书和最新出版的本地内容,也成为阿拉伯地区内容资源最多最新的数字阅读平台③。2017 年,中国图书进出口(集团)总公司还同中科院文献情报中心于第 27 届阿布扎比国际书展,联合发布了"易阅通阿语平台和中国科讯"一带一路"阿语版 APP",让广大阿拉伯语用户可以便捷地浏览 30 多万种电子书、3000 多种数字期刊。④ 2018 年 7 月,中阿电子图书馆项目正式上线发布。其中,由中国国家图书馆承建的中方网站,力图打造一个多方位展示中华文化之美的国际传播平台,上架的内容有来自国家数字图书馆的"中国古代经典文献"电子书、音视频、图片和线上展览等资源,涵盖国家图书馆公开课、非物质文化遗产、传统年画、地方戏曲和典籍文化等,而在沙特阿卜杜勒·阿齐兹国王公共图书馆承建的阿方网站上,包括不少与中国主题相关的电子书资源,涉及中国历史文化、中阿外交和经贸关系、中国见闻等,涵盖图书馆与信息技术、阿拉伯经典文学著作、电视媒体、时尚艺术和历史图册等内容。⑤ 随着数字化赋能新时代国际人文交流合作趋势明显,数字化文化品牌成为各国争相打造的文化符号,未来需更

---

① 张捷、涂晓韦:《"一带一路"背景下中国——阿拉伯国家出版交流合作探析》,《新闻爱好者》2023 年第 6 期。
② 《"五洲"that's 阿语数字内容运营平台成为国内最大的阿语电子书平台》,国务院新闻办公室网站:http://www.scio.gov.cn/ztk/dtzt/36048/36835/36840/36856/Document/1557390/1557390.htm。
③ 邱红艳:《主题出版如何"走进去":五洲传播出版社的思与行》,光明网:https://epaper.gmw.cn/zhdsb/html/2022-01/12/nw.D110000zhdsb_20220112_1-06.htm。
④ 《阿布扎比国际书展上的"一带一路"》,人民网:http://world.people.com.cn/n1/2017/0428/c1002-29243442.html。
⑤ 周玮:《中阿共建电子图书馆打造文明交流互鉴的数字化平台》,中华人民共和国中央人民政府网站:https://www.gov.cn/xinwen/2019-07/19/content_5411995.htm。

进一步打造中国在国际数字人文交流合作中全面持久的立体优势[①]，加快中国与中东国家出版社数字出版合作，搭建双边数字时代文明沟通与发展的桥梁，重点做好网站运营机制建设、资源更新、服务改进和推动业界联动等工作，为推进双边经典著作资源的交流互通提供更加有效的平台。

第四节　释放旅游合作的"互联互通"效应

作为人文交流的重要途径，旅游是最朴素、最直接的民间外交，有助于促进各国人民往来、增进彼此了解。习近平主席曾在不同场合强调，旅游"是传播文明、交流文化、增进友谊的桥梁"和"增强人们亲近感的最好方式"[②]，"应该发展丝绸之路特色旅游，让旅游合作和互联互通建设相互促进"。[③]为夯实"一带一路"倡议的基础，通过旅游活动增进人文交流与文明互鉴，国家出台了一揽子中外旅游合作政策，为中国与中东国家旅游合作带来发展新机遇。2015年，国家旅游局将中国旅游主题年确定为"美丽中国——2015中国丝绸之路旅游年"[④]。2017年，国家旅游局出台了《关于加快推动跨境旅游合作区工作的通知》和《跨境旅游合作区建设指南》，加紧对建立跨境国际旅游合作机制的探索。[⑤] 2019年，中国"欢乐春节"系列活动以提质增效和文旅融合为重点，在133个国家和地区的396座城市开展1500余场活动，进一步推动中国春节成为全球共享的国际性节日。

[①] 王宇航、金冰：《数字化赋能新时代国际人文交流合作》，《光明日报》2023年8月8日第16版。

[②]《习近平在俄罗斯"中国旅游年"开幕式上的致辞》，人民网：http://cpc.people.com.cn/n/2013/0323/c64094-20889750.html。

[③]《联通引领发展 伙伴聚焦合作——在"加强互联互通伙伴关系"东道主伙伴对话会上的讲话》，人民网：http://politics.people.com.cn/n/2014/1109/c1024-25997464.html。

[④]《我国确定2015年为"美丽中国—丝绸之路旅游年"》，中华人民共和国中央人民政府网站：https://www.gov.cn/xinwen/2014-11/14/content_2778701.htm。

[⑤]《跨境国际旅游合作释放新动能》，西双版纳傣族自治州人民政府网站：https://www.xsbn.gov.cn/lfw/84137.news.detail.dhtml?news_id=1525862。

2021年7月，中国文化和旅游部正式印发《"十四五""一带一路"文化和旅游发展行动计划》①，构建了未来五年推进"一带一路"文旅工作高质量发展的纲要指南和全方位发展的新格局。这些政策有助于双边着力打造符合对方国家民众社会习俗和接受度的文化产品，合作开发特色旅游路线和旅游推介平台，使旅游推介活动成为构建中国外域形象的重要手段。

作为中阿合作论坛框架下各项合作的典范，中阿文化和旅游集体合作也成为不断拉近中阿共建"一带一路"和构建中阿命运共同体的人文合作纽带。近些年，"中国旅游年""中国旅游文化周"等活动不断走进阿拉伯国家。2018年中国公民赴阿联酋、埃及和摩洛哥三个国家总人数超过150万人次②，2019年阿联酋、埃及、摩洛哥成为首批举办"中国旅游文化周"的阿拉伯国家。2021年8月18日，第五届"中国—阿拉伯国家旅行商大会（中阿休闲旅游论坛）"③举行，其作为中国—阿拉伯国家博览会重要活动和中阿开展双边旅游合作的重要机制，有力推动了中阿双方探索在客源互送、互为旅游目的地、旅游交通（航空、境外租车等）等领域的合作路径。④目前，中国已与阿拉伯各国签署了十多份旅游合作协定和谅解备忘录，中国公民赴约旦、阿联酋等十个国家的旅游业务已正式开展。⑤与此同时，阿拉伯国家也积极发起针对中国市场的旅游推介活动，比如迪拜旅游局多年来持续深耕中国市场，每年都会在中

---

① 《〈"十四五""一带一路"文化和旅游发展行动计划〉制定印发》，中华人民共和国文化和旅游部网站：https://www.mct.gov.cn/whzx/whyw/202107/t20210719_926507.htm。

② 丁俊：《新时代中阿文明交流根深叶茂》，光明网：https://news.gmw.cn/2022-12/10/content_36226682.htm。

③ "中国—阿拉伯国家旅行商大会"前身是成立于2010年的中阿文化旅游产业合作对接会，2013年更名为世界穆斯林旅行商大会，后于2015年更名为中阿旅行商大会，并与农业合作、高新技术和装备合作、基础设施和产能合作、"互联网+医疗健康"产业合作以及国际物流合作共同作为中阿博览会框架下六大专项洽谈会。

④ 《中阿旅游界共商旅游业深度合作》，中华人民共和国中央人民政府网站：https://www.gov.cn/xinwen/2021-08/18/content_5631914.htm。

⑤ 叶飞、李雪：《沿着"一带一路"走向文明交流互鉴——第四届阿拉伯艺术节目睹》，中华人民共和国文化和旅游部网站：https://www.mct.gov.cn/preview/special/8672/8676/201811/t20181123_836196.htm。

第十章 增进中国与中东文化价值观认同路径：人文交流视角

国举办旅游推介会①；2018年阿联酋官方将7月17—24日定为"阿联酋中国周"，向阿联酋人民推介中国②；2023年1月，"2023欢乐春节"大巡游活动在迪拜世博城隆重举办。③ 2019年4月28日，阿曼旅游部与中国文化和旅游部、中国驻阿曼大使馆共同举办了"中阿旅游合作论坛"，通过旅游促进人文交流，共建"一带一路"。④

旅游是各国人民和谐相处的沟通纽带，也是"实现和平的桥梁"⑤，在讲好中国故事、展示"美丽中国"形象等方面发挥着重要作用。同时，作为兼具融合性和综合带动作用的产业，旅游业不仅可以带动基础设施的改善以及属地居民生产生活方式的转变，还可以促进不同国家在政策、经济和环境上的全方位合作，实现旅游合作和互联互通建设互促发展。目前，中国与中东国家旅游合作在一定程度上促进了跨区域的政策沟通、设施联通、贸易畅通、货币流通和民心相通，未来还需进一步发挥旅游在双边合作中经济催化剂、人心凝聚剂和文化融合剂的作用。

第一，不断健全文化和旅游合作机制和交流平台，继续打造一系列具有品牌效应的文化和旅游活动。2017年，《关于加强和改进中外人文交流工作的若干意见》强调，要"形成一批具有中国特色、国际影响的人文交流品牌"。⑥ 中国与中东国家可加强政策对接，共享资源优势，深入挖掘丝绸之路文化遗产内涵，共同开发反映中阿人民传统友谊的旅游产品。根据《"十四五""一带一路"文化和旅游发展行动计划》

---

① 《出境游 | 2023游迪拜，有多个新兴热门景点等待中国游客》，腾讯网：https://new.qq.com/rain/a/20230224A05OXS00。
② 《习近平抵达阿联酋，当地"满城尽披中国红"迎接到访》，澎湃新闻网：https://www.thepaper.cn/newsDetail_forward_2277170。
③ 《2023温暖迎春、"欢乐春节"大巡游隆重举行》，中华人民共和国驻迪拜总领馆网站：http://dubai.china-consulate.gov.cn/xwdt/202301/t20230118_11010777.htm。
④ 《"一带一路"共赢之路：发展中阿旅游 促进民心相通》，央视网：http://jingji.cctv.com/2019/04/28/ARTISgTc0p0yc3Mn1qmOjROY190428.shtml。
⑤ 吴思科：《丝路思想沉淀超拔 丝路战略定性塑形 评〈丝路学研究——基于中国人文外交的阐释框架〉》，《公共外交季刊》2015年第1期。
⑥ 《中共中央办公厅 国务院办公厅印发〈关于加强和改进中外人文交流工作的若干意见〉》，中华人民共和国中央人民政府网站：https://www.gov.cn/zhengce/2017-12/21/content_5249241.htm。

提出的"一带一路"文化和旅游交流合作务实推进计划、平台巩固计划、品牌提升计划、产业促进行动、旅游体系建设提升计划等内容，中国与中东国家可进一步拓展双边文化旅游交流与合作的广度和深度。例如，继续办好"阿拉伯知名艺术家访华采风精品展"；加强产业合作，推动双边文化和旅游企业开展对接；推进中国公民组团出境旅游目的地等相关工作；密切专业人才尤其是青年人才交流合作，助力中东国家培养文旅人才；共同培育打造一批重点文化和旅游产业合作项目，为中东国家企业来华贸易投资洽谈提供便利，提升文化和旅游贸易投资合作质量和水平等。[①]

第二，与潜力国家重点合作，推动出境游与丝路基金、产业合作、人民币国际支付等领域协同发展。旅游业在帮助中东国家尤其是海湾国家多元化经济转型的过程中扮演着重要角色，这些国家纷纷将旅游业拓展成为增加财政收入、吸引对外投资、提升私有化经济比重和吸纳就业的重要引擎。值得一提的是，阿联酋是最先发展旅游业的海湾阿拉伯国家，也是中东地区旅游竞争力排名第一的阿拉伯国家。2018年，迪拜成立"拥抱中国"执委会，主要配合中国政府与阿联酋政府达成互免签证安排，吸引中国游客并做好相关服务，包括在主要景点设置中文标识、鼓励培训中文导游、开设中文旅游热线等。[②] 自2019年开始，中国已经成为迪拜第四大旅游客源市场[③]，迪拜也成为了中国游客进入中东地区的主要中转站，中阿双方在文旅、航空、通信、数字支付、旅游基础设施建设等领域合作不断取得突破，也远远领先于其他阿拉伯国家。以此为借鉴，未来中国一方面可与埃及、塞浦路斯、以色列、约旦等一些将旅游业或旅游开发列为优先发展领域的传统旅游业发达国家积极开展合作，另一方面可重点与基础设施

[①] 程佳：《密切人文交流，为深化中阿战略伙伴关系注入持久推动力》，《中国文化报》2022年12月23日第4版。

[②] 《中东地区旅游业加速恢复 各国热切期盼中国游客》，中华人民共和国中央人民政府网站，https://www.gov.cn/xinwen/2023-02/28/content_5743565.htm。

[③] 苏小坡：《2018年赴迪拜中国游客数量增长12%》，新华网：http://www.xinhuanet.com/world/2019-02/25/c_1124159883.htm。

◆ 第十章　增进中国与中东文化价值观认同路径：人文交流视角 ◆

水平高且寻求经济转型的海合会国家探索数字旅游合作。[1]

第三，进一步完善旅游政策对接，推动旅游合作谅解备忘录的签署。不断利好的签证政策进一步促进了中国与中东国家之间的双向旅游，目前已与埃及、土耳其、塞浦路斯、约旦、叙利亚、阿曼、以色列、阿联酋、黎巴嫩、伊朗、卡塔尔等中东国家签署了《旅游目的地国地位谅解备忘录》（ADS）。截至2023年3月，中国已与20个中东国家缔结互免签证协定[2]；2019年中国成为沙特首批开发旅游签证的49个国家之一。[3] 除了不断简化签证手续之外，中国与中东国家还陆续开通直达航班，已有阿联酋、卡塔尔、埃及、摩洛哥、阿尔及利亚、伊拉克、埃及、阿曼、以色列、土耳其、伊朗等中东国家开通了

---

[1] 以沙特、卡塔尔、阿联酋在基础设施建设和数字旅游等方面加速发展旅游业的已有计划与成就为例。第一，沙特方面。2022年沙特提出数字旅游战略，包括推出数字平台，将旅游服务提供商整合进应用程序；支持与旅游相关的技术应用，同时鼓励通过数字平台建立和吸引旅游投资，开创新的数字商业模式；2023年1月，沙特王储兼首相穆罕默德宣布将德拉伊耶旅游项目纳入沙特公共投资基金主导的5个超大型基础设施建设项目中，并计划在十年内投资1.5万亿美元，力争到2030年将沙特打造成为全球十大旅游目的地之一。第二，卡塔尔方面。鉴于卡塔尔为举办世界杯进行的基础设施建设将为旅游业长期发展提供支撑，其首都多哈于2022年12月被阿拉伯旅游部长理事会会议评选为"2023年阿拉伯旅游之都"。第三，阿联酋方面。2020年11月，由中国文化和旅游部、中国驻阿联酋大使馆、阿联酋驻华大使馆、阿联酋文化和青年部联合主办，中国文化娱乐产业协会（CCEA）和迪拜"拥抱中国"（Hala China）执委会共同举办的"丝绸之路文化之旅——中国数字文化展示周（阿联酋站）"系列活动在线上举办，旨在加深中国与阿联酋之间的文化交流，打造一个文化、旅游、娱乐等因素俱全的跨领域对话平台，聚集中阿青年共同分享交流经验。有关沙特和卡塔尔情况请参见《中东地区旅游业加速恢复 各国热切期盼中国游客》，中华人民共和国中央人民政府网站：https://www.gov.cn/xinwen/2023-02/28/content_5743565.htm；有关阿联酋情况请参见《在阿联酋举办的中国数字文化展示周》，阿拉伯联合酋长国驻华大使馆网站：https://www.mofa.gov.ae/zh-cn/missions/beijing/media-hub/image-gallery/the-uae-embassy-to-the-peoples-republic-of-china-participated-via-a-virtual-platform-to。

[2] 20个中东国家与中国互免签证协定生效时间分别为：土耳其（1989年）、伊朗（1989年）、约旦（1993年）、苏丹（1995年）、突尼斯（2006年）、埃及（2007年）、阿曼（2010年）、吉布提（2014年）、科威特（2014年）、阿富汗（2015年）、科摩罗（2016年）、伊拉克（2016年）、以色列（2016年）、摩洛哥（外交、公务护照2014年，中方公务普通、摩方特别护照2016年）、毛里塔尼亚（2017年）、塞浦路斯（外交、公务护照1991年、外交、公务护照外交2017年）、阿联酋（公务护照2012年，公务、公务普通护照2016年，普通护照2018年）、巴林（2018年）、卡塔尔（2018年）、阿尔及利亚（2019年）。详情请参见《中国与外国互免签证协定一览表》，中国领事服务网：http://cs.mfa.gov.cn/zlbg/bgzl/lhqz/202110/t20211029_10403855.shtml。

[3] 涂一帆：《沙特首次向外国游客开放旅游签证》，新华网：http://www.xinhuanet.com/world/2019-09/28/c_1125052441.htm。

与中国大陆的直达航线。比如，2017年4月，"宁夏—迪拜旅游年"活动正式启幕，不仅打通了我区特色产品销往迪拜等国际市场的渠道，还有力地促进了银川河东国际机场门户枢纽建设。① 未来，中国可通过与更多中东国家进一步简化旅游签证程序、增加航班和酒店数量、完善旅游基础设施等举措提升双方旅游合作质量。

第四，加强旅游城市间的友好交流，挖掘丝绸之路文化资源内涵。中国和阿拉伯国家的许多城市曾是古代文明的重要起源地和丝绸之路的重要节点，深化友城关系发展，既有助于增进中国人民同阿拉伯各国人民的相互了解和友谊，也帮助城市自身实现蓬勃发展。2018年，在第四届阿拉伯艺术节框架下的中阿城市文化和旅游论坛上，中阿双方代表围绕"文化和旅游：让世界更加和平美好"这一主题，积极分享文化和旅游领域的发展经验。成都、青岛、武汉、宁波等14个中方城市代表，与卡塔尔多哈市、摩洛哥马拉喀什市等9个阿方城市代表一致通过《中阿城市文化和旅游合作成都倡议》，通过开展中阿城市之间直接而友好的对话，共同弘扬丝路精神、促进文化和旅游融合发展。② 与此同时，作为本届阿拉伯艺术节的成果性活动，"意会中国——阿拉伯知名艺术家访华采风10周年大展"③ 展出阿拉伯知名艺术家在华创作的45幅经典画作和19件雕塑作，其中饱含他们与中国高山大川相遇的惊喜，汇聚他们与中国朋友相识相知的美好回忆。④ 2019年，由宁波牵头，泉州、北海、广州等城市与斯里兰卡、阿联酋、埃及等国的旅游企业成立"海丝古港旅游合作联盟"，加强海丝古港城市之间的联系与交流，共享文化旅

---

① 《"宁夏—迪拜旅游年"活动正式启幕》，央广网：http://travel.cnr.cn/list/20170425/t20170425_523723960.shtml。
② 《中阿城市文化和旅游论坛举行》，中华人民共和国文化和旅游部网站：https://www.mct.gov.cn/whzx/whyw/201810/t20181026_835596.htm。
③ 2009—2018年，"意会中国"实现了对22个阿拉伯国家的全覆盖，邀请上百位阿拉伯国家艺术家来华采风与考察。
④ 叶飞、李雪：《沿着"一带一路"走向文明交流互鉴——第四届阿拉伯艺术节回眸》，中华人民共和国文化和旅游部网站：https://www.mct.gov.cn/preview/special/8672/8676/201811/t20181123_836196.htm。

游资源和平台。① 未来，中国与中东国家可以探索文旅融合创新发展多样化路径为切口，进一步推进文旅深度融合。例如，整合地方优质资源，挖掘丝绸之路节点城市特色文旅资源，联合打造具有丝绸之路特色的国际精品旅游线路和旅游产品；通过塑造文化和旅游在城市的品牌，实现文化高附加值与旅游的真实体验有机叠加，同时充分释放文旅潜能，赋能双方城市的可持续发展。②

第五，大力支持中东国家重大国际体育赛事申办工作和考古工作，拓宽旅游合作领域的边际。2015年中共中央、国务院发布的《关于构建开放型经济新体制的若干意见》提出，要"支持沿线国家申办国际重大赛事，加强与沿线国家旅游投资合作"。③ 2022年11月卡塔尔举办足球世界杯的主赛场——卢塞尔体育场，就是由中国企业以设计施工总承包身份承建的首个世界杯体育场项目，也是中国企业在海外建造的规模最大、容纳人数最多的专业场馆④。同时，旅游合作还应向加强对外交流合作和提升国家文化软实力的方向纵深发展，如中国与沙特联合展开塞林港遗址考古，为全球濒危遗产的保护贡献中国智慧、提供中国方案，中沙（特）塞林港联合考古文化援助工程也取得了显著的社会效益。⑤ 未来，中国与中东国家在传统旅游合作领域基础上，不断深化合作内涵，提升合作层次，拓展合作边际。

---

① 《"海丝古港微笑宁波"宁波旅游形象全新宁波旅游品牌发布》，中国宁波网：http://news.cnnb.com.cn/system/2019/11/09/030100191.shtml。
② 《深化文旅合作 共建"一带一路"——2022丝绸之路城市文化和旅游发展国际论坛综述》，中国旅游新闻网：https://www.ctnews.com.cn/news/content/2022-07/28/content_127870.html。
③ 《中共中央 国务院关于构建开放型经济新体制的若干意见》，中华人民共和国国家发展和改革委员会网站：https://www.ndrc.gov.cn/xwdt/ztzl/dwkf/202111/t20211123_1328242.html。
④ 《"一带一路"项目闪耀卡塔尔世界杯》，中国日报网：https://cn.chinadaily.com.cn/a/202211/23/WS637df110a3109bd995a51b4c.html。
⑤ 2016年，中沙签署《中国—沙特塞林港考古合作协议书》，计划联合展开塞林港遗址考古。2018年中方考古队开始在塞林港遗址展开考古调查与发掘。详情请参见涂一帆《特稿：寻找流沙下的丝路要津——中沙联合发掘神秘消失的红海古港》，新华网：http://www.xinhuanet.com/world/2019-05/10/c_1124475826.htm。

第十一章　促进中国与中东语言互通路径：国家语言能力视角

20世纪90年随着苏联解体、东欧剧变，美国成为世界上唯一的超级大国，美国政界、学界开始讨论如何让美国始终保持世界霸权地位，让自身强大的政治、经济和军事力量发挥更大作用，产生更强威慑，不仅让英国、欧洲等同盟国积极响应它的号召，更要让中东、南美等广大小国、弱国服从其要求，在处理世界各地事务拥有绝对话语权成为其重要目标。尽管英语在国际上是强势语言，但众多小国的官方语言是非通用语；当时美国非通用语人才数量少、质量低，是阻碍其维持霸权的短板[①]。同时，缺少了苏联这个强大竞争对手，大规模热战、核战等传统军事安全威胁消失后，极端主义、恐怖主义等非传统安全威胁相继而来，美国政府和军队急需擅长跨文化交际的高质量人才，对非通用语人才的需求量迅速增加。

基于这个背景，1993年美国学者莱希特和沃尔顿提出"国家语言能力"（National Language Capacity）概念，认为国家语言能力是"国家应对特定语言需求的能力"[②]，主要论述了非通用语种的国家战略规划。这基于美国是一个移民国家，境内的居民使用着350多种语

[①] 文秋芳：《国家语言能力的内涵及其评价指标》，《云南师范大学学报》（哲学社会科学版）2016年第2期。

[②] 进入21世纪，中国对外开放不断扩大，国内学者也逐步重视国家语言能力的独特价值和与发达国家之间的显著差距。2011年，李宇明率先就国家语言能力概念作出探索性界定，其后文秋芳、黄德宽、赵世举、魏晖等学者都讨论了国家语言能力的内涵与外延。文秋芳基于国内学者研究与探讨，从国家利益大局出发，提出国家语言能力是政府处理在海内外发生的涉及国家利益事务所需的语言能力。

第十一章 促进中国与中东语言互通路径：国家语言能力视角

言这一现实情况，掌握英语、法语、俄语、德语等通用语的民众数量众多，通用语并不是其稀缺语种；而非通用语人才数量少、质量低，成为美国学界和政界关注的重点。为此，莱希特和沃尔顿出于对美国应对国内外常规和不断变化的各类威胁，提出了以提升国家非通用语能力为核心的国家语言能力战略。

非通用语是与通用语相对的概念。[1] 一般认为联合国六种工作语言，即英语、法语、俄语、阿拉伯语、汉语、西班牙语为通用语种，但在中国外语学界，一般将英语以外的外国语言称为非通用语，这是由于国内高校外语教育中英语专业一家独大，英语专业教师和学生人数占到外语教学绝大多数，其他外语专业教师和学生数量远远少于英语专业。中国高校非通用语专业建设起步早，新中国成立之初，中国就将非通用语人才培养目标确立为"服务国家需要"。[2] 然而，由于当时经济全球化尚未兴起，中国对外经贸往来十分有限，非通用语人才培养主要为满足国家对外交往需要；改革开放以来，特别是中国加入世贸组织后，中国加入国际大循环，市场和资源"两头在外"，形成"世界工厂"发展模式，中国与以美国为主的欧美国家经贸往来密切，对英语人才需求长期旺盛，国内高校英语专业得到蓬勃发展；此时市场对非通用语人才需求量逐步增加，但体量依然较小。尽管近年中国非通用语教育蓬勃发展，但也面临着语种开设缺乏规划、人才资源难以掌握、高端人才严重不足等问题和挑战，不利于国家保持和提高非通用语能力。[3] 因此，需要多方根据国家发展战略，提高语言使用意识，优化人才培养机制，提升国家语言能力。

总体上，中国的国家语言能力与其日益强大的社会经济实力、不断上升的国际地位和高水平对外开放要求还很不相称，而且距离国家

---

[1] 张天伟：《国家语言能力视角下的我国非通用语教育：问题与对策》，《外语界》2017年第2期。
[2] 董希骁：《我国非通用语产业发展现状及对策》，《山东师范大学学报》（社会科学版）2020年第5期。
[3] 张天伟：《国家语言能力视角下的我国非通用语教育：问题与对策》，《外语界》2017年第2期。

语言能力强国仍有一定距离。① "强国必强语，强语必强国。"② 随着中国式现代化不断推进，"一带一路"倡议不断走深走实，中国不仅为世界发展提供新机遇，也为全球治理提供中国智慧和中国方案。如何让世界听到中国声音，理解中国智慧，相信中国方案，提升中国国家语言能力比以往任何时候都更为重要。

第一节　培育新型中东外语人才

加快构建新发展格局，是党和国家根据新发展阶段、新历史任务、新环境条件做出的重大战略决策。新发展格局不是封闭的国内循环，而是开放的国内国际双循环，是在原有基础上实行高水平对外开放。高校非通用语能力建设必须服务国家战略，培育新型非通用语人才。

第一，重视培养中东外语人才的跨文化能力。从长远来讲，若要与当地民众真正实现"民心相通"，使用当地语言和尊重当地文化才是拉近感情距离的最佳途径③。而跨文化外语人才在解决不同语言和文化间交流合作上具有独特优势，这类人才能协助政府和企业在与沿线国家交往中，使用符合对象国文化和风俗习惯的语言，不仅能让对方听懂我们的倡议，还乐于听取我们的建议。2018年中国教育部在最新颁布的《普通高等学校外语类专业本科教学质量国家标准》（简称《国标》）中，将"跨文化能力"作为外语类专业的核心能力指标之一正式纳入培养标准，强调跨文化能力是进行富有成效的国际交往中不可缺少的关键素质。外语教学是跨文化教育最有效、最重要的阵地之一④，因而高校非通用语种专业在培养跨文化人才方面要利用

---

① 文秋芳：《对"国家语言能力"的再解读——兼述中国国家语言能力70年的建设与发展》，《新疆师范大学学报》（哲学社会科学版）2019年第5期。
② 杜占元：《普通话助力建设语言文化强国》，《语言文字周报》2017年11月22日第1版。
③ 张淳、田欣：《语言文化交流是实施"一带一路"倡议的"助推器"》，《湖北社会科学》2017年第10期。
④ 张红玲：《以跨文化教育为导向的外语教学：历史、现状与未来》，《外语界》2012年第2期。

第十一章 促进中国与中东语言互通路径：国家语言能力视角

自身得天独厚的优势，紧跟国家"一带一路"建设需求和学术前沿，积极推进跨文化教学，为国家社会经济发展提供国际化人才，尤其注重把教学重点从培养学生语言技能转到培养复合型跨文化外语人才上来。外语教师不光要教授学生听说读写中东语言的能力，更要立足外语教学的跨文化特点，传授学生目的语国家的文化、政治、历史和经济等一系列知识，使学生掌握对方官方语言，通晓对方历史人文，将外语教学变成培养学生人文素养、价值取向、文化自信乃至人类命运共同体意识的教学过程。

第二，注重培养"外语+国际商务"的应用型外语人才。外语人才培养要与市场需求紧密对接，否则容易造成供需脱节，不仅不利于专业建设，更是对宝贵人力资源的严重浪费。只懂语言不懂专业知识的外语人才，无法处理涉及金融、法律和宗教相关事宜，难以适应"一带一路"倡议不断快速发展的新节奏。长期以来，重视语言忽视专业技能培养是国内外语教学的短板，以国内阿拉伯语教育为例，全国阿拉伯语人才培养模式雷同，普遍缺乏经济、金融、法律等方面的复合型人才。[1]

社会经济的发展为高校培养外语人才提供了动力，相应地，外语学科也能够从应用层面为贸易畅通提供助力。2020年11月，教育部发布了《新文科建设宣言》，推动国内外语专业改造升级[2]，国内高校"小语种"专业要主动对接国家需求，在语言教学的基础上，融入经济、法律、科技等课程内容，培养既精通对象国语言，又熟知国际贸易、国际法律或对象国文化的"一专多能"人才。以培养商务型中东外语人才为例，中东外语学科在人才培养上要突破单一外语的基础技能培养，把外语教学的重点转移到综合素质和应用能力的培养上来。国内中东外语人才培养主要集中于普通高校、民间院校和职业技术类学校，不同单位可根据自身学情、校情开展商务型中东外语人才的培养工作；特别是有条件的高校，如经贸类院校，可以充分利用自身优势学科，在培养中

---

[1] 蒋洪新等：《新时代中国特色外语教育：理论与实践》，《外语教学与研究》2018年第3期。

[2] 樊丽明：《新文科建设：走深走实 行稳致远》，光明网：https://theory.gmw.cn/2021-05/10/content_34831619.htm。

东外语基本技能的基础上综合开展商务应用语言学、国际商务文化学、商务翻译学、跨文化商务交际学,以及国际商务等跨学科重点知识的学习,培养一批"跨文化+国际商务"应用型中东外语人才。这类人才通过了解对象国语言的表达方式、思维习惯及文化风俗,通晓对象国国情和深入理解各项贸易规定,为政府和企业提供跨国商务交流知识和相关信息咨询,帮助企业避开语言、文化交流中的禁忌,协助企业使用当地人喜闻乐见的语言和文化产品扩大自身影响力,提升品牌在中东地区的好感度和知名度。

第二节 加强汉语在中东的推广

"国家语言能力"内涵丰富,可以分为国家语言资源能力和国家话语能力,其中国家话语能力是政府为维护国家战略利益所需的语言表达能力,这是检验与国家战略相关的语言事务处理是否有效的终极能力。[1] 国家话语能力在推动"一带一路"倡议发展、处理相关事务等方面发挥着举足轻重的作用。当前,国家话语能力建设还处于起步阶段,汉语国际影响力与中国在国际事务参与度和提供公共产品丰富度上不相称。提升国家语言能力有助于中国与参与国之间充分对话、共商发展策略,也有利于中国在处理海外事务中维护国家战略利益。

第一,树立汉语使用意识。在外交事务中,语言是一种权利,也是一种资源,代表着一个国家在国际上的政治地位和国际影响力。[2] 汉语是联合国六种官方语言之一,但长期以来汉语国际地位提升慢,主要可以总结为三方面原因。一是近百年来,国家实力快速提升主要集中在改革开放以后,此时世界语言格局基本固定,想改变原有语言秩序建立新秩序难度不小;二是国家实力提升后,国民的语言意识提升较慢,现阶段国内关于中文国际推广的研究众多,但主要讨论对外

---

[1] 文秋芳:《国家话语能力的内涵——对国家语言能力的新认识》,《新疆师范大学学报》(哲学社会科学版)2017年第3期。
[2] 文秋芳:《中文在联合国系统中影响力的分析及其思考》,《语言文字应用》2015年第3期。

第十一章　促进中国与中东语言互通路径：国家语言能力视角

汉语教育问题，关于如何提高汉语国际影响力研究基础十分薄弱；三是西方国家为巩固自身国际话语"霸权"，联合起来极力遏制中国汉语国际的影响力，国家缺乏相应的应对措施，国家话语能力建设没有得到长足发展。

国家实力提升不会自动带来国际话语权提升，国际话语权的"高地"争夺同国际经济、军事竞争一样，都十分激烈与复杂。因此，中国作为"一带一路"倡议的发起者、多项国际公共产品的提供者，要重视设置汉语为官方语言或工作语言的意义，在处理与"一带一路"相关事务中，要提高使用汉语的意识，不能主动放弃使用汉语的权力；在制定多方合作文件时，要确保汉语与其他国家的官方语言具有同等权利，也可以通过共商机制，确立汉语在共建"一带一路"倡议中的工作语言地位。

此外，随着中美贸易摩擦升级，提升汉语在科技领域的影响力也应得到重视。从当前世界语言格局来看，英语是世界通用语，具有强势话语权。汉语和阿拉伯语处于相对弱势地位，以二者为发表语言的文章在 SSCI、A&HCI 等国际核心学术期刊的数量几乎为零，这与当前中国和阿拉伯国家的综合实力与世界影响力极不相称。随着中国综合国力快速提升，学术创新能力不断增强，在国际学术界影响力持续增大，为汉语在国际学术领域争取相应地位势在必行。

第二，加强汉语国际推广。共建"一带一路"倡议提出十多年来，已深度介入沿线国家普通民众生活中，中国企业在沿线国家开展的经贸合作初具规模，推广汉语对促进双边合作大有裨益。为了解沿线国家汉语学习需求，国内学者选取"一带一路"沿线位于亚洲、非洲和欧洲的 50 个国家，通过 Python 语言爬梳谷歌浏览器上沿线国家民众检索"学习""中文"的次数和热度发现，"一带一路"倡议的提出有效提升了他们学习中文的兴趣，即使疫情期间沿线国家对中文的学习兴趣仍保持总体快速上升趋势[1]，这说明中国以"民心相

---

[1] 何山华、杨晓春：《基于大数据的"一带一路"沿线国家中文学习关注度研究》，《云南师范大学学报》（哲学社会科学版）2022 年第 5 期。

通"为首的"五通"建设已取得一定实效。沿线国家对中国文化、语言呈现出自下而上的接触需求，因此需要中国政府和学界继续高度关注汉语推广工作在"一带一路"国家的进展，依托孔子学院、国外高校中文系等平台，为他们提供丰富多元的语言文化教育产品。中国高校开设中东外语专业已有近80年历史，培养出大批中东外语人才在各行各业为双边交流合作"铺路架桥"。与此同时，中东国家的汉语教学也逐步扩大规模，在中东国家已设立24所孔子学院、4个孔子课堂[①]。但总体上，由于部分阿拉伯国家政府担心汉语承载着中国的儒家文化以及孔子学院的政府背景会带来文化渗透，导致中国在中东建设孔子学院时间相对较晚，2007年才开始在黎巴嫩建立中东地区第一家孔子学院，而且与世界其他地区和国家相比，中东地区的汉语推广发展较为缓慢。因此，中国有必要深入了解中东地区国家的语言政策和使用状况，加强中国在该地区的孔子学院建设和汉语推广工作。一方面可以通过开展对中东国家语言政策研究，为当地孔子学院建设提供政策参考和法律咨询，另一方面也可以通过解读中国对外汉语教育政策逐渐消除他们的文化戒备心理，规避不必要的文化冲突与误解，如采取变通的方式，在相对保守的国家开设中文系或汉语专业，促进该地区的汉语推广。

第三节 优化健全语言服务体系

语言服务为不同语种人群克服语言障碍、开展相互交流而诞生。自2008年北京奥运会以来，"语言服务"一词在中国翻译界和跨语言的服务工作领域被广泛使用[②]，而关于语言服务的内涵和外延，不同时期的解读也有所区别；对语言服务产生的社会、政治和经济效能，也随着时代发展而不断丰富完善。语言服务是一种产业，主要包括语言翻译产业、语言教育产业、语言知识性产品开发、特定领域中的语

---

① 数据来源：国家汉办网站，网址：http://www.hanban.org/，登录时间：2020年5月1日。
② 袁军：《语言服务的概念界定》，《中国翻译》2014年第1期。

言服务四个方面①;语言服务也是一类行业,以帮助人们解决语际信息交流中出现的语言障碍为宗旨,通过提供直接的语言信息转换服务及产品,或者提供有助于转换语言信息的技术、工具、知识和技能等,协助人们完成语言信息的转换处理。②基于国内众多研究讨论,语言服务概括为"以语言文字为内容或手段为他人或社会提供帮助的行为和活动"。③

"一带一路"倡议以政策沟通、设施联通、贸易畅通、资金融通、民心相通为主要建设内容,语言在"五通"建设中具有先行性、基础性、工具性与人文性④,语言服务是跨越文化障碍之桥,在"一带一路"倡议建设中发挥着先遣队的作用,"一带一路"要发展的区域,就是语言服务要率先抵达的地方,通过"跨语言""跨文化"服务使中国更好地融入世界。语言服务的目的是帮助中国企业在"走出去"的过程中克服面临的文化障碍、宗教障碍、意识形态障碍和思维习惯障碍⑤,这就要求语言服务不仅仅是语言翻译,还需要"翻译"出语言背后深刻的文化背景和内涵。当前,中国语言服务行业中英语独大,以翻译业务为例,英语翻译从业者占比最高,为82.1%,其次是日语和阿拉伯语翻译从业者,占比分别为9.8%和2.4%,其余语种比例非常低甚至为0。⑥这是由于中国长期主要聚焦于欧美国家语言,对"一带一路"沿线的语言关注不多、准备不足,导致相关语言人才严重不足。⑦中东24国使用6种官方语言,尽管语种不多,但

---

① 屈哨兵:《语言服务视角下的中国语言生活研究》,《北华大学学报》(社会科学版)2011年第5期。
② 袁军:《语言服务的概念界定》,《中国翻译》2014年第1期。
③ 赵世举:《从服务内容看语言服务的界定和类型》,《北华大学学报》(社会科学版)2012年第3期。
④ 岳圣淞:《语言战略构建与"一带一路"在南亚的可持续发展》,《南亚研究》2021年第4期。
⑤ 赵启正:《语言服务是跨越文化障碍之桥》,《中国翻译》2014年第1期。
⑥ 张慧玉:《"一带一路"背景下的中国语言服务行业:环境分析与对策建议》,《外语界》2018年第5期。
⑦ 赵世举:《"一带一路"建设的语言需求及服务对策》,《云南师范大学学报》(哲学社会科学版)2015年第4期。

各国之间的语言差异明显,与中国的文化差异也较大。为更好地服务中国企业和商品"走出去",需要从培养复合型外语人才、提升语言服务能力、创新服务模式等方面优化语言服务体系。

第一,完善语言服务体系。相较于翻译服务,语言服务更具实践性、专业化、职业化等特点。面对"一带一路"强劲的语言服务需求,中国语言服务体系还存在两大短板。一是语言资源配置不均。中国加入世界贸易组织后,贸易合作对象主要为欧美国家,国内高校英语专业培养了大量经贸、新闻、翻译等人才,但面向"一带一路"沿线国家的非通用语人才培养远远低于市场需求,造成了语言服务市场英语一家独大的局面;二是中国语言服务业内部情况互有参差,有的表现还不是十分稳定,能否成为稳定的业态构成部分还需要得到市场的检验[1],语言服务的服务标准、行业规范缺少统一规范,从业者的技能水平、成熟程度、服务质量难以量化评估等,这些都制约了中国语言服务行业的健康长远发展。在"一带一路"倡议认同感和参与度不断增强的形势下,中国语言服务亟待迎头赶上,一要建立和完善覆盖语言服务全领域的法律法规和行业标准,促进语言服务行业正规有序发展;二要科学规划不同语种服务人才规模数量,防止大面积"英语热"之后又出现全民"非通用语热"这种极端情况;三要在语言服务项目上,突出信息调研、语言咨询、语言项目管理、语言大数据处理等功能,不断跟进企业经贸合作和政府政策沟通的需求。

第二,加强对外语资源的掌控能力。作为"国家语言能力"的重要内容之一,国家语言资源能力是国家话语能力的基础和前提,而对语言人才资源的掌控能力是国家语言能力的五大评价指标[2]之一,采用"通晓力"和"支配力"两个指标考核。其中,通晓力指的是国家相关管理机构对本国语言人才资源分布掌握程度,如同自然资源部对全国自然资源进行勘察评估、监督管理等工作;支配力是指国家相

---

[1] 屈哨兵:《语言服务的概念系统》,《语言文字应用》2012年第1期。
[2] 国家语言能力的五大评价指标分别是管理能力、掌控能力、创造能力、开发能力、拓展能力。

◆ 第十一章 促进中国与中东语言互通路径：国家语言能力视角 ◆

关管理机构对本国语言人才的开发利用、有偿使用等能力。① 不掌握资源就不知道哪里是非通用语人才"富矿"，紧急需要时国家找不到人才，人才也找不到服务途径；掌握了资源不会使用，就难以发挥其应有价值，严重时可能导致国家利益受损。尽管中国已经建立了一些语言人才库和语言志愿者库，但仍需要国家和省市各级政府在各主要行业建立外语专业人才库，便于专家人才跨部门、跨专业入库，避免产生人才资源流动壁垒，同时还要配套建立专业管理机构，定期对语言人才进行勘察评估，既要知晓各地区、各行业拥有多少人才资源，也要熟知他们的语言水平、专业素养、任职情况等重要信息。2017年，北京外国语大学建成的"国家外语人才资源动态数据库"是中国首个外语人才库，其中包括"高端外语人才数据库""外语专业师生数据库""外语人才供需信息库"3个子库。② 而其他开设丰富外语语种专业的城市，如重庆市，其人民政府外事办公室开始征集能够熟练掌握运用英、日、俄、韩、意、西、法任意语种或其他小语种人才，建立重庆市翻译人才库。③ 值得一提的是，北京和重庆两座城市都拥有丰富的中东外语人才资源。

第三，创新使用智能语言服务模式。近年来，中国一大批高科技企业迅速崛起，在自然语言处理方面取得长足进步，已经有条件建设智能化语言服务，特别是在应对新冠疫情中，科大讯飞等公司为中国外派的医务团队提供了智能语言服务技术。中国高科技企业可以从语言服务活动中不断积累数据和经验，开发出政府、企业乃至个人都适用、好用的智能语言服务应用，减少人力服务成本，提高语言服务效能。无论是语言服务机构还是个人，都要紧跟智能化时代发展步伐，掌握智能语言服务能力。当前，由 OpenAI 公司开发的基于转换器的

---

① 文秋芳：《国家语言能力的内涵及其评价指标》，《云南师范大学学报》（哲学社会科学版）2016年第2期。
② 《"国家外语人才资源动态数据库"历时4年建成》，人民网：http://edu.people.com.cn/n1/2017/0802/c1006-29445470.html。
③ 《关于建立重庆市翻译人才库的公告》，重庆市人民政府外事办公室网站：http://zfwb.cq.gov.cn/zwxx_162/tzgg/202107/t20210702_9447365_wap.html。

生成式预训练模型 GPT（Generative Pre-trained Transformer），已成为自然语言处理研究的核心技术，它能从海量语言数据中获取丰富的语言"知识"；基于 GPT 开发的 ChatGPT，已经可以模仿人类的语言行为，生成人类可以理解的文本，当用户提出问题时，ChatGPT 就可以根据已经学习到的"知识"，把它理解的答案呈现给用户。2022 年 11 月 30 日，ChatGPT 开放公众测试，真正实现了完全自主的"人工智能内容生成"（AI Generated Content，AIGC），包括文本生成、代码生成、视频生成、文本问答、图像生成、论文写作、影视创作、科学实验设计等①，从而颠覆了普通民众的认知。可以预见，人工智能时代 GPT 足以给语言服务行业带来颠覆性改变，科学掌握 GPT 应用将会成为语言服务从业者的基本技能之一，利用 GPT 为客户提供优质服务将成为新常态，这对于中东外语翻译人才提出了更高的知识与能力要求。

第四节　提升区域国别研究能力

2022 年 9 月，国务院学位委员会、教育部正式宣布设立"区域国别学"为一级学科，这对于推进区域国别研究和人才培养提供了强劲动力。区域国别研究实际上是一国对外部世界的知识性探究②，其中心任务是科学认识中国的外部世界、找到其中发展规律、研究其中各种问题、分析中国与外部世界的关系并提出建议③。

语言能力是开展区域国别研究的基础条件和基本能力④，原因是优秀的语言能力可以帮助学者熟练地运用语言获取一手信息和重构知识体系，为国家在处理地区事务、全球合作等方面提供真知灼见。这与国家语言能力提出的国家话语能力内涵有异曲同工之处，但同时也

---

① 冯志伟、张灯柯：《GPT 与语言研究》，《外语电化教学》2023 年第 2 期。
② 任晓、孙志强：《区域国别研究的发展历程、趋势和方向——任晓教授访谈》，《国际政治研究》2020 年第 1 期。
③ 陈杰：《区域国别学的中国特色塑造》，《国际关系研究》2023 年第 2 期。
④ 姜锋：《浅谈区域国别人才培养和学科建设中的两个能力与三个基础》，《当代外语研究》2022 年第 6 期。

第十一章 促进中国与中东语言互通路径：国家语言能力视角

应意识到，国家需要的不仅是语言翻译，更多需要的是懂外语的区域专家，其中，阿拉伯专家、阿富汗专家、土耳其专家严重匮乏。[①] 区域国别学与国际关系学科有着密切联系，又涉及外国语言文学、政治学、历史学等，是一门交叉学科，而之前单一以语言、历史等为方法论基础的学科发展传统，已不能满足党和国家以及学术界对区域国别研究的更高要求，这就需要国内研究者从国家战略利益角度出发，以语言、政治、历史等学科基础方法为手段，以制约和影响国家利益拓展问题为导向，利用自身研究优势，打通学术研究成果向智库成果转化的"堵点"。而重视与加强国内中东外语人才培养，其本质是强化人才培养以服务国家需要，其功能是缩减文化差异以推进文明交融，其目标是为国家建设顺利开展提供保障。

第一，深入了解对象国家语情和国情。当前，我们对世界语言格局的把握明显不够，对世界语言的研究更是不足，特别是对语言在全球治理中的作用认识很不到位。[②] 以国内中东区域国别研究为例，众多学者主要聚焦该区域的经贸、政治和文化等领域，对语言政策和语言使用情况的研究尚未形成一定规模，因此有必要对中东国家的语言状况进行深入研究，拓展阿拉伯语言文学学科的内涵和外延，尤其是在落实"一带一路"倡议和"构建人类命运共同体"的背景下，能够更好地服务国家需要。

同时，区域国别学作为"经国济世"之学，其战略价值日益凸显[③]，这对外语学科教育提出挑战，也为外语人才培养从"通才"向"专才"的转型指明方向，如从中东外语人才培养转变为"中东学"人才培养。因此，"外语能力+区域国别研究能力"应该是外语人才培养模式发展的重要转向。外语学科背景下的区域国别研究应注重外语与其他学科的交叉融合、外语与专业的融合、英语与非通用语种的

---

① 王缉思：《中国专家在国际问题上很难插得上嘴》，中国网：http://www.china.com.cn/opinion/think/2014-12/18/content_34347314.htm。
② 李宇明：《语言在全球治理中的重要作用》，《外语界》2018年第5期。
③ 《刘鸿武教授撰文谈中国区域国别学"十三五"成就与"十四五"展望》，浙江师范大学新闻网：https://news.zjnu.edu.cn/2021/1227/c8450a383690/page.htm。

融合以及外语教学与现代信息技术的融合①，借助语言优势系统地呈现一个国家或地区的概况。区域国别研究学者需要具备跨语言、跨文化互动等多重视角，广泛掌握人文社科知识②，至少掌握一个学科知识和方法论的储备③，兼具能够运用大数据进行综合研究的能力④。这需要高校从学科设置和师资构建等多方面开展工作，通过制定跨学科培养方案从而形成系统的培养路径。具体地，鉴于区域国别研究是一个新的交叉学科研究领域，高校可以在学生掌握对象国语言的基础上，开设或安排与目的国相关的文化、历史、经济、社会以及政治等课程，使学生系统掌握对象国的全方位情况。在构建多元化师资队伍层面，考虑到区域国别研究是跨文化、跨学科的研究，搭建多元化师资队伍将更有利于为学生提供全方位教育资源，同时还有助于为集智攻关具体国别研究形成优势互补的研究团队。

第二，依托外语专业优势合理设立国别区域研究机构。国内高校具备充沛的外语资源，可结合"一带一路"建设需求和院校发展规划设立区域国别研究院，下设沿线各区域研究中心，如"阿拉伯""中东""伊朗""犹太"等研究中心、研究院或研究所。部分高校在学科、师资等方面受限情况下，可先考虑次区域国别研究，或是具体的国别研究，也可考虑强调通过田野调查法等国际主流实证研究方法，做出更加精准的预判。随着研究不断深入，还必须超越高校视野和层次⑤，与国家政府机构对接需求，让研究更加聚焦国家所需；与经济、外交和科技等部门和机构合作，让研究与实际问题紧密对接；与"走出去"的企业和机构合作，了解一手情况，让研究与实践紧

---

① 孙钦美、赵双花：《构建新时代高校外语学科协同发展"共同体"——一流外国语言文学学科建设与发展高峰论坛述评》，《外语界》2018年第1期。
② 杨祥章：《发展中国特色区域国别研究 助力"一带一路"建设——"区域国别研究理论与方法研讨会"会议综述》，《云南大学学报》（社会科学版）2018年第5期。
③ 安刚：《对中国区域国别研究的几点思考——访北京大学副教授牛可、云南大学教授卢光盛》，《世界知识》2018年第12期。
④ 李晨阳：《关于新时代中国特色国别与区域研究范式的思考》，《世界经济与政治》2019年第10期。
⑤ 杨洁勉：《新时代中国区域国别学科建设的理论意义与学术治理》，《亚太安全与海洋研究》2022年第4期。

密结合。例如,上海外国语大学围绕中东研究就成立了4个相关教学单位和研究机构,为培养中东外语人才提供了高质量的平台保障。随着百年未有之大变局加速演进,需要在多语种基础上,加强对象国家文化、国情教育,培养熟知某一区域语言和社情、国情的区域国别人才。

结　　论

第一节　研究发现

本书借助制度经济学理论，通过分析"制度"的概念及其内涵，理论阐释"非正式制度"构成要素，辨析非正式制度与正式制度的联系与区别，为构建非正式制度距离指标体系奠定理论基础。此外，通过对国内外有关制度距离、非正式制度距离、语言距离、文化距离对经贸活动作用的文献梳理，论证基于语言、价值观因素构建的非正式制度距离指标体系及其指标要素的文化属性和制度属性，剖析非正式制度距离研究的学科背景与跨学科属性。在此基础上，选取中东24国作为研究样本，通过测算中国与中东各国之间的语言距离和价值观距离，实证分析非正式制度距离对中国向中东出口贸易和对外直接投资的影响作用。基于实证检验结果，主要得出四点结论。

第一，非正式制度距离对中国向中东地区出口贸易具有显著的负影响效应。不管是语言距离、价值观距离单独作用，还是综合作用，都对中国向中东国家出口贸易产生显著负向影响，结果在1%水平上显著，说明中国与中东国家在非正式制度层面的差异越大，中国面向该地区的贸易出口就越少。双边非正式制度差异对中国出口贸易的影响首先表现在出口贸易过程中需要负担较高的翻译成本，双边语言差异越大，或者任何一国的语言难度越大，人工翻译所需成本越高。在中国对中东出口贸易中，不管使用汉语还是使用对象国的阿拉伯语、波斯语或者土耳其语，都会使其中一方产生较大成本。即使双边都使

◈ 结　论 ◈

用英语，由于英语与汉语、英语与中东国家语言的差异都比较大，在不考虑信息传达精确度的情况下，贸易双方都会因此产生较大的翻译成本，对出口流量产生一定冲击。价值观文化不仅影响国内市场出口产品的生产结构和贸易结构，还影响中东国家的消费习惯和消费偏好，尤其中东绝大部分国家文化具有典型的阿拉伯—伊斯兰文化特征，与中国存在较大的价值观差异，降低了双边产品需求偏好共性和对象国的消费需求，从而影响该地区国家对中国商品的认可，导致中国出口流量减少。

第二，非正式制度距离对中国向中东地区直接投资具有显著的负影响效应。语言距离、价值观距离不管是单独作用，还是综合作用，均对中国向中东国家直接投资产生负向影响，结果在1%水平上显著，表明中国与中东国家之间的非正式制度差异越大，中国对该地区的直接投资就越少，其影响机理与非正式制度距离对中国贸易出口影响机制相似，但双边非正式制度差异对中国对外直接投资的影响更多体现在价值观文化层面。中国与中东国家通过相互了解彼此文化，促进跨国文化的认同感逐渐增强和跨文化水平逐渐提升，使双方更容易建立信任关系，中国投资者也就更容易适应和融入对象国文化，在文化互信基础上再使用相同语言传递或接收信息，双方更有可能达成协议。

第三，中国对中东地区直接投资兼具资源寻求动因和市场寻求动因。中东国家的经济发展程度（人均国内生产总值）和自然资源禀赋两个要素，均对中国向中东国家直接投资产生显著正向影响。中东国家经济发展水平参差不齐，其中海合会国家人均国内生产总值处于世界较高水平，这些国家不仅拥有规模较大且增长稳定的城镇人口，而且国民人口素质较高，制度环境完善，市场潜力巨大，为中国的投资活动提供了强有力的市场保障，因此更加吸引中国投资的流入。中国人均自然资源占有率低，而中东地区是全球常规油气资源最为丰富的地区和世界能源重要的生产基地，该地区能源开发成本低于世界平均水平，因而越是自然资源丰富的中东国家，就越能吸引中国的对外直接投资。

第四，正式制度对中国向中东地区出口贸易和直接投资同样具有重要作用。本书在第八章基于制度距离框架（包括非正式制度距离和正式制度距离）对研究结果进行了检验，发现中国倾向于向政治制度距离较小的中东国家出口，向经济制度距离较小的中东国家进行对外直接投资，说明正式制度距离同样对中国的经贸活动产生重要影响。一方面，选择与母国政治制度差异相当的东道国进行经贸合作，母国所积累的丰富的政治、经济经验等在处理各种意外事件中发挥一定的作用。所以中国选择政治制度距离较小的中东国家进行贸易或投资，是因为自身丰富的政治经验实际上降低了双边在国际经济行为与活动时面临的潜在风险，并且能够在类似国家发挥一定的作用。另一方面，经济制度质量较高国家往往具有自由、宽松的贸易和投资环境，且总体风险较低，有利于中国的商品和资金进入市场。因此，中国出口或投资与本国经济制度差异较小但制度质量高的中东国家，可以较快了解东道国市场规则和商业环境，有效降低潜在的贸易成本和投资成本，还可借鉴丰富的本土经验处理在东道国面临的意外事件。

基于研究发现，本书围绕缩小价值观距离和语言距离引申出研究启示，一是增进中国与中东国家文化认同，二是促进中国与中东国家的语言互通，并辅以案例解释。最后分别从人文交流视角和国家语言能力视角，对如何增进双边文化认同、语言互通，分别提出四点建议。

第二节　边际贡献

第一，本书是在区域国别研究视角下体现学科交叉融合的一次学术尝试。在建设中国特色新型智库的背景下，中国的区域国别研究出现"井喷式"发展[1]，为中国"一带一路"倡议提供了智力支撑。尽管国内现有区域国别研究能使用定量研究方法，客观分析制约中国"一带一路"倡议发展的主要因素，但普遍忽视了不同国家和区域在

---

[1] 王健：《中国国际问题类智库发展呈现新特点》，中国社会科学网：https://www.cssn.cn/skgz/bwyc/202208/t20220822_5480232.shtml。

◆ 结　论 ◆

历史、文化乃至价值观层面上存在的差异。[①] 究其原因，主要是众多研究未能深刻把握区域国别研究的跨学科属性，导致其研究不能从语言学、文化学、社会学、经济学等知识背景出发，缺乏使用跨学科的"棱镜"透视沿线国家或特定区域问题的独特视角。本书立足笔者熟练掌握中东地区主要通用语的学习背景，结合语言学、文化学和经济学等学科知识背景，聚焦中国与中东经贸合作问题，分析基于语言、价值观因素的非正式制度距离对中国向中东地区出口贸易和直接投资的影响，总体上实现了起于理论剖析、落实于实证检验、辅以案例分析，最后借助当代启示与实践路径进行主题升华的研究路径，为使用多学科融合方法开展区域国别研究提供新的研究视角与方法路径，同时具有一定的资政建议作用。

第二，拓宽非正式制度距离研究与中东研究的边际。一方面，目前国内外大多数文献所指的制度距离实指正式制度距离，缺少对国际贸易和投资活动中非正式制度作用的研究与探讨，只有极少数研究关注到具体因素（如语言、文化、宗教等）的影响，但缺乏专门研究。作为中国"一带一路"倡议的重点区域，中东地区不仅是一个特殊的地理范畴，也是一个以阿拉伯—伊斯兰文化为主的独特文化簇群，地区内语言、文化、价值观等相近，但与中国的文化存在较大差异，学界研究往往将双边差异简单概括为儒家文化与伊斯兰文化之别。所以，深入、系统地认识"非正式制度距离"，尤其论证非正式制度距离指标具有制度属性与文化属性的双重属性兼具理论意义与实践意义。将非正式制度距离概念清晰化、测度科学化、情境中国化，对拓宽现阶段国际贸易和国际商务研究相关议题具有现实意义。另一方面，目前国内中东研究聚焦国际关系与国际政治研究，对经贸领域主题关注较少，运用实证方法的研究更是少见。本书不仅关注中国对中东贸易、投资相关活动，还采用规范的计量经济学模型围绕双边经贸活动影响因素开展深入研究，一定程度上补充并丰富了国内此领域研

[①] 屈廖健、刘宝存：《"一带一路"倡议下我国国别和区域研究人才培养的实践探索与发展路径》，《中国高教研究》2020 年第 4 期。

究的文献资料及内容。

第三，以中东为例论证语言互通、人文交流对推动"一带一路"建设的重要价值。语言为国家利益服务，发展"一带一路"倡议需要语言铺路已经成为国内外语学界的广泛共识，中东地区的主要语言有阿拉伯语、波斯语、希伯来语、土耳其语等，其中阿拉伯语、波斯语、土耳其语已被列入中国"国家语言战略"中的关键外语。本书通过实证分析，发现中国与中东国家语言差异的减小会带动中国向该地区贸易出口和直接投资流量的提升，进一步为中国关键外语理论提供现实依据，为国家语言战略提供理论参考。同时，客观科学、规范、有效地测度双边价值观差异，对研究非正式制度差异对经贸活动的影响十分重要。在此基础上，本书将中国与中东价值观差异和语言差异问题转化为双边文化认同与语言互通问题，再分别从人文交流视角和国家语言能力视角出发，深入探讨缩小中国与中东国家之间语言距离和价值观距离的建议与路径。

第四，为相关研究提供数据参考。为准确刻画中国对中东地区的价值观差异，考虑到现有研究中常用的霍夫斯泰德的文化距离数据库缺乏对非洲国家数据的测量，本书采用"世界价值观调查"数据库测算中国与中东国家的价值观距离，除了论证价值观因素对经贸影响的作用之外，还对以往研究数据进行补充，为今后相关领域研究提供方法借鉴与数据参考。

第三节 研究不足

第一，研究中缺失值较多，最新数据更新不够及时。由于中东地区部分国家冲突频发、社会常年处于动荡状态、相关部门或机构职能发挥不善，致使很多统计研究数据值缺失。虽然第1—6轮世界价值观调查选取的对象国家数量不断递增，但中东地区相关数据依然匮乏，可以说，中东地区长期动荡的特质影响了该地区有效数据的采集，使得缺失值问题成为影响本书测度数据时效性的客观原因，这也是长期以来较少学者选取该地区国家作为研究对象的主要缘由之一。

◈ 结 论 ◈

此外，本书中的贸易与投资相关数据截至2016年，主要是因为在基本完成本项研究时，第7轮世界价值观调查数据还未公布，为使经贸数据与价值观距离测度数据在时间段上保持一致，所以没有采用最新数据。还需要承认的是，由于作者长期关注中国与中东国家经贸合作最新动向，在研究中不乏一些最新事例与文件内容为双方未来合作提供行动方向，造成实证研究结论与新近发展状况有些脱节，这也督促作者加紧跟进后续研究，产出持续性、系统性的科研成果。

第二，需进一步提升对经济学理论与研究方法的运用水平。本书是作者从阿拉伯语语言学研究向阿拉伯经贸研究的转型之作。这虽然有利于洞察经济学中比较忽视的语言文化问题，但作者也须正视自身经济学相关研究基础薄弱之现实情况，也由此融入较多交叉学科的研究内容，其中不乏对外语、文化等相关问题的深入分析，一定程度上削减本书的经济学研究特色。未来，作者对经济学理论和研究方法还需进一步加强专业性、系统性的研修学习，争取呈现出更加立体、系统的中东经济研究。

第三，本书关注非正式制度对中国向中东国家出口影响作用，关于其对反向经贸合作（即中东国家向中国出口贸易和对外投资）的影响效应还有待进一步考察，方才能得到非正式制度距离对双边经贸合作影响的全面解释。

第四节 研究展望

第一，研究主题上，应结合国家最新发展战略，聚焦中国与中东经贸合作的关切问题。自2013年中国提出"一带一路"倡议以来，中国与中东一直不断加强交流，保持紧密往来，目前已步入"一带一路"高质量发展阶段，不断实现更大范围、更宽领域、更深层次的双边合作。随着2021年中国提出双循环新发展格局，标志着中国贸易经济发展从"两头在外、大出大进"模式，转向以国内大循环为主体、国内国际双循环相互促进的发展新格局，这也对中国与中东经贸合作提出新的要求，因此双边数字贸易、跨境电商、价值链等经贸活动形式都可以作为未来研究的主题，用来检验非正式制度距离的影响效应。

第二，研究对象上，经贸问题可进一步细化合作领域，合作伙伴可以聚焦重点国家。长期以来，中国与中东之间的能源贸易、货物贸易备受关注，但双边服务贸易一直缺乏关注，而随着数字化、智能化、绿色化进程不断加快，新技术、新业态、新模式层出不穷，服务业为增强世界经济发展韧性不断注入强大动力，中国与中东服务贸易合作构成中国国际循环经济发展的关键内容与环节，考察非正式制度对双边服务贸易合作具有现实意义。此外，中东地区国家众多，发展水平迥然，虽然中东国家语言、文化情况具有相似性，但在"一带一路"合作中诉求各异，正如研究所见，采用地理控制变量区分西亚国家和北非国家后所得实证研究结果呈现出差异。未来研究可根据中国国际贸易与投资需求，聚焦重点国家进行深入、系统研究，扎实推进中东区域国别研究。

第三，数据处理上，本书将中国与中东国家之间价值观距离进行了静态处理，认为十年时间跨度中双边价值观差异基本保持不变，使得价值观距离成为一个只随个体变化但不随时间变化的变量，今后研究会尝试现有研究有关文化距离测度的其他方案，比如依据前人提出的文化距离缩小速度随时间递减呈边际递减规律的假设，采用插值公式、倒数型函数等方法，将文化距离转变成随时间变化的变量。

第四，鉴于目前非正式制度距离的内涵和外延没有统一的界定，本书基于语言、价值观构建的非正式制度距离指标体系只是方案之一，未来研究需要寻找更多样本进行验证，以补充经验证据。

附　　录

附录一　样本国自然政经基本概况及投资政策速查[①]

(一) 阿富汗 (AFG)

阿富汗是亚洲中西部内陆国家，位于中亚、西亚和南亚交汇处。南部和东部与巴基斯坦接壤，西靠伊朗，北部与土库曼斯坦、乌兹别克斯坦、塔吉克斯坦为邻，东北部凸出的狭长地带瓦罕走廊与中国交界，国土面积64.75万平方公里。境内大部分地区属伊朗高原，地势自东北向西南倾斜，山地和高原占全国面积80%。河流主要有阿姆河、赫尔曼德河、哈里河和喀布尔河。首都为喀布尔。官方语言为普什图语和达里语。货币为阿富汗尼。1955年中国同阿富汗正式建交。

阿富汗是世界最不发达国家之一，其经济属于"输血型"经济。亚洲开发银行认为，安全形势、国际援助、农业发展、财税管理以及外国投资（尤其是矿业投资）等因素将决定阿富汗经济能否实现稳定增长。阿富汗产业发展不平衡，农业生产停滞不前，工业发展落

[①] 本附录主要数据支撑来源于中华人民共和国商务部《对外投资合作国别（地区）指南》中的2021、2020年的调查报告。国家按照国际普遍公认的国家或地区三位字母代码顺序排序，分别是阿富汗（AFG）、阿联酋（ARE）、巴林（BHR）、塞浦路斯（CYP）、阿尔及利亚（DZA）、埃及（EGY）、伊朗（IRN）、伊拉克（IRQ）、以色列（ISR）、约旦（JOR）、科威特（KWT）、黎巴嫩（LBN）、利比亚（LBY）、摩洛哥（MAR）、毛里塔尼亚（MRT）、阿曼（OMN）、巴勒斯坦（PLE）、卡塔尔（QAT）、沙特（SAU）、苏丹（SDN）、叙利亚（SYR）、突尼斯（TUN）、土耳其（TUR）、也门（YEM）。

后，但服务业自阿富汗战后以来迅速崛起，其中金融、通信、物流业发展迅速，尤其通信产业发展最快，成为阿富汗发展最快的产业和经济发展的主要支柱，也是阿富汗政府收入最多和外商投资最集中的行业之一。

阿富汗鼓励吸收外资，其投资促进局对外资公司的设立给予方便，实行"一站式"服务。外资公司所得利润可全额汇出，对使用外籍雇员没有限制，还有三年内无盈利可免税，可直接申请最低额的公司税等税务优惠。企业投资阿富汗优先发展领域（如大型能矿资源性项目），进口用于生产的机械设备可申请免税等优惠，进口建筑材料也可减税。但在当地采购的设备材料，不可以免税或退税。阿富汗对外国投资企业总体上实行国民待遇，没有具体的行业鼓励政策。为鼓励投资，阿富汗只允许投资企业免关税进口用于生产的机械设备、物资用品等，完税后可以自由汇出公司利润、红利等。阿富汗政府还鼓励和欢迎外商投资，特别是能矿资源、农业、建材、电信和运输物流领域的投资，但没有减免税金等明确的地区投资鼓励政策。

（二）阿联酋（ARE）

阿联酋是由阿布扎比、迪拜、沙迦、阿治曼、乌姆盖万、哈伊马角和富查伊拉七个酋长国组成的联邦国家，位于阿拉伯半岛东南端，东与阿曼毗邻，西北与卡塔尔为邻，南部和西南与沙特交界，北临波斯湾（又名阿拉伯湾），与伊朗隔海相望，是扼波斯湾进入印度洋的海上交通要冲。国土面积约为8.36万平方公里（包括沿海岛屿，其中阿布扎比占总面积的87%）。首都为阿布扎比。官方语言为阿拉伯语，通用英语。货币为迪拉姆。1984年中国同阿联酋正式建交。

阿联酋有着丰富的石油、天然气资源。油气产业是阿联酋的支柱产业，巨额稳定的石油收入使其成为世界上最富有的国家之一。为减少对石油的依赖，阿联酋一直致力于实施经济多元化政策，炼铝业、房地产和建筑业、水泥业、金融产业、制药产业、航空业、塑料工业、纺织服装业也在阿联酋经济中扮演着重要角色。目前阿联酋正着力推动石化冶金、加工制造、新能源、金融、旅游等产业的发展，非石油产业在经济增长中的比重不断提高，其地区性贸易、金融、物流枢纽的地位进一步加强,其中转口贸易对阿联酋的贸易发展起到了很大作用。世贸组织(WTO)曾表示,阿联酋迪拜港是继新加坡与中国香港之后全球第三大转口中心。

阿联酋政治经济稳定,地理位置优越,基础设施发达,社会治安良好,商业环境宽松,金融资源丰富,是海湾和中东地区最具投资吸引力的国家之一,自国际金融危机和中东地区动荡爆发以来,阿联酋已经成为地区资金流、物流的避风港,其地区性贸易、金融、物流枢纽的地位进一步加强。为鼓励外国投资,阿联酋整体赋税水平较低。阿联酋在联邦层面对企业和个人基本上实施无税收政策,无所得税和中间环节的各种税收;从法律上讲,外国合资、独资企业与当地企业平等。此外,各酋长国关于各自区域内的自由贸易区的政策成为吸收外国投资的基本优惠政策框架。

(三)巴林(BHR)

巴林位于海湾西南部,是由33个岛屿组成的岛国,距沙特东海岸约25公里,由法赫德国王跨海大桥相连,东距卡塔尔约30公里。国土面积767平方公里。首都麦纳麦是巴林工商业中心。官方语言为阿拉伯语,通用英语,另有部分人使用波斯语和乌尔都语。法定货币为巴林第纳尔。1989年中国同巴林正式建交。

石油和天然气是巴林最重要的自然资源,油气产业是巴林经济的战略支柱,冶炼和石化是巴林重要的工业部门。另外,巴林金融业比较发达,是海湾地区乃至中东地区的金融中心之一。近年来,巴林致力于发展会展业,希望成为地区性和国际性的会展中心,借此带动非金融服务业的发展。

为鼓励外国投资,巴林整体税负水平较低,对一般企业和个人基本实施零税收政策,无所得税、消费税和中间环节的各种税收。在专属工业区内投资可享受更加优惠的待遇,包括廉价工业用地、优惠劳工措施、免除原材料及设备进口关税等。为促进经济多元化及可持续发展,创造更多高质量就业岗位,巴林鼓励外资投向金融、商业服务、物流、教育、会展、制造、信息技术、地产及旅游等行业。此外,巴林各工业园还制定了一系列投资优惠政策,对外资极具吸引力。

(四) 塞浦路斯 (CYP)

塞浦路斯位于地中海东北部,地处亚、非、欧三大洲海上交通要道,是居意大利西西里岛、撒丁岛之后地中海第三大岛,与希腊、土耳其、叙利亚、黎巴嫩、以色列、埃及隔海相望,面积9251平方公里。首都是尼科西亚。官方语言为希腊语和土耳其语,通用英语。货币为塞磅。1971年中国同塞浦路斯正式建交。

第三产业是塞浦路斯的主要产业,尤其旅游业是塞浦路斯第三产业的龙头,在国民经济中发挥着支柱作用,此外,海运业、金融服务业、房地产业、批发零售业等较为发达。其中,航运业是传统支柱产业,塞浦路斯是全球第十一大和欧盟第三大船旗国,也是欧盟最大的船舶管理中心,同时还是经欧盟批准第一个采用吨位税制度(Tonnage Tax System,TTS) 的国家。另外,近些年在塞浦路斯投资移民计划的带动下,塞浦路斯房地产业和建筑业迅速发展,已成为其主要产业之一。

塞浦路斯对于本国投资者、外国投资者采取相同的管理方式。外资企业享受国民待遇。塞浦路斯有欧盟最低的公司所得税税率之一(12.5%),仅次于匈牙利9%和保加利亚10%的公司税。此外,对于塞浦路斯居民控股的公司还享受投资后的销售所得免税、没有最低投资控股期限制等一系列的税收优惠政策。另外,吸引和发展高新技术产业、技术密集型产品,帮助和发展塞浦路斯传统经济的产业以及提高本地生产力和劳动者技能的企业、资本密集型的国外投资,均受国家政策鼓励和资金支持。在制造业领域,国家拨款并提供借贷担保以扶持中小型企业。

(五) 阿尔及利亚 (DZA)

阿尔及利亚位于非洲西北部,北濒地中海,东与突尼斯、利比亚毗邻,西与摩洛哥接壤,南部与马里、尼日尔、毛里塔尼亚、西撒哈拉相连。海岸线长约1200公里,国土面积238万平方公里,现为非洲陆地面积第一大国。首都是位于地中海沿岸的阿尔及尔。官方语言为阿拉伯语,塔马兹特语(柏柏尔人方言)从2002年起定为国语,法语是通用语言。货币为第纳尔。1958年中国同阿尔及利亚正式建交。

阿尔及利亚的特色产业为石油天然气工业，碳氢化合物工业是阿尔及利亚的支柱产业，其他产业尚属于发展初期。公共工程、水利工程和住房领域主要依靠政府进行投资。

阿尔及利亚投资法保证外国投资者将利润汇出境外，明确在生产和服务业的本国和外国投资，以及在转让经营和许可证范围内的投资均可享受法律提供的优惠。为加大引资力度，阿尔及利亚政府还建立了支持投资基金和优先投资机制。支持投资基金主要用于资助政府为投资所承担的开销，特别是用于实现该项投资所必需的基础设施建设项目。优先投资机制对某些特别需要开发的地区，以及对国民经济发展有重要推动作用的投资给予特殊税收照顾及经营便利。外国投资享受国民待遇，符合法律规定的所有投资项目，在向阿尔及利亚投资发展局申报及获批后，享受一般优惠政策。

(六) 埃及 (EGY)

埃及地跨亚、非两洲，隔地中海与欧洲相望，大部分位于非洲东北部，只有苏伊士运河以东的西奈半岛位于亚洲西南部，东临红海并与巴勒斯坦、以色列接壤，西与利比亚为邻，南与苏丹交界，北临地中海。国土面积100.145万平方公里，94%国土为沙漠。尼罗河纵贯南北，全长6700公里，在埃及境内长1530公里。首都是开罗。官方语言为阿拉伯语，大多数国民以其作母语，科普特语主要用作科普特人的礼拜语言。另外，英语和法语在大城市及旅游区通用。法定货币为埃镑。1956年中国同埃及正式建交，埃及也是第一个承认新中国的阿拉伯国家和非洲国家。

埃及的主要支柱产业有油气产业、农业、旅游业等。埃及是非洲地区重要的石油和天然气生产国，油气工业是影响埃及经济的主要支柱之一，油气产业链的上游环节高度对外开放，油气投资环境友好。埃及还制定了石油天然气工业现代化工程，主要任务就是挖掘石油行业的全部潜力，作为埃及经济增长和可持续发展的动力。埃及是传统农业国，主要农作物有棉花、小麦、水稻、玉米等，其中棉花是最重要的经济农作物，以种植中长绒棉和超长绒棉为主，因其绒长、光洁、韧性好，被称为"国宝"。埃及还有非洲最大的棉花和纺织工业集群，产业链较为完整，从棉花种植到纺纱、织布直至成衣制造均可生产。此外，旅游业和航运业是埃及服务业的支柱产业，主要旅游景点有金字塔、狮身人面像、卢克索神庙、阿斯旺大坝等。

2017年5月，埃及政府颁布《投资法》，成为研究外商投资激励政策的根本法和基本依据。《投资法》提供的保障和激励政策分为四个层次，所需条件由宽到严依次为投资保障、一般激励政策、特殊激励政策、附加激励政策。此外，对一些投资额比较大的项目，埃及有关政府部门还会根据项目具体情况，提供投资者所需的其他激励政策。2020年2月，埃及总理发布2020年第6号总理令，规定已在《投资法》下注册的投资项目，如满足一定条件，其扩展项目均可享受所有一般激励政策、特殊激励政策、附加激励政策。

（七）伊朗（IRN）

伊朗位于亚洲西南部，地处西亚的心脏地带，东北接土库曼斯坦、阿塞拜疆和亚美尼亚，濒临里海，与俄罗斯和哈萨克斯坦隔海相望；西与土耳其和伊拉克接壤；东邻巴基斯坦和阿富汗；南隔波斯湾、阿曼湾，与科威特、巴林、卡塔尔、阿联酋、阿曼和沙特等国相望。伊朗国土面积近165万平方公里。首都德黑兰是全国的政治、经济、文化和科研中心。官方语言为波斯语。货币为里亚尔。1971年中国同伊朗正式建交。

伊朗油气资源丰富，其天然气与石油探明储量分别位列世界第二位与第四位，石化产业蓬勃发展。同时，伊朗也是海湾和西亚地区的工业强国之一，其工业以石油勘探开发为主，另有炼油、石化、钢铁、电力、纺织、汽车拖拉机装配、食品加工等，尤其汽车产业为伊朗第二大支柱产业。此外，伊朗是传统农牧业国家，农业在伊朗国民经济中占有重要地位，主要农产品包括小麦、大米、大麦、棉花、茶叶等。伊朗具有五千多年的文明史，历史遗迹众多，旅游资源丰富，所以旅游业也是伊朗的重要产业。

外国人在伊朗投资享受普通优惠和特殊优惠两类优惠政策。普通优惠政策主要体现在外国投资者享受国民待遇；外国现金和非现金资本的进入完全根据投资许可，无需其他许可；各领域的外国投资不设金额限制；外国资本在被执行国有化和没收所有权时，可根据法律获得赔偿，外国投资者拥有索赔权；允许外资本金、利润及其他利益按照投资许可的规定，以外汇或商品方式转移出伊朗境内；保证外资企业使用和出口所生产商品的自由等。特殊优惠重点围绕外国直接投资、合同条款范围的投资和石油工业领域的投资等事项制定。

（八）伊拉克（IRQ）

伊拉克位于亚洲西南部，阿拉伯半岛东北部，东邻伊朗，西毗叙利亚、约旦，南连沙特、科威特，东南濒波斯湾，北接土耳其。海岸线长60公里，领海宽度为12海里；西南为阿拉伯高原的一部分，向东部平原倾斜；东北部有库尔德山地，西部是沙漠地带，国土面积44.18万平方公里。首都是巴格达。官方语言为阿拉伯语和库尔德语，通用英语。货币为第纳尔。1958年中国同伊拉克正式建交。

伊拉克的油气产业在国民经济中始终处于主导地位，主要是石油开采、提炼和天然气开采，另外还有炼油与石油化工、纺织、食品、烟草、水泥等工业。农牧业也占有重要地位，主要农产品有小麦、黑麦、大麦、稻米、棉花、烟草、温带水果与椰枣等。椰枣输出量居世界首位。作为世界四大文明古国的发源地之一，伊拉克留下了十分丰富的历史遗产，主要旅游景点有乌尔城遗址、亚述帝国遗址和哈特尔城遗址，盛传的"巴比伦空中花园"被列为古代世界七大奇迹之一。

伊拉克国家投资法在理论上可以让国内外投资者有资格获得同样待遇。它还允许投资者缴纳所有税费和清偿所有债务后在伊拉克央行的指导下汇出投资和收益。总体上，外国投资者可以在伊拉克证券交易所买卖股票和申请股票上市，甚至有权在拥有不动产的私营或混合所有制公司中占有股份。外国投资者有权进行投资证券组合、依法设立分公司以及注册专利。投资法原则上还允许获得投资许可的投资者享有10年免除税费的优惠。在项目建设期内，投资项目的进口物资免除关税。在投资者通知投资委员会要进行提高产能（至少15%）或者为生产线升级而进行扩建后的三年内，用于扩建的进口物资免征关税。不超过项目资产价值20%的进口备品、备件免除关税。投资的酒店、旅游机构、医院、保健机构、康复中心和科研机构也享有在进口家具和其他设备环节中每四年一次的免税优惠。对于用于生产政府配给食物、伊拉克不能生产的药品和建筑材料的项目所需的生产原料，同样免除进口关税。但上述规定由于缺乏实施细则导致在实际操作中不一定能得到落实。此外，外国公司订立的项目，如被列入伊拉克规划部的"开发项目"清单，则还将享受相关税收和关税减免待遇。

（九）以色列（ISR）

以色列地处亚洲西部，北部与黎巴嫩接壤，东北部与叙利亚、东部与约旦、西南部与埃及为邻，西濒地中海，南临亚喀巴湾。整个国土呈狭长形，长约470公里，海岸线长198公里。可划分为四个自然地理区域，分别是地中海沿岸狭长的平原、中北部蜿蜒起伏的山脉和高地、南部内盖夫沙漠，以及东部纵贯南北的约旦河谷和阿拉瓦谷地。北部加利利高原海拔1000米以上，高原与地中海之间是大小不等的海滨平原，土地肥沃，是以色列主要农业区。主要河流有约旦河、亚尔库恩河、基松河。以色列建国时定都于特拉维夫，1950年迁往耶路撒冷，由于耶路撒冷归属问题是以巴最终地位谈判的焦点之一，现绝大多数国家驻以色列使馆仍设在特拉维夫。官方语言为希伯来语。货币为新谢克尔。1992年中国同以色列正式建交。

以色列自然环境恶劣，但农业发达，主要农作物有小麦、蔬菜、柑橘等。以色列的工业生产以高科技或技术含量高的产业为发展重点，主要部门包括机械制造、军工、飞机制造、化工、电子和通讯设备、精密仪器和医用激光器材、太阳能利用、建材、纺织、造纸、钻石加工等，尤其在以生物技术为代表的高新技术产业领域其综合实力全球领先。另外，旅游业在以色列经济中占有重要的地位。

以色列涉及鼓励投资的法律主要包括资本投资鼓励法（1959年）、工业研发鼓励法（1984年）和工业（税收）鼓励法（1969年）。以色列政府对投资的鼓励措施主要分为三类：一是对研发性投资给予经费支持；二是提供基础设施方面的支持、减少投资者租赁工厂和培训劳动力的费用；三是采取税收减免、允许固定资产高折旧率等做法。

（十）约旦（JOR）

约旦位于亚洲西部，阿拉伯半岛西北部，东南及南部与沙特相接；西南一角临红海亚喀巴湾；西邻以色列和巴勒斯坦，北接叙利亚，东北与伊拉克接壤，海岸线全长40公里，亚喀巴湾是约旦唯一的出海口。国土面积8.93万平方公里，其中陆地面积88802平方公里，海洋面积540平方公里。首都为安曼，是全国最大城市和经济、文化中心。官方语言为阿拉伯语。货币为约旦第纳尔。1977年中国同约旦正式建交。

约旦的支柱产业为农业、工矿业和旅游业。约旦主要粮食作物为小麦和大麦，主要蔬菜为西红柿、马铃薯、茄子和西葫芦，蔬菜多出口至周边国家，是约旦主要出口商品之一。约旦规模较大的工业企业主要集中在磷酸盐、钾盐、炼油、水泥、化肥生产和制药等领域，其他多属轻工业和小型加工工业，涉及的主要领域有采矿、炼油、食品加工、玻璃、纺织、塑料制品、卷烟、皮革、制鞋、造纸等。旅游业也为约旦经济做出了重要贡献，其发展带动了航空业、房地产、宾馆、医院以及其他行业的发展，是约旦的主要就业领域。

约旦外资优惠政策框架主要包括《投资法》（2014年）和《非约旦人投资管理条例》（2016年）的相关规定，涉及行业优惠和地区优惠两个层面。根据《投资法》的规定，约旦对农业和家畜、医院和特殊医疗中心、酒店和旅游设施、娱乐和旅游娱乐设施、呼叫中心、科研中心和实验室、艺术和传媒、会议和展览中心、油气水管道运输和分配、海运、空运和铁路运输等行业，实行税收和关税优惠待遇。另外，2018年，约旦根据其"2025愿景"以及各省的发展执行计划，绘制了约旦各省的投资地图，分析研究经济和社会状况、投资环境、现有和潜在的潜力、竞争特点、各省的战略和发展方向。

（十一）科威特（KWT）

科威特位于亚洲西部波斯湾西北岸，与沙特、伊拉克相邻，东濒波斯湾，同伊朗隔海相望，有布比延、法拉卡等9个岛屿。国土面积17818平方公里。科威特全国划分为六个行政省，首都科威特是全国政治、经济、文化中心和重要港口。官方语言为阿拉伯语，通用英语。货币为第纳尔。1971年中国同科威特正式建交。

科威特产业结构相对单一，以石油、天然气和石化工业为主。科威特的金融服务体系也较为完善。科威特制造业主要集中在石化产品、建筑材料、食品和农产品的生产上。

科威特外资投资委员会（FIC）的主席由工商部大臣担任，委员来自私营企业和国营部门，该委员会按照以个案处理的原则，在《吸引外国投资法》的规定下，制定并实施投资的优惠政策。为鼓励外国投资，科威特制定了一系列有关法规，比如《在科威特国的外国资本直接投资法》及其说明、《直接投资促进法》和《自由贸易区法》等。以上法律法规构成了科威特吸收外国投资的优惠政策框架。

（十二）黎巴嫩（LBN）

黎巴嫩位于亚洲西南部，地中海东岸，北部和东部毗邻叙利亚，南部与以色列接壤，形态狭长。国土面积为10454平方公里，海岸线长220公里。首都贝鲁特是地中海东岸最大的港口城市。官方语言为阿拉伯语。货币为黎巴嫩磅，也称里拉。1971年中国同黎巴嫩正式建交。

黎巴嫩的四大经济支柱产业分别为金融、侨汇、旅游和贸易，金融业对国民经济的贡献尤为突出。黎巴嫩是中东地区银行业务的金融中心，也是银行业最完善的中东国家之一。黎巴嫩严格执行银行保密制度，并为此制定相关法律。黎巴嫩金融机构的主要形式是商业银行，在流通金融资产中，银行资产约占80%。另外，房地产业也是黎巴嫩吸引外国投资的重要行业之一。

根据黎巴嫩《投资法》，对外国投资的最惠政策主要分为地区优惠、产业优惠和一揽子优惠。《投资法》将黎巴嫩划分为三个投资区（均在贝鲁特以外），每个区提供不同的激励政策。该法律在技术、信息、电信、媒体、旅游业、工业和农业等领域鼓励投资行为。

（十三）利比亚（LBY）

利比亚地处非洲北部，东接埃及和苏丹，西邻突尼斯和阿尔及利亚，南界尼日尔和乍得，北濒地中海，海岸线长1900余公里，国土面积为176万平方公里，全境95%以上地区为沙漠和半沙漠。首都的黎波里市是全国最大的城市，也是政治、文化、商业中心和重要港口之一。官方语言为阿拉伯语。货币为利比亚第纳尔。1978年中国同利比亚正式建交。

利比亚拥有非洲最大的石油储量，石油是利比亚的经济命脉和主要支柱，石油收入是利比亚财政的主要收入来源。除石油产业外，利比亚工业还包括石化、铝、钢铁、建材、电力、采矿、纺织业、食品加工、手工业和水泥等。

利比亚《鼓励外国资本投资法》主要优惠政策围绕外商独资的最低投资金额、对投资项目的豁免和投资者享有的权利和优惠等方面制定。为实现创建良好投资环境，吸引外国投资，以及扩大收入来源和提振本国经济等发展目标，利比亚前政府于1997年出台了第5号法律《鼓励外国资本投资法》。该法给予了一系列优惠条件及优惠政策鼓励外国投资者到利比亚的工业、旅游、卫生、服务、农业等领域以及总人民委员会确定的其他领域投资。

（十四）摩洛哥（MAR）

摩洛哥位于非洲大陆西北端，东部及东南部接阿尔及利亚，南部为西撒哈拉，西濒浩瀚的大西洋，北临地中海，隔直布罗陀海峡与西班牙相望，扼地中海西端出入门户。海岸线长1700多公里，国土面积45.9万平方公里。拉巴特是摩洛哥的政治首都，摩洛哥第一大城市卡萨布兰卡被誉为摩洛哥的经济首都。官方语言为阿拉伯语，通用法语。货币为摩洛哥迪拉姆。1958年中国同摩洛哥正式建交。

农业在摩洛哥国民经济中占有重要地位，摩洛哥也是非洲最大、世界第十三大产鱼国，以及世界最大的沙丁鱼出口国。同时，摩洛哥是世界磷酸盐大国，除磷酸盐外，其他主要矿产资源还有铅、锌、铁、锰、钴、重晶石等，因此带动了摩洛哥的采掘和半加工业的发展。此外，摩洛哥的传统支柱产业（如纺织品、制革业和手工业）的产品出口也在不断增长；旅游业作为摩洛哥重要的经济支柱，是仅次于出口和侨汇的第三大外汇来源和吸收就业的主要部门。

摩洛哥政府颁布的《投资法》（1995年），制定鼓励和促进投资的各项税收优惠政策，同时对投资额超过2亿迪拉姆（2015年起降为1亿迪拉姆）或创造250个就业岗位的投资项目，国家将在购买土地、建设基础设施、人员培训等方面提供补助优惠政策；对货物和服务出口企业提供5年免缴公司税、5年后减半缴纳公司税的优惠待遇。为进一步改善投资环境，政府鼓励和支持对电子、汽车、航空、纳米技术以及微电子和生物技术等产业的投资。摩洛哥政府设立"哈桑二世基金"，对上述鼓励投资产业的建筑用地和厂房建设予以直接补贴。

（十五）毛里塔尼亚（MRT）

毛里塔尼亚位于非洲西北部，西濒大西洋，北部与西撒哈拉和阿尔及利亚接壤，东南部与马里为邻，南与塞内加尔相望，广大北部和中部地区处于撒哈拉大沙漠西南部，全国3/4的面积为沙漠，素有"沙漠共和国"之称，面积103.07万平方公里。毛里塔尼亚地处马格里布和西非之间，特殊的地理位置使其具有阿拉伯和撒哈拉以南非洲国家双重属性。首都为努瓦克肖特。官方语言为阿拉伯语。货币为毛里塔尼亚乌吉亚。1965年中国同毛里塔尼亚正式建交。

毛里塔尼亚支柱产业有矿业和渔业。毛里塔尼亚铁矿砂储量约为107亿吨，铁矿砂出口占毛塔对外出口的70%，国家财政收入的30%。渔业是毛里塔尼亚国民经济的支柱产业，渔业出口占国家出口收入的40%。另外，毛塔2002年才开始开发其油气资源，目前正处于开发利用阶段。

毛里塔尼亚对外资的优惠政策主要通过《投资法》进行规定，在某些特定领域如银行、保险、矿业和石油天然气等行业，则颁布了专门针对各领域的外国投资政策，其中某些条款和《投资法》的条款存在冲突，需要进行调整。《投资法》虽然给予外国投资者同等国民待遇，但仍然受限于国与国之间的互惠互利情况，使得当局仍然可给予不同国籍的外国投资者以不同的待遇。同时，毛里塔尼亚加入了多项与外国投资相关的国际协议，遵循各协议对外资的相关优惠政策。另外，作为世贸组织成员，毛里塔尼亚还加入了服务协议、关于商业和投资措施的协议（MIC）、知识产权协议，但在服务协议中只承诺在旅游业实行自由化。

（十六）阿曼（OMN）

阿曼位于阿拉伯半岛东南部，与阿联酋、沙特、也门等国接壤，整个东面濒临波斯湾、阿曼湾和阿拉伯海。国土面积30.95万平方公里，是阿拉伯半岛地区的第三大国，海岸线长3165公里。首都是位于阿曼湾平原的马斯喀特。官方语言为阿拉伯语，通用英语。货币为阿曼里亚尔。1978年中国同阿曼正式建交。

石油和天然气工业是阿曼的支柱产业，更是国家财政收入的主要来源。为满足国内电力生产和工业企业对天然气的潜在需求，阿曼政府正加大力度发展上游天然气行业，鼓励本地及外资企业开展油气勘探、生产、气基项目及支持性服务，并开始对页岩气和页岩油进行研究。另外，旅游业是阿曼重点发展行业之一，也是阿曼近年来发展较快的产业。农业与渔业则是阿曼政府重点发展的非油气领域行业。

阿曼产业空白较多，目前正处于产业多元化发展的关键阶段，因而十分重视外资对产业完善、促进经济、创造就业等方面的促进作用。优惠政策主要体现在特定区域、重点行业两个层面。总体而言，阿曼鼓励在旅游、加工制造、农牧渔业、采矿、物流、信息技术等领域的投资。值得一提的是，根据中阿两国2018年5月25日发布的关于建立战略伙伴关系的联合声明，确定将能源资源开发、化工、制造业、海洋产业等领域作为产能与投资合作重点。

（十七）巴勒斯坦（PLE）

巴勒斯坦是中东的一个地区，从地中海东岸一直延伸至亚欧大陆内部。目前，巴勒斯坦由加沙地区和约旦河西岸地区组成，其中加沙地区由哈马斯完全控制，约旦河西岸由巴勒斯坦民族权力机构实际控制。目前巴勒斯坦所有政府机构设在拉姆安拉市。官方语言为阿拉伯语。通用货币为巴勒斯坦磅。1988年中国宣布承认巴勒斯坦国，两国建交。

农业是巴勒斯坦的经济支柱，也是其对外出口的重要部分。巴勒斯坦工业以加工业为主，包括制革、塑料、橡胶、化工、食品、石材、大理石和人造石板、制药、造纸、印刷、建筑、纺织、制衣和家具等。

目前还未与以色列实现和平的巴勒斯坦，并不是一个真正意义上的主权国家,这个因素就足以令巴勒斯坦的发展举步维艰。截至2020年底,我对巴无累计直接投资。①

(十八)卡塔尔(QAT)

卡塔尔是一个半岛国家,位于波斯湾西海岸的中部,东、北、西三面环海,南部陆地与沙特接壤。国土面积1.1521万平方公里。卡塔尔全国地势低平,最高海拔仅103米,多为沙漠或岩石戈壁。首都多哈是全国政治、经济、文化中心。官方语言为阿拉伯语,通用英语。货币为里亚尔。1988年中国同卡塔尔正式建交。

卡塔尔是单一石油经济国家,其支柱产业是石油天然气石化工业,主要产品有液化天然气、原油、凝析油、汽油、聚氯乙烯、液化丙烷、尿素、甲醇等,产品绝大部分供出口。

卡特尔石油、天然气资源丰富,资金相对比较充足,但技术和管理水平偏低,当地市场容量小,其引进外资的主要目的是引进先进的技术和管理经验,并利用外国投资者的国际销售网。卡塔尔允许外国直接投资,但一般要求外资与当地资本合资经营,并以当地资本占据多数股权,而且一般要求外国投资者回购产品。

(十九)沙特(SAU)

沙特位于阿拉伯半岛,东濒波斯湾,西临红海,同约旦、伊拉克、科威特、阿联酋、阿曼、也门等国接壤。地势西高东低,海岸线2437公里,国土面积225万平方公里。首都利雅得是沙特第一大城市和政治、文化中心及政府机关所在地。官方语言为阿拉伯语,商界通行英语。货币为沙特里亚尔。1990年中国同沙特正式建交。

石油和石化工业是沙特的经济命脉。近年来,沙特政府充分利用本国丰富的石油、天然气资源,积极引进国外的先进技术设备,大力发展钢铁、炼铝、水泥、海水淡化、电力工业、农业和服务业等非石油产业,旨在摆脱对原油产业的过度依赖,促进经济多元化发展。另外,沙特非石油产业主要包括钢铁产业、采矿业、建材产业、铁路产

---

① 《中国—巴勒斯坦经贸合作简况(2020年)》,中华人民共和国商务部网站: http://www.mofcom.gov.cn/article/tongjiziliao/sjtj/xyfztjsj/202111/20211103221360.shtml。

业、电力产业、化工产业、工程机械产业、房地产和医疗保健业等。

在沙特的外商直接投资，可享受沙特政府颁布的一系列优惠政策措施，而外商在沙特政府规划的6座经济城（拉比格阿卜杜拉国王经济城、麦地那经济城、吉赞经济城、哈伊勒经济城、塔布克经济城、阿赫萨经济城）、全国30多座已建成的和在建的工业城以及朱拜勒、延布两个专属工业区内的投资，则可享受到沙特政府提供的更加优惠的地区性投资优惠待遇，尤其是能够获得包括廉价能源供应、廉价项目用土地、优惠劳工措施、减免企业所得税、免除原材料及器械进口关税等在内的一系列优惠措施。

（二十）苏丹（SDN）

苏丹位于非洲东北部，东临红海、厄立特里亚、埃塞俄比亚，南邻南苏丹、中非，西部与乍得、利比亚接壤，北邻埃及。国土面积188.2万平方公里。苏丹一个重要的地理特征就是尼罗河贯穿南北，青、白尼罗河流经苏丹在喀土穆交汇，然后蜿蜒北上流入埃及。首都喀土穆是全国政治、经济、文化中心。官方语言为阿拉伯语。通用货币为苏丹镑。1959年中国同苏丹正式建交。

苏丹是传统农业国，农业是其经济的主要支柱，粮食作物主要有高粱、谷子、小麦和玉米；经济作物在农业生产中占重要地位，主要有棉花、花生、芝麻和阿拉伯胶等，大多数供出口；花生产量居阿拉伯国家之首，在世界上仅次于美国、印度和阿根廷；芝麻产量在阿拉伯和非洲国家中占第一位，出口量占世界的一半左右；阿拉伯胶年均产量占世界总产量的80%左右。矿产资源是苏丹经济的支柱。南北分裂后，苏丹石油产量锐减，金、银、铬、铁等资源作为石油替代品引起高度重视，苏丹丰富的矿产资源和优惠的引资政策吸引了世界关注。但由于工业基础薄弱，近年来苏政府积极调整工业结构，重点发展石油、纺织、制糖、水泥、农产品加工业等工业。

近年来，苏丹加快了投资领域的改革步伐，通过设立自由经济区、制定优惠政策等措施吸引外资。鼓励和优惠政策主要表现在对重点项目的商品进口免税、给项目划拨土地、给予折旧优惠、对落后地区给予特别优惠等。苏丹《2021年投资鼓励法》旨在根据苏丹的目标和优先事项促进对该国的投资；农业用地和采矿机会的可用性为该国吸引投资和贸易提供了重要机会。

（二十一）叙利亚（SYR）

叙利亚位于亚洲大陆西部，地中海东岸，东同伊拉克交界，南与约旦和巴勒斯坦毗连，西与塞浦路斯隔地中海相望，西南与黎巴嫩和以色列为邻，北与土耳其接壤。海岸线长 183 公里，国土面积 18.52 万平方公里（含戈兰高地）。首都大马士革是叙利亚政治、经济、文化中心。官方语言为阿拉伯语。货币为叙磅。1956 年中国同叙利亚正式建交。

叙利亚的主要产业为农业和石油业。在 2011 年内战之前，石油矿业产值占叙利亚 GDP 的 19%，农业也曾是叙利亚经济的重要产业，联合国粮农组织估计，内战前农业占叙利亚国内生产总值的 26%，其中棉花种植业在叙利亚极为重要。

2007 年第 8 号《投资法》对符合条件的投资者提供优惠税收政策，采用动态税收减税原则，税率以 2006 年《所得税法》为准，所得税征收以净利润为计税基础，基础税率为 22%。另外，根据《投资法》的相关规定，符合条件的企业还可享受有关行业和地区的鼓励政策。

（二十二）突尼斯（TUN）

突尼斯位于非洲北端，与意大利隔海相望，东南与利比亚接壤，西与阿尔及利亚为邻，东、北临地中海，海岸线长 1300 公里，国土面积 16.22 万平方公里。首都突尼斯是全国政治、经济、文化中心。官方语言为阿拉伯语，通用法语。货币为突尼斯第纳尔。1964 年中国同突尼斯正式建交。

突尼斯的支柱产业包括农业、工业制造业和旅游业。突尼斯是全球第一大椰枣出口国、第十大番茄生产国以及非洲第二大有机农产品出口国，同时橄榄、柑橘种植也在突尼斯农业中占有重要地位。突尼斯主要矿产资源为磷矿及其产品，目前已成为全球三过磷酸钙第二大生产国和出口国，磷酸二铵第四大生产国和第三大出口国，磷酸第五大生产国和第四大出口国。机电和纺织产业对工业发展的贡献较大，其中机电类主要产品有电线、电缆、汽车零配件等。服务业的发展对突尼斯经济发展的推动力也很大，主要包括旅游业、旅馆与餐饮业、运输与通信等。

突尼斯的优惠政策主要体现在减免税收、政府补贴、奖励和政府承担雇主费用。对国民经济或发展有重大效益的投资项目，政府将给予特殊优惠待遇。突尼斯新投资法经过长达数年的酝酿、讨论，于2016年9月30日通过人民代表大会审议，2017年4月1日起正式实施。新投资法旨在促进私人投资，鼓励创建企业并发展，全力提高突尼斯经济的附加值、竞争力、研发能力及技术含量。鼓励国际化业务和国家优先发展领域的投资，以创造就业机会和提高人力资源的综合水平，实现全国各地整体、均衡发展和可持续发展。为完善新投资法，鼓励投资，2018年5月11日第417号法令在官方公报上发布，明确了授权限制性经济活动清单及简化程序清单，其中包括经授权的专属经济活动清单（100项）、实现项目所需的授权清单（143项授权）以及取消行使授权的活动清单（27项活动），为改善投资环境，提高投资行政办理效率迈出了重要的一步。

（二十三）土耳其（TUR）

土耳其位于亚洲最西部，横跨欧、亚两大洲，三面环海，北为黑海，西为爱琴海和马尔马拉海，南为地中海，海岸线长7200公里；与亚、欧8个国家相邻，陆地边境长2648公里，东有格鲁吉亚、亚美尼亚、阿塞拜疆、伊朗，南部隔海与塞浦路斯相对，东南有伊拉克、叙利亚，西有保加利亚、希腊，北部隔海与罗马尼亚、俄罗斯、乌克兰相望。国土面积78.36万平方公里，其中97%位于亚洲的小亚细亚半岛，3%位于欧洲的巴尔干半岛。首都安卡拉为全国第二大城市、政治中心，位于安纳托利亚高原中部。官方语言为土耳其语。货币为土耳其里拉。1971年中国同土耳其正式建交。

土耳其的重要产业包括纺织业、汽车制造业和旅游业。土耳其是仅次于中国、欧盟、美国和韩国的世界第五大纺织品服装出口国，其纺织和服装业的技术水平居世界领先地位。近年来，土耳其政府大量引进整车制造和本地化生产。外资车企带来了先进的技术和管理经验，有效地促进了土耳其汽车零部件工业整体水平的提高。由于发展迅猛，汽车业正在逐步取代纺织业成为土耳其新的龙头产业。土耳其钢铁业与其工业同步发展，钢铁产量增长较为迅速，目前已成为世界第八大和欧洲地区第二大钢铁生产国。同时，土耳其旅游资源极其丰富，古希腊、东罗马、奥斯曼三大历史遗迹在此汇聚，黑海、马尔马拉海、爱琴海、地中海四大美丽海洋将此环绕。此外，土耳其是世界第七大农业产区和第九大农产品生产国，拥有较好的农业基础，目前致力于成为全球五大生产国之一。

从20世纪80年代中期以来，土耳其推行自由和开放的经济政策。土耳其政府对外资法进行重大修改，简化外资政策和行政手续，积极吸引外资。土耳其贸易部负责审批外资，国内投资无须审批。土耳其外资政策的主要原则是平等待遇，即外国投资者享有同本国投资者一样的权利和义务（外资审批程序除外）；企业一旦建立，即可完全享受国民待遇。土耳其向外资提供的优惠政策可分为三类，分别是一般优惠政策、中小型企业的优惠待遇和落后地区的优惠待遇。

（二十四）也门（YEM）

也门位于亚洲西南部，阿拉伯半岛南端，东邻阿曼，南濒阿拉伯海和亚丁湾，西临红海，扼曼德海峡，北与沙特接壤。也门地势大致可分为山地、高原、沿海平原、沙漠地区和岛屿五个部分。国土面积55.5万平方公里，海岸线2200公里。首都萨那市是全国政治、经济、文化中心和国内交通枢纽。官方语言为阿拉伯语，英语仅在涉外政府部门和其他领域小范围应用。货币为也门里亚尔。1990年也门统一后，也中两国建交日期定为1956年9月24日。

石油和天然气是也门最重要的产业，占GDP的比重达到25%以上，对国家财政收入的贡献率超过70%。也门的主要工业包括原油生产、石油精炼、天然气开发，石油和天然气勘探开发是其最重要的产业，但石油加工能力非常薄弱，仅有亚丁和马里布两家石油精炼工厂。其他工业有小规模棉织品生产、皮革产品；食品加工、手工艺品、铝产品；水泥；商船维修。主要农产品包括谷物、水果、蔬菜、豆类、卡特（阿拉伯茶叶中提取的一种麻醉剂）、咖啡、棉花、奶制品、家畜、禽类和鱼。

也门对投资实行"国民待遇"原则，没有对外国投资制定特殊的优惠政策框架，但允许外商投资享有以下特别待遇：外国投资项目有权拥有土地及所有权；允许外商独资；外商在获得信用贷款方面有优先权；允许外国投资者雇佣外籍劳工；外商投资项目出口产品可获得退税；可以自由转入或转出外汇；可在15日内完成投资注册手续；在满足条件下，企业所得税可由35%降至15%，投资项目可以享受关税豁免。同时，也门投资总局还承诺可帮助外国投资者获得其所需要的土地；外国投资项目可以利用投资总局的网络资源进行产品市场开拓；免费为外国投资项目提供信息及数据；帮助外国投资者解决在项目实施和运营过程中与有关部门遇到的各种障碍等。

附录二 《世界语言结构地图》语言特征条目整理

类目及数量	编号	术语原文	术语翻译
Phonology（音系）序号：1-19 数目：20	1A	Consonant Inventories	辅音群
	2A	Vowel Quality Inventories	元音质量群
	3A	Consonant-vowel Ratio	辅元音比率
	4A	Voicing in Plosives and Fricatives	浊塞音和浊擦音
	5A	Voicing and Gaps in Plosive Systems	塞音中的浊音和停顿
	6A	Uvular Consonants	小舌音
	7A	Glottalized Consonants	喉塞音
	8A	Lateral Consonants	舌侧音
	9A	The Velar Nasal	软腭鼻音
	10A	Vowel Nasalization	元音鼻化
	10B	Nasal Vowels in West Africa	西非鼻元音
	11A	Front Rounded Vowels	前圆唇元音
	12A	Syllable Structure	音节结构
	13A	Tone	语调
	14A	Fixed Stress Locations	固定重音位置

续表

类目及数量	编号	术语原文	术语翻译
Phonology（音系）序号：1–19 数目：20	15A	Weight-sensitive Stress	不固定重音
	16A	Weight Factors in Weight-sensitive Stress Systems	重音系统中的重音因素
	17A	Rhythm Types	韵律
	18A	Absence of Common Consonants	常见辅音缺失
	19A	Presence of Uncommon Consonants	罕见辅音存在
Morphology（形态）序号：20–29 数目：12	20A	Fusion of Selected Inflectional Formatives	屈折融合
	21A	Exponence of Selected Inflectional Formatives	屈折构成
	21B	Exponence of Tense-aspect-mood Inflection	时体气屈折合成
	22A	Inflectional Synthesis of the Verb	动词屈折合成
	23A	Locus of Marking in the Clause	小句标记模式
	24A	Locus of Marking in Possessive Noun Phrases	领属结构标记模式
	25A	Locus of Marking：Whole-language Typology	语言整体类型标记模式
	25B	Zero Marking of A and P Arguments	A 和 P 论元的零标记
	26A	Prefixing vs. Suffixing in Inflectional Morphology	屈折形态中的前缀和后缀
	27A	Reduplication	重叠
	28A	Case Syncretism	合并格
	29A	Syncretism in Verbal Person/Number Marking	动词人称/数合并
Nominal Categories（名词范畴）序号：30–57 数目：29	30A	Number of Genders	词的阴阳性（按数量变化）
	31A	Sex-based and Non-sex-based Gender Systems	是/否基于性别的阴阳性体系
	32A	Systems of Gender Assignment	阴阳性分配体系
	33A	Coding of Nominal Plurality	名词复数形式
	34A	Occurrence of Nominal Plurality	名词复数条件

续表

类目及数量	编号	术语原文	术语翻译
Nominal Categories（名词范畴）序号：30-57 数目：29	35A	Plurality in Independent Personal Pronouns	独立人称代词复数
	36A	The Associative Plural	关联复数
	37A	Definite Articles	定冠词
	38A	Indefinite Articles	不定冠词
	39A	Inclusive/Exclusive Distinction in Independent Pronouns	独立人称代词：包容/排他形式
	39B	Inclusive/Exclusive Forms in Pama-nyungan	帕玛—努干语系中的包括/排除形式
	40A	Inclusive/Exclusive Distinction in Verbal Inflection	动词屈折中的包括/排除区分
	41A	Distance Contrasts in Demonstratives	指示词中的距离对比
	42A	Pronominal and Adnominal Demonstratives	代词指示词和名词修饰指示词
	43A	Third Person Pronouns and Demonstratives	第三人称代词和指示词
	44A	Gender Distinctions in Independent Personal Pronouns	独立人称代词中性别区分
	45A	Politeness Distinctions in Pronouns	代词中的尊称
	46A	Indefinite Pronouns	不定代词
	47A	Intensifiers and Reflexive Pronouns	加强词和反身代词
	48A	Person Marking on Adpositions	方位词人称标记
	49A	Number of Cases	格的数量
	50A	Asymmetrical Case-marking	不对称格标记
	51A	Position of Case Affixes	格词缀位置
	52A	Comitatives and Instrumentals	伴随格与工具格
	53A	Ordinal Numerals	序数词
	54A	Distributive Numerals	分配数词
	55A	Numeral Classifiers	分类词
	56A	Conjunctions and Universal Quantifiers	连词和全称量词
	57A	Position of Pronominal Possessive Affixes	人称代词所有格词缀位置

续表

类目及数量	编号	术语原文	术语翻译
Nominal Syntax（名词句法）序号：58-64 数目：8	58A	Obligatory Possessive Inflection	强制所有格屈折变化
	58B	Number of Possessive Nouns	物主代词数量
	59A	Possessive Classification	所有格分类
	60A	Genitives, Adjectives and Relative Clauses	属格、形容词和关系从句
	61A	Adjectives without Nouns	形容词后无名词
	62A	Action Nominal Constructions	名词化动词
	63A	Noun Phrase Conjunction	连接名词短语连词
	64A	Nominal and Verbal Conjunction	连接名词动词连词
Verbal Categories（动词范畴）序号：65-80 数目：17	65A	Perfective/Imperfective Aspect	完成/未完成体
	66A	The Past Tense	过去时
	67A	The Future Tense	将来时
	68A	The Perfect Tense	完成时
	69A	Position of Tense-aspect Affixes	时态词缀位置
	70A	The Morphological Imperative	祈使形态
	71A	The Prohibitive	禁戒语
	72A	Imperative-hortative Systems	祈使—劝诫语
	73A	The Optative	祈愿句
	74A	Situational Possibility	情景可能性表达
	75A	Epistemic Possibility	认知可能性表达
	76A	Overlap between Situational and Epistemic Modal Marking	情景模式标记和认知模式标记重叠
	77A	Semantic Distinctions of Evidentiality	语义差别言据性
	78A	Coding of Evidentiality	言据性
	79A	Suppletion According to Tense and Aspect	根据时、体的异干互补
	79B	Suppletion in Imperatives and Hortatives	祈使语和劝诫语的变化规则
	80A	Verbal Number and Suppletion	动词的数及变化规则

续表

类目及数量	编号	术语原文	术语翻译
Word Order（词序）序号：81-97 数目：24	81A	Order of Subject, Object and Verb	主宾谓顺序
	81B	Languages with two Dominant Orders of Subject, Object, and Verb	主宾谓两种主导语序的语言
	82A	Order of Subject and Verb	主谓顺序
	83A	Order of Object and Verb	宾谓顺序
	84A	Order of Object, Oblique, and Verb	宾语、间接格和动词顺序
	85A	Order of Adposition and Noun Phrase	方位和名词短语顺序
	86A	Order of Genitive and Noun	属格和名词顺序
	87A	Order of Adjective and Noun	形容词和名词顺序
	88A	Order of Demonstrative and Noun	指示词和名词顺序
	89A	Order of Numeral and Noun	数词和名词顺序
	90A	Order of Relative Clause and Noun	关系从句和名词顺序
	90B	Prenominal Relative Clauses	前置关系从句
	90C	Postnominal Relative Clauses	后置关系从句
	90D	Internally-headed Relative Clauses	内先行词关系从句
	90E	Correlative Relative Clauses	关联关系从句
	90F	Adjoined Relative Clauses	附加关系从句
	90G	Double-headed Relative Clauses	双先行词关系从句
	91A	Order of Degree Word and Adjective	程度词和形容词顺序
	92A	Position of Polar Question Particles	一般疑问句中小品词位置
	93A	Position of Interrogative Phrases in Content Questions	特殊疑问句中疑问词位置
	94A	Order of Adverbial Subordinator and Clause	状语从句中主从连词和从句顺序
	95A	Relationship between the Order of Object and Verb and the Order of Adposition and Noun Phrase	宾语和谓语的顺序与介词和名词短语的顺序之间的关系
	96A	Relationship between the Order of Object and Verb and the Order of Relative Clause and Noun	宾语和动词的顺序与关系从句和名词的顺序之间的关系
	97A	Relationship between the Order of Object and Verb and the Order of Adjective and Noun	宾语和动词的顺序与形容词和名词的顺序之间的关系

续表

类目及数量	编号	术语原文	术语翻译
Simple Clauses（简单句）序号：98–121 数目：26	98A	Alignment of Case Marking of Full Noun Phrases	名词短语标记结构
	99A	Alignment of Case Marking of Pronouns	代词标记结构
	100A	Alignment of Verbal Person Marking	动词人称标记结构
	101A	Expression of Pronominal Subjects	代词主语表达
	102A	Verbal Person Marking	动词人称标记
	103A	Third Person Zero of Verbal Person Marking	无动词第三人称标记
	104A	Order of Person Markers on the Verb	动词人称标记顺序
	105A	Ditransitive Constructions: The Verb 'Give'	双宾及物结构："给"的表达
	106A	Reciprocal Constructions	交互结构
	107A	Passive Constructions	被动结构
	108A	Anti-passive Constructions	反被动结构
	108B	Productivity of the Anti-passive Construction	反使动结构的可派生性
	109A	Applicative Constructions	施用结构
	109B	Other Roles of Applied Objects	应用宾语的其他角色
	110A	Periphrastic Causative Constructions	委婉使役结构
	111A	Non-periphrastic Causative Constructions	非委婉使役结构
	112A	Negative Morphemes	否定句
	113A	Symmetric and Asymmetric Standard Negation	对称和非对称否定表达
	114A	Subtypes of Asymmetric Standard Negation	非对称否定表达的子类型
	115A	Negative Indefinite Pronouns and Predicate Negation	否定不定代词和谓语否定
	116A	Polar Questions	一般疑问句
	117A	Predicative Possession	"有"的谓语表达
	118A	Predicative Adjectives	表语形容词
	119A	Nominal and Locational Predication	名词性和方位性述语
	120A	Zero Copula for Predicate Nominals	谓语名词的零系动词
	121A	Comparative Constructions	比较结构

续表

类目及数量	编号	术语原文	术语翻译
Complex Sentences（复合句）序号：122-128 数目：7	122A	Relativization on Subjects	主语相对化
	123A	Relativization on Obliques	间接格相对化
	124A	'Want' Complement Subjects	"想要"的补语主语
	125A	Purpose Clauses	目的从句
	126A	'When' Clauses	时间从句
	127A	Reason Clauses	原因从句
	128A	Utterance Complement Clauses	补语从句
Lexicon（词汇）序号：129-138 数目：13	129A	Hand and Arm	手和手臂
	130A	Finger and Hand	手指和手
	130B	Cultural Categories of Languages with Identity of 'Finger' and 'Hand'	"手指"和"手"特征的语言文化类别
	131A	Numeral Bases	数字
	132A	Number of Non-Derived Basic Color Categories	非衍生颜色类别
	133A	Number of Basic Color Categories	基本颜色类别
	134A	Green and Blue	蓝色和绿色
	135A	Red and Yellow	红色和黄色
	136A	M-T Pronouns	M-T 代词
	136B	M in First Person Singular	第一人称单数中的 M
	137A	N-M Pronouns	N-M 代词
	137B	M in Second Person Singular	第二人称单数中的 M
	138A	Tea	词汇：茶
Sign Languages（手语）序号：139-140 数目：2	139A	Irregular Negatives in Sign Languages	手语：非标准否定表达
	140A	Question Particles in Sign Languages	手语：疑问词
Other（其他）序号：141-142 数目：2	141A	Writing Systems	书写体系
	142A	Para-linguistic Usages of Clicks	平行语言用法

续表

类目及数量	编号	术语原文	术语翻译
Word Order（语序）序号：143-144 数目：32	143A	Order of Negative Morpheme and Verb	否定表达和动词顺序
	143B	Obligatory Double Negation	强制性双重否定结构
	143C	Optional Double Negation	选择性双重否定结构
	143D	Optional Triple Negation	选择性三重否定结构
	143E	Preverbal Negative Morphemes	动词前缀否定形态素
	143F	Postverbal Negative Morphemes	动词后缀否定形态素
	143G	Minor Morphological Means of Signaling Negation	否定义的次要形态表达
	144A	Position of Negative Word with Respect to Subject, Object, and Verb	伴随主语、宾语、动词否定表达的位置
	144B	Position of Negative Words Relative to Beginning and End of Clause and with Respect to Adjacency to Verb	句子开头、结尾以及与动词邻近的否定词位置
	144C	Languages with Different Word Order in Negative Clauses	否定从句中不同词序的语言
	144D	The Position of Negative Morphemes in SVO Languages	主语—谓语—宾语（SVO）中否定形态素的位置
	144E	Multiple Negative Constructions in SVO Languages	主语—谓语—宾语（SVO）中多重否定结构
	144F	Obligatory Double Negation in SVO Languages	主语—谓语—宾语（SVO）中强制双重否定结构
	144G	Optional Double Negation in SVO Languages	主语—谓语—宾语（SVO）中选择性双重否定结构
	144H	NegSVO Order	否定词位于主语—谓语—宾语（SVO）之前的位置
	144I	SNegVO Order	否定词位于谓宾之前、主语之后的位置
	144J	SVNegO Order	否定词位于主谓之后、宾语之前的位置
	144K	SVONeg Order	否定词位于主语—谓语—宾语（SVO）之后的位置

续表

类目及数量	编号	术语原文	术语翻译
Word Order（语序）序号：143—144 数目：32	144L	The Position of Negative Morphemes in SOV Languages	主语—宾语—谓语（SOV）中否定形态素的位置
	144M	Multiple Negative Constructions in SOV Languages	主语—宾语—谓语（SOV）中多重否定结构
	144N	Obligatory Double Negation in SOV Languages	主语—宾语—谓语（SOV）中强制双重否定结构
	144O	Optional Double Negation in SOV Languages	主语—宾语—谓语（SOV）中选择性双重否定结构
	144P	NegSOV Order	否定词位于主语—宾语—谓语（SOV）之前的位置
	144Q	SNegOV Order	否定词位于宾谓之前、主语之后的位置
	144R	SONegV Order	否定词位于主宾之后、谓语之前的位置
	144S	SOVNeg Order	否定词位于主语—宾语—谓语（SOV）之后的位置
	144T	The Position of Negative Morphemes in Verb-initial Languages	动词前置中否定形态素的位置
	144U	Double negation in Verb-initial Languages	动词前置中的双重否定结构
	144V	Verb-initial with Preverbal Negative	动词前置中的动词前否定结构
	144W	Verb-initial with Negative That Is Immediately Postverbal or between Subject and Object	动词前置中否定词紧跟动词后或位于主宾语之间
	144X	Verb-initial with Clause-final Negative	动词前置中句末的否定词
	144Y	The Position of Negative Morphemes in Object-initial Languages	宾语前置中否定形态素的位置
总数	192		

参考文献

一 中文参考文献

(一) 中文著作

安惠侯、黄舍骄、陈大维、杨健主编：《丝路新韵：新中国和阿拉伯国家50年外交历程》，世界知识出版社2006年版。

陈晓萍：《跨文化管理》，清华大学出版社2005年版。

国少华：《阿拉伯—伊斯兰文化研究——文化语言学视角》，时事出版社2009年版。

孙有中等：《核心价值观国际比较研究》，四川人民出版社、学习出版社2018年版。

何曼青：《超级竞争力：经济全球化潮流中跨国经营的文化支持》，国际文化出版公司2002年版。

季羡林主编：《东方文化史话》，黄山书社1987年版。

贾玉新：《跨文化交际学》，上海外语教育出版社1997年版。

李培林、王春光：《新社会结构的生长点——乡镇企业社会交换论》，山东人民出版社1993年版。

李意：《"一带一路"背景下阿拉伯智库研究》，时事出版社2020年版。

梁漱溟：《中国文化要义》，上海世纪出版集团2005年版。

马丽蓉：《"一带一路"软环境建设与中国中东人文外交》，社会科学文献出版社2016年版。

纳忠等：《传承与交融：阿拉伯文化》，浙江人民出版社1993年版。

潘亚玲：《跨文化能力内涵与培养——以高校外语专业大学生为例》，

对外经济贸易大学出版社 2016 年版。

祁茗田、陈立旭等：《文化与浙江区域经济发展》，浙江人民出版社 2001 年版。

唐绍欣：《非正式制度经济学》，山东大学出版社 2010 年版。

王文贵：《互动与耦合：非正式制度与经济发展》，中国社会科学出版社 2007 年版。

王有勇：《现代中阿经贸合作研究》，上海外语教育出版社 2004 年版。

王正伟主编：《中国—阿拉伯国家经贸论坛理论研讨会论文集》（2010 第一辑），黄河出版传媒集团、宁夏人民出版社 2010 年版。

韦森：《社会制序的经济分析导论》，上海三联书店 2001 年版。

肖凌：《阿拉伯固有文化研究》，社会科学文献出版社 2017 版。

杨韶艳：《中国对阿拉伯国家农产品贸易发展研究》，中国财经出版传媒集团、经济科学出版社 2019 年版。

姚匡乙、马丽蓉主编：《丝路新篇——中阿合作论坛十周年论文集》，世界知识出版社 2014 年版。

余建华、汪舒明、罗爱玲、傅勇：《中东变局研究》（上卷），社会科学文献出版社 2018 年版。

袁家军、王和山主编：《中国—阿拉伯国家博览会理论研讨会论文集》（2013 第四辑），黄河出版传媒集团、宁夏人民出版社 2013 年版。

张继焦：《市场化中的非正式制度》，文物出版社 1999 年版。

张廉、段庆林、王林聪、杨巧红主编：《中国—阿拉伯国家经贸发展报告》（2016），社会科学文献出版社 2016 年版。

张卫国：《语言的经济学分析：一个基本框架》，中国社会科学出版社 2016 年版。

张佑林：《区域文化与区域经济发展》，社会科学文献出版社 2007 年版。

张佑林、陈朝霞：《文化变革与西部经济发展》，浙江大学出版社 2012 年版。

张宇燕：《经济发展与制度选择——对制度的经济分析》，中国人民大学出版社 2017 年版。

赵磊：《文化经济学的"一带一路"》，大连理工大学出版社2016年版。

中国社会科学院西亚非洲研究所编：《中国的中东非洲研究（1949—2010）》，社会科学文献出版社2011年版。

中华人民共和国外交部亚非司编：《中阿合作论坛第五届中阿关系暨中阿文明对话研讨会发言汇编》（2013年6月），世界知识出版社2014年版。

（二）中文译著

[埃及] 艾哈迈德·爱敏：《阿拉伯—伊斯兰文化史》（第一册），纳忠译，商务印书馆1982年版。

[澳] 贝哲民：《新丝绸之路：阿拉伯世界如何重新发现中国》，程仁桃译，东方出版社2011年8月版。

[德] 柯武刚、史漫飞：《制度经济学：社会秩序与公共政策》，韩朝华译，商务印书馆2000年版。

[德] 威廉·冯·洪堡特：《论人类语言结构的差异及其对人类精神发展的影响》，姚小平译，商务印书馆1999年版。

[荷] Geert Hofstede：《文化之重：价值、行为、体制和组织间的跨国比较》（第二版），许力生导读，上海外语教育出版社2008年版。

[荷] 吉尔特·霍夫斯泰德、格特·扬·霍夫斯泰德：《文化与组织：心理软件的力量》（第二版），李原、孙健敏译，中国人民大学出版社2010年版。

[美] R.科斯，A.阿尔钦，D.诺斯等：《财产权利与制度变迁：产权学派与新制度学派译文集》，刘守英等译，上海三联书店、上海人民出版社1994年版。

[美] W·理查德·斯科特：《制度与组织——思想观念与物质利益》（第3版），姚伟、王黎芳译，中国人民大学出版社2010年版。

[美] 道格拉斯·C.诺斯：《制度、制度变迁与经济绩效》，刘守英译，上海三联书店1994年版。

[美] 凡勃伦：《有闲阶级论》，蔡受百译，商务印书馆1964年版。

[美] 罗纳德·哈里·科斯：《论生产的制度结构》，盛洪、陈郁译校，

上海三联书店1994年版。

［日］青木昌彦：《比较制度分析》，周黎安译，上海远东出版社2001年版。

［瑞士］费尔迪南·德·索绪尔：《普通语言学教程》，高名凯译，岑麒祥、叶蜚声校注，商务印书馆1980年版。

（三）中文学位论文

黎轲：《对外投资动因、政治风险、制度距离与区位选择》，博士学位论文，北京邮电大学，2014年。

孙涛：《新制度经济学与新经济社会学的比较及综合：交易组织制度分析》，博士学位论文，山东大学，2009年。

王玉强：《在华阿拉伯商人社会适应研究》，博士学位论文，宁夏大学，2022年。

许文强：《义乌市"异国风情街"语言景观研究》，硕士学位论文，浙江工商大学，2020年。

杨子实：《"嵌入式互动"：中阿博览会与对阿经贸合作机制研究》，博士学位论文，宁夏大学，2022年。

翟卉：《中国对"一带一路"国家直接投资影响因素及投资潜力》，博士学位论文，青岛大学，2017年。

赵丽淑：《"一带一路"背景下义乌翻译服务市场现状及人才需求调查报告》，硕士学位论文，上海外国语大学，2019年。

（四）中文期刊论文

安宝钧：《阿联酋市场及中阿经贸关系》，《西亚非洲》1996年第6期。

安刚：《对中国区域国别研究的几点思考——访北京大学副教授牛可、云南大学教授卢光盛》，《世界知识》2018年第12期。

包澄章：《中国与阿拉伯国家人文交流的现状、基础及挑战》，《西亚非洲》2019年第1期。

陈杰：《区域国别学的中国特色塑造》，《国际关系研究》2023年第2期。

陈宗德：《中国—阿拉伯经济关系：现状与前景》，《西亚非洲》1987年第4期。

程彤、邓世平：《"一带一路"沿线关键土著语言专业课程设置研究》，《外语界》2019年第6期。

崔璨、王立非：《北京冬奥会语言服务对京津冀GDP增长率贡献预测》，《经济与管理》2020年第3期。

戴曼纯、潘巍巍：《国家语言能力建设视角下的个人多语能力》，《语言文字应用》2018年第1期。

丁俊、朱琳：《新时代中国与阿拉伯国家合作的机制、成就与意义》《阿拉伯世界研究》2022年第3期。

董希骁：《我国非通用语产业发展现状及对策》，《山东师范大学学报》（社会科学版）2020年第5期。

冯志伟、张灯柯：《GPT与语言研究》，《外语电化教学》2023年第2期。

高红梅：《唐以前中阿贸易关系概述》，《西北第二民族学院学报》（哲学社会科学版）2006年第3期。

高健：《新"丝绸之路"经济带背景下外语政策思考》，《东南大学学报》（哲学社会科学版）2014年第4期。

顾正龙：《"中阿合作论坛"框架下的中阿合作范式研究》，《阿拉伯世界研究》2011年第1期。

郭冬乐、李越：《制度秩序论》，《财贸经济》2001年第6期。

郭苏文、黄汉民：《制度距离对我国外向FDI的影响——基于动态面板模型的实证研究》，《国际经贸探索》2010年第11期。

郭应德：《唐代中阿经济关系》，《阿拉伯世界》1994年第2期。

韩永辉、邹建华《"一带一路"背景下的中国与西亚国家贸易合作现状和前景展望》，《国际贸易》2014年第8期。

何山华、杨晓春：《基于大数据的"一带一路"沿线国家中文学习关注度研究》，《云南师范大学学报》（哲学社会科学版）2022年第5期。

何玉江：《中国与阿拉伯国家文化经贸合作现状及其对策》，《宁夏社会科学》2011年第1期。

贺娅萍、徐康宁：《"一带一路"沿线国家的经济制度对中国OFDI的影响研究》，《国际贸易问题》2018年第1期。

胡超、王新哲：《中国—东盟区域经济深度一体化——制度环境与制度距离的视角》，《国际经贸探索》2012 年第 3 期。

黄建钢：《论跨学科研究的经验、现状及趋势——对"跨学科研究"范式的一点反思和提炼》，《学位与研究生教育》2012 第 3 期。

黄先海、吴屹帆：《正式制度、非正式制度质量与比较优势》，《国际贸易问题》2020 年第 3 期。

黄新飞、舒元、徐裕敏：《制度距离与跨国收入差距》，《经济研究》2013 年第 9 期。

黄运发：《略论阿拉伯—伊斯兰文化的成因、成就和世界影响》，《西北大学学报》（哲学社会科学版）1993 年第 2 期。

加法尔·卡拉尔·艾哈迈德、包澄章：《中阿合作论坛的成就及发展趋势》，《阿拉伯世界研究》2014 年第 3 期。

贾裕泉：《进化经济理论评述》，《经济学动态》2000 年第 6 期。

姜锋：《浅谈区域国别人才培养和学科建设中的两个能力与三个基础》，《当代外语研究》2022 年第 6 期。

姜英梅：《中东国家基础设施建设与"一带一路"合作前景》，《阿拉伯世界研究》2019 年第 2 期。

姜英梅：《中东商业文化环境对"一带一路"的影响及建议》，《当代世界》2016 年第 9 期。

姜英梅：《中国——中东经贸合作要有新思路》，《世界知识》2016 年第 5 期。

蒋洪新、贾文键、文秋芳等：《新时代中国特色外语教育：理论与实践》，《外语教学与研究》2018 年第 3 期。

金忠杰：《阿拉伯语教学在宁夏的历史沿革及其民间特点》，《西北第二民族学院学报》（哲学社会科学版）2007 年第 3 期。

阚大学、罗良文：《文化差异与我国对外贸易流量的实证研究——基于贸易引力模型》，《中央财经大学学报》2011 年第 7 期。

黎绍凯、张广来、张杨勋：《东道国投资风险、国家距离与我国 OFDI 布局选择—基于"一带一路"沿线国家的经验证据》，《商业研究》2018 年第 12 期。

李晨阳：《关于新时代中国特色国别与区域研究范式的思考》，《世界经济与政治》2019年第10期。

李俊久、丘俭裕：《中国对APEC成员的出口潜力及其影响因素研究——基于贸易引力模型的实证检验》，《亚太经济》2017年第6期。

李培林：《另一只看不见的手：社会结构转型》，《中国社会科学》1992年第5期。

李伟建、唐志超、丁俊、王广大：《中阿峰会成果丰硕 中阿关系谱写新篇》，《阿拉伯世界研究》2023年第1期。

李文宇、刘洪铎：《多维距离视角下的"一带一路"构建——空间、经济、文化与制度》，《国际经贸探索》2016年第6期。

李宇明：《语言在全球治理中的重要作用》，《外语界》2018年第5期。

李元旭、刘鷉：《制度距离与我国企业跨国并购交易成败研究》，《财经问题研究》2016年第3期。

李增刚、赵苗：《英语语用水平与中国国际服务贸易：理论分析与实证研究》，《制度经济学究》2013年第3期。

李振中：《中国文化与阿拉伯文化》，《西北民族研究》2014年第3期。

梁碧波：《文化经济学：两种不同的演进路径》，《学术交流》2010年第6期。

梁芷铃：《人文交流：中阿关系"粘合剂"》，《世界知识》2023年第2期。

林丰民：《中阿经典互译：新时代文明互鉴的实际行动》，《中国穆斯林》2021年第1期。

林玲、闫玉宁、赵素萍：《中美两国贸易效率及潜力研究》，《国际商务》（对外经济贸易大学学报）2018年第2期。

刘京华、全毅：《"一带一路"背景下福建深化与西亚经贸合作的策略》，《亚太经济》2017年第5期。

刘开古：《阿汉语言现象的比较研究》，《阿拉伯世界》1989年第2期。

刘青：《义乌常驻外商子女教育对策研究》，《山东农业工程学院学报》2015年第3期。

刘胜湘、高瀚：《中东剧变背景下中国中东大国外交论析》，《西亚非洲》2020年第5期。

刘璇:《中国与海湾六国的经贸关系现状与前景分析》,《阿拉伯世界》2005年第2期。

刘再起、张永亮、王阳:《"一带一路"背景下中国对欧盟直接投资的贸易效应》,《学习与实践》2017年第8期。

吕耀军、张红娟:《伊斯兰世界女权主义理论的历史流变》,《阿拉伯世界研究》2019年第4期。

罗晓裴、邹建华:《中国与中东地区经贸合作问题及其对策分析》,《改革与战略》2011年第8期。

马丽蓉:《"以文促经":宁夏参与中国对阿人文外交的路径探索》,《回族研究》2011年第3期。

马琴:《"一带一路"视域下中阿金融合作初探》,《改革与战略》2019年第10期。

马青:《展望21世纪中阿经贸协作前景》,《阿拉伯世界》2000年第2期。

马晓霖:《从战略高度重视宁夏中阿经贸合作论坛及文明交流格局的构建》,《回族研究》2010年第4期。

穆罕默德·阿卜杜·瓦哈布·萨基特、陈万里:《关于21世纪阿拉伯与中国的合作》,《阿拉伯世界》2005年第3期。

穆罕默德·努曼·贾拉勒、包澄章:《"中阿合作论坛"的成就、挑战与前景》,《阿拉伯世界研究》2014年第2期。

潘镇:《制度质量、制度距离与双边贸易》,《中国工业经济》2006年第7期。

彭卉、蒋涌:《语言趋同与国际贸易——基于修正重力模型的实证》,《广东外语外贸大学学报》2012年第3期。

祁春凌、邹超:《东道国制度质量、制度距离与中国的对外直接投资区位》,《当代财经》2013第7期。

綦建红、李丽、杨丽:《中国OFDI的区位选择:基于文化距离的门槛效应与检验》,《国际贸易问题》2012年第12期。

钱学文:《中阿经贸合作的深化与发展》,《阿拉伯世界研究》2011年第 2 期。

钱学文:《中东剧变对中国海外利益的影响》,《阿拉伯世界研究》2012 年第 6 期。

潜旭明:《中东国家与中国经贸关系:现状与对策》,《理论视野》2013 年第 11 期。

青木昌彦、周黎安、王珊珊:《什么是制度?我们如何理解制度?》,《经济社会体制比较》2000 年第 6 期。

邱立成、王凤丽:《我国对外直接投资主要宏观影响因素的实证研究》,《国际贸易问题》2008 年第 6 期。

曲如晓、韩丽丽:《中国文化商品贸易影响因素的实证研究》,《中国软科学》2010 年第 11 期。

曲如晓、杨修、刘杨:《文化差异、贸易成本与中国文化产品出口》,《世界经济》2015 年第 9 期。

屈哨兵:《语言服务的概念系统》,《语言文字应用》2012 年第 1 期。

屈哨兵:《语言服务视角下的中国语言生活研究》,《北华大学学报》(社会科学版)2011 年第 5 期。

任力、王宁宁:《演化经济学的形成与发展》,《西南大学学报》(人文社会科学版)2006 年第 1 期。

任晓、孙志强:《区域国别研究的发展历程、趋势和方向——任晓教授访谈》,《国际政治研究》2020 年第 1 期。

任钊逸、范徵、李妍:《霍夫斯坦特国家文化模型与世界价值观调查的比较研究》,《上海管理科学》2014 年第 5 期。

尚宇红、崔惠芳:《文化距离对中国和中东欧国家双边贸易的影响——基于修正贸易引力模型的实证分析》,《江汉论坛》2014 年第 7 期。

束定芳:《关于我国外语教育规划与布局的思考》,《外语教学与研究》2013 年第 3 期。

宋渊洋:《制度距离、制度相对发展水平与服务企业国内跨地区经营战略——来自中国证券业的经验证据》,《南开管理评论》2015 年第 3 期。

苏剑、葛加国:《基于引力模型的语言距离对贸易流量影响的实证分析——来自中美两国的数据》,《经济与管理评论》2013 年第 4 期。

孙钦美、赵双花:《构建新时代高校外语学科协同发展"共同体"——一流外国语言文学学科建设与发展高峰论坛述评》,《外语界》2018 年第 1 期。

孙玉琴:《中国与以色列经贸关系的发展》,《国际商务》(对外经济贸易大学学报)1997 年第 4 期。

唐宝才:《对伊拉克战争后中国与中东经贸关系的思考》,《阿拉伯世界研究》2006 年第 3 期。

唐心智、刘晓燕:《国际贸易与国际直接投资理论相互关系研究综述》,《求索》2007 年第 8 期。

唐雪梅、马吉德:《"一带一路"沿线海湾阿拉伯国家语言现状与语言政策》,《西安外国语大学学报》2018 年第 4 期。

田晖:《国家文化距离对中国进出口贸易影响的区域差异》,《经济地理》2015 年第 2 期。

田晖、蒋辰春:《国家文化距离对中国对外贸易的影响——基于 31 个国家和地区贸易数据的引力模型分析》,《国际贸易问题》2012 年第 3 期。

田文林:《"一带一路"与中国的中东战略》,《西亚非洲》2016 年第 2 期。

万伦来、高翔:《文化、地理与制度三重距离对中国进出口贸易的影响——来自 32 个国家和地区进出口贸易的经验数据》,《国际经贸探索》2014 年第 5 期。

汪宁:《丝绸之路大文化背景下俄罗斯东欧中亚区域国别研究的学科构建》,《新疆师范大学学报》(哲学社会科学版)2017 年第 2 期。

王海文:《提升中国在阿拉伯国家文化软实力的贸易路径研究》,《国际贸易》2015 年第 1 期。

王洪涛:《文化差异是影响中国创意产品出口的阻碍因素吗——基于中国创意产品出口 35 个国家和地区的面板数据检验》,《国际经贸探索》2014 年第 10 期。

王健、周国建:《试论 21 世纪中国与中东经贸关系》,《阿拉伯世界》

2001 年第 2 期。

王立非、金钰珏:《我国对外贸易中语言障碍度测量及影响:引力模型分析》,《外语教学》2018 年第 1 期。

王利平:《中埃经贸关系回顾与展望》,《外交学院学报》2000 年第 1 期增刊。

王联:《中国与中东国家的经贸关系》,《国际问题研究》2008 年第 4 期。

王烈琴、于培文:《"一带一路"发展战略与中国语言教育政策的对接》,《河北学刊》2017 年第 1 期。

王猛:《中国参与中东经济事务的全球视角分析》,《阿拉伯世界研究》2007 年第 4 期。

王猛:《中阿经贸的发展与问题》,《宁夏社会科学》2012 年第 3 期。

王猛:《论"一带一路"倡议在中东的实施》,《现代国际关系》2017 年第 3 期。

王猛、王博超:《21 世纪以来中阿经贸合作发展的多维透视》,《阿拉伯世界研究》2023 年第 1 期。

王南:《中阿媒体交流与合作刍议》,《阿拉伯世界研究》2011 年第 1 期。

王胜、田涛:《中国对外直接投资区位选择的影响因素研究——基于国别差异的视角》,《世界经济研究》2013 年第 12 期。

王是业:《新形势下与海合会国家开展"一带一路"经贸合作的基础、机遇和挑战》,《国际论坛》2017 年第 4 期。

王恕立、向姣姣:《中国对外直接投资的贸易效应——基于 2003—2012 年跨国面板的经验分析》,《经济体制改革》2014 年第 4 期。

王文贵:《非正式制度与经济发展:一个总括性分析》,《江汉论坛》2006 年第 6 期。

王晓宇:《"一带一路"倡议下阿拉伯国家投资环境分析》,《对外经贸实务》2019 年第 5 期。

王晓宇:《"一带一路"背景下制度距离对我国向中东和北非出口贸易影响研究》,《国际商务研究》2020 年第 1 期。

王晓宇、杨言洪：《区域国别视角下语言距离对中国向西亚北非出口贸易的影响及潜力分析》，《上海对外经贸大学学报》2019年第2期。

王晓宇、杨言洪：《非正式制度距离对我国对中东直接投资影响研究》，《投资研究》2019年第11期。

王瑛：《"一带一路"与中国对海合会的农产品与食品出口》，《阿拉伯世界研究》2015年第4期。

魏浩、何晓琳、赵春明：《制度水平、制度差距与发展中国家的对外贸易发展——来自全球31个发展中国家的国际经验》，《南开经济研究》2010年第5期。

魏健馨：《女性人权保护的宪法学审视》，《南开学报》（哲学社会科学版）2015年第1期。

魏敏：《"一带一路"框架下中国与中东基础设施互联互通问题研究》，《国际经济合作》2017年第12期。

文秋芳：《中文在联合国系统中影响力的分析及其思考》，《语言文字应用》2015年第3期。

文秋芳：《国家语言能力的内涵及其评价指标》，《云南师范大学学报》（哲学社会科学版）2016年第2期。

文秋芳：《国家话语能力的内涵——对国家语言能力的新认识》，《新疆师范大学学报》（哲学社会科学版）2017年第3期。

文秋芳：《对"国家语言能力"的再解读——兼述中国国家语言能力70年的建设与发展》，《新疆师范大学学报》（哲学社会科学版）2019年第5期。

文巍、吴昊：《"一带一路"背景下阿拉伯国家投资环境研究》，《阿拉伯世界研究》2020年第5期。

吴佳茗、李蕊：《中国与海合会国家金融合作的问题及对策分析》，《阿拉伯世界研究》2019年第3期。

吴思科：《丝路思想沉淀超拔 丝路战略定性塑形 评〈丝路学研究——基于中国人文外交的阐释框架〉》，《公共外交季刊》2015年第1期。

吴思科：《中阿合作历史上的一座新的里程碑》，《阿拉伯世界研究》

2010 年第 6 期。

吴晓波、李竞、李文、隋易宏：《正式制度距离与非正式制度距离对海外进入模式影响——来自中国跨国企业的经验研究》，《浙江大学学报》（人文社会科学版）2017 年第 5 期。

吴云贵：《伊斯兰宗教与伊斯兰文明》，《阿拉伯世界研究》2009 年第 1 期。

项皓、张晨：《变化中的价值观——基于中国 WVS 的调查实践研究》，《云南社会主义学院学报》2015 年第 1 期。

肖宪：《改革开放初期中国与中东国家经贸关系的发展》，《阿拉伯世界研究》2018 年第 5 期。

谢孟军：《出口抑或对外投资——基于制度距离的视角》，《国际商务》（对外经济贸易大学学报）2015 年第 6 期。

谢孟军、郭艳茹：《语言交易成本对中国出口贸易的影响》，《现代财经》（天津财经大学学报）2013 年第 5 期。

辛杰：《企业社会责任自律与型构：非正式制度的嵌入》，《当代财经》2014 年第 5 期。

徐珺、自正权：《语言对中国对外贸易影响之实证研究：基于 17 国数据的考察》，《外语电化教学》2016 年第 4 期。

许陈生、程娟：《文化距离与中国文化创意产品出口》，《国际经贸探索》2013 年第 11 期。

许文强、柴改英：《义乌市"异国风情街"阿拉伯语景观调查研究》，《未来传播》2020 年第 1 期。

薛有志、刘鑫：《国外制度距离研究现状探析与未来展望》，《外国经济与管理》2013 年第 3 期。

严若森、钱晶晶：《中国企业国际化背景下的制度距离文献计量分析》，《管理学报》2016 年第 3 期。

严庭国：《"义乌模式"的文化视角——宁夏中阿经贸合作先行区之探究》，《回族研究》2010 年第 4 期。

阎大颖：《中国企业对外直接投资的区位选择及其决定因素》，《国际贸易问题》2013 第 7 期。

杨福昌:《中东局势动荡及其对中阿经贸关系的影响》,《阿拉伯世界研究》2011年第5期。

杨洁勉:《新时代中国区域国别学科建设的理论意义与学术治理》,《亚太安全与海洋研究》2022年第4期。

杨默、郭栋、龚璞:《正式制度与非正式制度如何影响政治不稳定风险——基于2000—2015年世界竞争力年鉴的面板数据分析》,《经济社会体制比较》2016年第4期。

杨秋杰、马兰:《中阿博览会框架下宁夏民办阿拉伯语教学发展的机遇与挑战》,《西北民族大学学报》(哲学社会科学版) 2014年第5期。

杨嵘均:《论正式制度与非正式制度在乡村治理中的互动关系》,《江海学刊》2014年第1期。

杨韶艳、李娟:《技术性贸易壁垒对中国和海合会建立自贸区的经济影响——基于GTAP模型的模拟研究》,《亚太经济》2019年第5期。

杨祥章:《发展中国特色区域国别研究 助力"一带一路"建设——"区域国别研究理论与方法研讨会"会议综述》,《云南大学学报》(社会科学版) 2018第5期。

杨言洪、田冉冉:《"一带一路"倡议背景下中国与阿拉伯国家经贸合作研究》,《国际商务》(对外经济贸易大学学报) 2018年第3期。

杨言洪、王晓宇:《中国与中东"语言互通"贸易价值研究与人才培养启示》,《山东师范大学学报》(人文社会科学版) 2018年第6期。

杨子实:《中阿博览会的起源、贡献与展望》,《西亚非洲》2021年第4期。

姚匡乙:《抓住机遇,开拓中国与阿拉伯国家关系的新局面》,《阿拉伯世界》2005年第5期。

叶文楼:《中国与海湾六国经贸关系的现状与前景》,《国际贸易问题》2001年第10期。

伊斯梅尔·尤素夫:《发展阿中经贸合作关系的构想及建议》,《西亚非洲》1997年第2期。

衣长军、徐雪玉、刘晓丹、王玉敏:《制度距离对OFDI企业创新绩效影响研究:基于组织学习的调节效应》,《世界经济研究》2018年第

5期。

殷华方、鲁明泓：《文化距离和国际直接投资流向：S型曲线假说》，《南方经济》2011年第1期。

虞卫东：《中国与中东地区国家经贸合作现状和前景分析》，《世界经济研究》2006年第12期。

袁军：《语言服务的概念界定》，《中国翻译》2014年第1期。

袁其刚、郜晨：《企业对东盟直接投资的政治风险分析》，《国际商务》（对外经济贸易大学学报）2018年第3期。

苑勤：《中国与中东国家经贸关系的现状与发展前景》，《亚非纵横》1994年第1期。

岳圣淞：《语言战略构建与"一带一路"在南亚的可持续发展》，《南亚研究》2021年第4期。

臧新、林竹、邵军：《文化亲近、经济发展与文化产品的出口——基于中国文化产品出口的实证研究》，《财贸经济》2012年第10期。

张川川、李涛：《文化经济学研究的国际动态》，《经济学动态》2015年第1期。

张淳、田欣：《语言文化交流是实施"一带一路"倡议的"助推器"》，《湖北社会科学》2017年第10期。

张红玲：《以跨文化教育为导向的外语教学：历史、现状与未来》，《外语界》2012第2期。

张慧玉：《"一带一路"背景下的中国语言服务行业：环境分析与对策建议》，《外语界》2018年第5期。

张捷、涂晓韦：《"一带一路"背景下中国—阿拉伯国家出版交流合作探析》，《新闻爱好者》2023年第6期。

张来春、许明：《文化经济学论纲》，《学术界》2007年第6期。

张宁湘、许丹松：《九十年代中国与阿拉伯国家的经贸现状及前景》，《西亚非洲》1997年第4期。

张倩红、刘洪洁：《从文明交往到文明自觉——彭树智先生的文明交往史观》，《史学理论研究》2016年第4期。

张帅：《中阿合作论坛框架下的农业合作：特征、动因与挑战》，《西亚非洲》2020 年第 6 期。

张天伟：《国家语言能力视角下的我国非通用语教育：问题与对策》，《外语界》2017 年第 2 期。

张天伟：《我国关键语言战略研究》，《中国社会科学院研究生院学报》2015 年第 3 期。

张卫国：《语言的经济学分析：一个综述》，《经济评论》2011 年第 4 期。

张卫国、刘国辉：《中国语言经济学研究述略》，《语言教学与研究》2012 年第 6 期。

张卫国、孙涛：《语言的经济力量：国民英语能力对中国对外服务贸易的影响》，《国际贸易问题》2016 年第 8 期。

张雪鹏、施雁红：《美国—伊斯兰世界冲突的价值观因素研究》，《云南行政学院学报》2017 年第 3 期。

张宇、王冰：《观念改变世界——"世界价值观调查"研究评介》，《华中科技大学学报》（社会科学版）2012 年第 4 期。

张治国：《"一带一路"建设中的语言问题》，《语言文字应用》2016 年第 4 期。

赵家章、池建宇：《信任、正式制度与中国对外贸易发展——来自全球 65 个国家的证据》，《中国软科学》2014 年第 1 期。

赵启正：《语言服务是跨越文化障碍之桥》，《中国翻译》2014 年第 1 期。

赵世举：《从服务内容看语言服务的界定和类型》，《北华大学学报》（社会科学版）2012 年第 3 期。

赵世举：《全球竞争中的国家语言能力》，《中国社会科学》2015 年第 3 期。

赵世举：《"一带一路"建设的语言需求及服务对策》，《云南师范大学学报》（哲学社会科学版）2015 年第 4 期。

赵子乐、林建浩：《经济发展差距的文化假说：从基因到语言》，《管理世界》2017 年第 1 期。

仲伟合、张清达：《"一带一路"视域下的中国特色大国外语教育战略的思考》，《中国外语》2017年第5期。

周超、刘夏、辜转：《营商环境与中国对外直接投资——基于投资动机的视角》，《国际贸易问题》2017年第10期。

周国建：《战后中东市场潜力及经贸合作前景》，《阿拉伯世界》2003年第6期。

周经、刘厚俊：《制度距离、人力资源与跨国企业对外投资模式选择》，《财贸研究》2015年第1期。

周小亮、笪贤流：《效用、偏好与制度关系的理论探讨——反思消费者选择理论偏好稳定之假设》，《学术月刊》2009年第1期。

周业安：《关于当前中国新制度经济学研究的反思》，《经济研究》2001第7期。

朱建荣：《阿拉伯世界的中国形象探析——基于中阿交往历史进程背景下的形象审视》，《学术探索》2015第11期。

朱江丽：《国家距离与中国文化创意产品出口——基于中国与40个贸易伙伴的面板门限分析》，《世界经济与政治论坛》2017年第2期。

朱明宝、杨云彦：《幸福感与居民的生育意愿—基于CGSS2013数据的经验研究》，《经济学动态》2017年第3期。

朱威烈：《知难而进 磨杵成针——〈阿拉伯—伊斯兰文化研究——文化语言学视角〉序》，《回族研究》2010年第2期。

祝树金、段凡、邵小快、钟腾龙：《出口目的地非正式制度、普遍道德水平与出口产品质量》，《世界经济》2019年第8期。

邹磊：《新丝绸之路上宗教与贸易的互动：以义乌、宁夏为例》，《世界宗教文化》2015年第1期。

［美］丽萨·布赖德斯、［美］克里斯托弗·派克、李忠林、朱灵燕：《丝绸之路上的贸易与政治破碎：中国—东方穆斯林历史交往的经济文化影响》，《国外社会科学前沿》2021年第11期。

［美］道格拉斯·C.诺斯、路平、何玮：《新制度经济学及其发展》，《经济社会体制比较》2002年第5期。

［沙特］哈利德·卡拉什：《沙特的经济政策与沙中经贸合作》，《西亚非洲》1995年第6期。

二　英文参考文献
（一）英文著作

Arndt Sorge, Geert Hofstede, *Culture's Consequences: International Differences in Work-Related Values*, California: Sage Publications, 1983.

Florence Rockwood Kluckhohn, Fred L. Strodtbeck, *Variations in Value Orientations*, Evanston, Ill: Row, Peterson, 1961.

Fons Trompenaars, Charles Hampden-Turner, *Riding the Waves of Culture: Understanding Diversity in Global Business*, New York: McGraw-Hill, 1998.

Geert Hofstede, Gert Jan Hofstede, M. Minkov, *Cultures and Organizations: Software for the Mind*, 3rd Edition, New York: McGraw-Hill, 2010.

G. Lindzey, E. Aronson, *The Handbook of Social Psychology (3rd Ed.)*, New York: Random House, 1985.

Jan Tinbergen, *Shaping the World Economy*, New York: The Twentieth Century Fund, 1962.

John J. Macionis, *Sociology*, Boston: Pearson, 2012.

J. Mark Halstead, Mark A. Pike, *Citizenship and Moral Education: Values in Action*, London and New York: Routledge, 2006.

L. Hart-González, S. Lindemann, *Expected Achievement in Speaking Proficiency*, School of Language Studies, Foreign Services Institute, Department of State, Washington, DC. Mimeographed Document, 1993.

Ronald Inglehart, C. Welzel, *Modernization, Cultural Change, and the Democracy: The Human Development Sequence*, Cambridge: Cambridge University Press, 2005.

Ronald Inglehart, *Modernization and Postmodernization: Cultural, Economic, and Political Change in 43 Societies*, Princeton: Princeton University Press, 1997.

William R. Scott, *Institutions and Organizations*, Thousand Oaks: Sage,

1995.

(二) 英文学位论文

Daniel Rotting, *Institutional Distance, Social Capital, and the Performance of Foreign Acquisitions in the United States*, Doctoral Dissertation of Florida Atlantic University, 2008.

Dean Xu, *The Effect of Institutional Distance on Multinational Enterprise Strategy*, Doctoral Dissertation of York University, 2001.

Tatiana Kostova, *Success of the Transnational Transfer of Organizational Practices within Multinational Companies*, Doctoral Dissertation of University of Minnesota, 1996.

Robert Gregory Bell, *Institutional Distance and Foreign IPO Performance: The Moderating Effects of Governance and Organizational Capabilities*, Doctoral Dissertation of University of Texas at Arlington, 2008.

Yumeng Du, *Institutional Distance and Location Choice of Multinational Enterprises*, Doctoral Dissertation of Singapore Management University, 2009.

Zheying Wu, *Three Essays on Distance: Examining the Role of Institutional Distance on Foreign Firm Entry, Local Isomorphism Strategy and Subsidiary Performance*, Doctoral Dissertation of University of Southern California, 2009.

(三) 英文期刊论文

Ahmad Arslan, Jorma Larimo, "Greenfield Investments or Acquisitions: Impacts of Institutional Distance on Establishment Mode Choice of Multinational Enterprises in Emerging Economies", *Journal of Global Marketing*, Vol. 24, No. 4, 2011.

Ahmad Arslan, Jorma Larimo, "Ownership Strategy of Multinational Enterprises and the Impacts of Regulative and Normative Institutional Distance: Evidence from Finnish Foreign Direct Investments in Central and Eastern Europe", *Journal of East-West Business*, Vol. 16, No. 3, 2010.

参考文献

Ajai S. Gaur, Jane W. Lu, "Ownership Strategies and Survival of Foreign Subsidiaries: Impacts of Institutional Distance and Experience", *Journal of Management*, Vol. 33, No. 1, 2007.

Ajai S. Gaur, Andrew Delios, Kulwant Singh, "Institutional Environments, Staffing Strategies, And Subsidiary Performance", *Journal of Management*, Vol. 33, No. 4, 2007.

Apanard Penny Angkinand, Eric M. P. Chiu, "Will Institutional Reform Enhance Bilateral Trade Flows? Analyses from Different Reform Aspects", *Journal of Economic Policy Reform*, Vol. 14, No. 3, 2011.

Barry R. Chiswick, Paul W. Miller, "Linguistic Distance: A Quantitative Measure of the Distance Between English and Other Languages", *Journal of Multilingual and Multicultural Development*, Vol. 26, No. 1, 2005.

Bedassa Tadesse, Roger White, "Does Cultural Distance Hinder Trade in Goods? A Comparative Study of Nine OECD Member Nations", *Open Economies Review*, Vol. 21, No. 2, 2010.

Bruce Kogut, Harbir Singh, "The Effect of National Culture on the Choice of Entry Mode", *Journal of International Business Studies*, Vol. 19, No. 3, 1988.

Chen-Ho Chao, Vikas Kumar, "The Impact of Institutional Distance on the International Diversity-performance Relationship", *Journal of World Business*, Vol. 45, No. 1, 2010.

Daniel Kaufmann, Aart Kraay, Massimo Mastruzzi, "The Worldwide Governance Indicators: Methodology and Analytic Issues", *Hague Journal on the Rule of Law*, Vol. 3, No. 2, 2011.

Daniel Rotting, Taco H. Reus, "Institutional Distance, Organizational Legitimacy, and the Performance of Foreign Acquisitions in the United States", *Academy of Management Proceedings*, 2009.

Dean Xu, Y. Pan, P. W. Beamish, "The Effect of Regulative and Normative Distances on MNE Ownership and Expatriate Strategies", *Man-

agement International Review, Vol. 44, No. 3, 2004.

Desislava Dikova, Padma Rao Sahib, Arjen van Witteloostuijn, "Cross-border Acquisition Abandonment and Completion: The Effect of Institutional Differences and Organizational Learning in The International Business Service Industry, 1981 – 2001", *Journal of International Business Studies*, Vol. 41, No. 2, 2010.

Dolores Añón Higón, Miguel Manjón Antolín, "Multinationality, Foreignness and Institutional Distance in the Relation between R&D and Productivity", *Research Policy*, Vol. 41, No. 3, 2012.

Douglass C. North, "Source of Productivity Change in Ocean Shipping, 1600—1850", *Journal of Political Economy*, Vol. 76, No. 5, 1968.

Fathi A. Ali, Norbert Fiess, Ronald MacDonald, "Do Institutions Matter for Foreign Direct Investment?", *Open Economies Review*, Vol. 21, No. 2, 2010.

Federico Cingano, Paolo Pinotti, "Trust, Firm Organization, and The Pattern of Comparative Advantage", *Journal of International Economics*, Vol. 100, 2016.

Heather Berry, Mauro F. Guillén, Nan Zhou, "An Institutional Approach to Cross-national Distance", *Journal of International Business Studies*, Vol. 41, No. 9, 2010.

Henri L. F. de Groot, Gert-Jan Linders, Piet Rietveld, Uma Subramanian, "The Institutional Determinants of Bilateral Trade Patterns", *Kyklos*, Vol. 57, No. 1, 2004.

Hyejin Ku, Asaf Zussman, "Lingua Franca: The Role of English in International Trade", *Journal of Economic Behavior and Organization*, Vol. 75, No. 2, 2010.

Ingo Eduard Isphording, Sebastian Otten, "The Costs of Babylon—Linguistic Distance in Applied Economics", *Review of International Economics*, Vol. 21, No. 2, 2013.

Jacques Melitz, "Language and Foreign Trade", *European Economic Review*, Vol. 52, No. 4, 2008.

James E. Anderson, Eric van Wincoop, "Trade Costs", *Journal of Economic Literature*, No. 3, 2004.

Jan Fidrmuc, Jarko Fidrmuc, "Foreign Languages and Trade: Evidence from a Natural Experiment", *Empirical Economics*, Vol. 50, No. 1, 2016.

Jeffrey Frankel, Andrew Rose, "An Estimate of the Effect of Common Currencies on Trade and Income", *The Quarterly Journal of Economics*, Vol. 117, No. 2, 2002.

Johannes Lohmann, "Do Language Barriers Affect Trade?", *Economics Letters*, Vol. 110, No. 2, 2011.

John R. Searle, "What is an Institution", *Journal of Institutional Economics*, Vol. 1, No. 1, 2006.

Jonathan Fulton, "China-Saudi Arabia Relations Through the '1+2+3' Cooperation Pattern", *Asian Journal of Middle Eastern and Islamic Studies*, Vol. 14, No. 4, 2020.

Kenneth J. Arrow, "Gifts and Exchanges", *Philosophy & Public Affairs*, Vol. 1, No. 4, 1972.

Konrad Koerner, "Toward a History of Modern Sociolinguistics", *American Speech*, Vol. 66, No. 1, 1991.

Lorraine Eden, Stewart R. Miller, "Distance Matters: Liability of Foreignness, Institutional Distance and Ownership Strategy", *Advances in International Management*, No. 16, 2004.

Luigi Guiso, Paola Sapienza, Luigi Zingales, "Cultural Biases in Economic Exchange?", *The Quarterly Journal of Economics*, Vol. 124, No. 3, 2009.

L. W. Busenitz, C. Gómez, J. W. Spencer, "Country Institutional Profiles: Unlocking Entrepreneurial Phenomena.", *Academy of Management*

Journal, Vol. 43, No. 5, 2000.

Mariya Aleksynska, Olena Havrylchyk, "FDI from the South: The Role of Institutional Distance and Natural Resources", *European Journal of Political Economy*, Vol. 29, 2013.

Maureen B. M. Lankhuizen, Henri L. F. de Groot, "Cultural Distance and International Trade: A Non-linear Relationship", *Letters in Spatial and Resource Sciences*, Vol. 9, No. 1, 2016.

Mike W. Peng, "Perspectives from China Strategy to Global Strategy", *Asia Pacific Journal of Management*, Vol. 22, No. 2, 2005.

Mohamed Hamchi, "The Political Economy of China-Arab Relations: Challenges and Opportunities", *Contemporary Arab Affairs*, Vol. 10, No. 4, 2017.

Mohsin Habib, Leon Zurawicki, "Corruption and Foreign Direct Investment", *Journal of International Business Studies*, Vol. 33, No. 2, 2002.

Morris Swadesh, "Lexico-statistic Dating of Prehistoric Ethnic Contacts: With Special Reference to North American Indians and Eskimos", *Proceedings of the American Philosophical Society*, Vol. 96, No. 4, 1952.

Nelson Phillips, Paul Tracey, Neri Karra, "Rethinking Institutional Distance: Strengthening the Tie between New Institutional Theory and International Management", *Strategic Organization*, Vol. 7, No. 3, 2009.

Nicolai Pogrebnyakov, Carleen F. Maitland, "Institutional Distance and the Internationalization Process: The Case of Mobile Operators", *Journal of International Management*, Vol. 17, No. 1, 2011.

Nicolas Sauter, "Talking Trade: Language Barriers in Intra-Canadian Commerce", *Empirical Economics*, Vol. 42, No. 1, 2012.

Paul J. Zak, Stephen Knack, "Trust and Growth", *The Economic Journal*, Vol. 111, No. 470, 2001.

Peter J. Boettke, Christopher J. Coyne, Peter T. Leeson, "Institutional Stickiness and the New Development Economics", *American Journal of*

Economics and Sociology, Vol. 67, No. 2, 2008.

Peter J. Buckley, L. Jeremy Clegg, Adam R. Cross, Xin Liu, Hinrich Voss, Ping Zheng, "The Determinants of Chinese outward Foreign Direct Investment. ", *Journal of International Business Studies*, Vol. 38, No. 4, 2007.

Pol Antràs, "Incomplete Contracts and the Product Cycle", *The American Economic Review*, Vol. 95, No. 4, 2005.

Pentti Pöyhönen, "A Tentative Model for the Volume of Trade between Countries", *Weltwirtschaftliches Archiv*, 1963.

Robert Jensen, Gabriel Szulanski, "Stickiness and the Adaptation of Organizational Practices in Cross-border Knowledge Transfers", *Journal of International Business Studies*, Vol. 35, No. 6, 2004.

Saul Estrin, Delia Baghdasaryan, Klaus E. Meyer, "The Impact of Institutional and Human Resource Distance on International Entry Strategies", *Journal of Management Studies*, Vol. 46, No. 7, 2009.

Shalom H. Schwartz, "Are There Universal Aspects in the Structure and Contents of Human Values?", *Journal of Social Issues*, Vol. 50, No. 4, 1994.

Shalom H. Schwartz, "Universals in the Content and Structure of Values: Theoretical Advances and Empirical Tests in 20 Countries. ", *Advances in Experimental Social Psychology*, Vol. 25, No. 2, 1992.

Shangjin Wei, "Local Corruption and Global Capital Flows", *Brookings Papers on Economic Activity*, No. 2, 2000.

Sjoerd Beugelsdijk, Henri de Groot, Gert-Jan Linders, Arjen Slangen, "Cultural Distance, Institutional Distance and International Trade", *ERSA Conference Papers*, 44th Congress of the European Regional Science Association: Regions and Fiscal Federalism, 2004.

Stephen Knack, Philip Keefer, "Does Social Capital Have an Economic Payoff? A Cross-country Investigation", *Quarterly Journal of Economics*, Vol. 112, No. 4, 1997.

Tatiana Kostova, "Country Institutional Profiles: Concept and Measurement", *Academy of Management Proceedings*, Vol. 1997, No. 1, 1997.

Tatiana Kostova, "Transnational Transfer of Strategic Organizational Practices: A Contextual Perspective", *Academy of Management Review*, Vol. 24, No. 2, 1999.

Walid Hejazi, Juan Ma, "Gravity, the English Language and International Business", *Multinational Business Review*, Vol. 19, No. 2, 2011.

William K. Hutchinson, "Does Ease of Communication Increase Trade? Commonality of Language and Bilateral Trade", *Scottish Journal of Political Economy*, Vol. 49, No. 5, 2002.

W. Travis Selmier, Chang Hoon Oh, "The Power of Major Trade Languages in Trade and Foreign Direct Investment", *Review of International Political Economy*, Vol. 20, No. 3, 2013.

三 阿文参考文献

(一) 阿文著作

أحمد السيد النجار، مصر والعرب ومبادرة الحزام والطريق: مستقبل النموذج الصيني، دار ابن رشد، 2018م.

بكر البدور وإلخ، اتجاهات تطور العلاقات العربية- الصينية، مركز دراسات الشرق الأوسط، 2019م.

بسمة عبد المحسن، قراءة في العلاقات الخليجية الصينية، مركز حمورابي للبحوث والدراسات الاستراتيجية، 2014م.

صادق جودة، العلاقات العربية الصينية أيام أسرة تانغ، دار يافا العلمية للنشر والتوزيع، 2014م.

مصطفى كامل السيد وصلاح سالم زرنوقة، العرب والنظام العالمي الجديد، مركز دراسات وبحوث الدول النامية، جامعة القاهرة، 1998م.

(二) 阿文学位论文

شريف على إسماعيل عيسى، الطلب على النفط كمحدد للسياسة الخارجية الصينية تجاه الشرق الأوسط (1993-2005م)، رسالة ماجستير، كلية الاقتصاد والعلوم السياسية بجامعة القاهرة، 2005م.

(三) 阿文期刊论文

ارش مهرمنش مردك, "الفرص والتحديات فى علاقات ايران والصين", مختارات إيرانية، العدد88، 2008م.

تشين مو، "العلاقات الاقتصادية الخليجية: أربعة مقومات للتعاون وخمسة عوامل جاذبة للصين"، آراء حول الخليج، العدد 133، 2019م.

جاكلين أرميجو، "الصين والخليج :الآثار الثقافية لتسارع العلاقات الاقتصادية بين الطرفين"، آراء حول الخليج، العدد133، 2019م.

صدقى عابدين ودى متيكيس، العلاقات العربية-الآسيوية، مركز الدراسات الآسيوية، جامعة القاهرة، 2005م.

جعفر كرار أحمد، "صناعة النفط والبتروكيماويات في الصين وانعكاساتها على العلاقات العربية الصينية"، أوراق آسيوية، العدد54، 2004م.

زينب عبد الله منكاش، "السياسة الخارجية الصينية تجاه دول الخليج العربي : السعودية انموذجا"، قضايا سياسية، العدد 58، 2019م.

سامية حبيب: آفاق العلاقات العربية - الصينية في القرن الحادي والعشرين، مجلة العربي، العدد546، 2004م.

عبد العزيز بن عثمان بن صقر، "دول الخليج والصين: المصالح والتحديات"، آراء حول الخليج، العدد 133، 2019م.

علي حسين باكير، "نحو علاقات صينية - خليجية استراتيجية"، آراء حول الخليج، العدد18، 2006م.

محمد بن هويدن، "محددات السياسة الخارجية الصينية تجاه منطقة الخليج العربي"، المجلة العربية للعلوم السياسية، 2008م.

محمد غانم الرميحي، "العلاقات الخليجية الصينية وآفاقها: دول الخليج تستفيد اقتصاديا مع الصين لكن لا تستبدل العلاقات الاستراتيجية مع الغرب"، آراء حول الخليج، العدد165، 2021م.

مغاوري شلبي علي، "الصين والتجارة الدولية... من التنافس إلى الاعتماد المتبادل"، مجلة السياسة الدولية، العدد173، 2008م.

هدى ميتيكس، "الصعود الصيني ... التجليات والمحاذير"، مجلة السياسة الدولية، العدد 167، 2007م.